主　　编　曹士兵　中国应用法学研究所所长
副 主 编　关　毅　国家法官学院科研部主任
　　　　　刘　畅　国家法官学院科研部副主任
主编助理　边疆戈　国家法官学院科研部编辑
　　　　　苏　烽　国家法官学院科研部编辑

《中国法院年度案例》编辑人员（按姓氏笔画）
边疆戈　朱建伟　刘　畅　关　毅　苏　烽
杨小利　罗胜华　赵丽敏　袁登明　唐世银
曹士兵　曹海荣　梁　欣　程　瑛　谭　红

本书编审人员　罗胜华

中国法院
2019年度案例

国家法官学院案例开发研究中心◎编

合同纠纷

中国法制出版社
CHINA LEGAL PUBLISHING HOUSE

《中国法院年度案例》通讯编辑名单

序

法律的生命在于实施，而法律实施的核心在于法律的统一适用。《中国法院年度案例》丛书出版的价值追求，即公开精品案例，研究案例所体现的裁判方法和理念，提炼裁判规则，为司法统一贡献力量。

《中国法院年度案例》丛书，是国家法官学院于2012年开始编辑出版的一套大型案例丛书，之后每年年初定期出版，由国家法官学院案例开发研究中心具体承担编辑工作。此前，该中心坚持20余年连续不辍编辑出版了《中国审判案例要览》丛书近90卷，分中文版和英文版在海内外发行，颇有口碑，享有赞誉。现在编辑出版的《中国法院年度案例》丛书，旨在探索编辑案例的新方法、新模式，以弥补当前各种案例书的不足。该丛书2012～2018年已连续出版7套，一直受到读者的广泛好评，并迅速售罄。为更加全面地反映我国司法审判的发展进程，顺应审判实践发展的需要，响应读者需求，2014年度新增3个分册：金融纠纷、行政纠纷、刑事案例，2015年度将刑事案例调整为刑法总则案例、刑法分则案例2册，2016年度新增知识产权纠纷分册，2017年度新增执行案例分册，2018年将刑事案例扩充为4个分册。现国家法官学院案例开发研究中心及时编撰推出《中国法院2019年度案例》系列丛书，共23册。

总的说来，当前市面上的案例丛书百花齐放，既有判决书网，可以查询各地、各类的裁判文书，又有各种专门领域的案例汇编书籍，以及各种案例指导、案例参考等读物，十分活跃，也各具特色。而《中国法院年度案例》丛书则试图把案例书籍变得“好读有用”，故在编辑中坚持以下方法：一是高度提炼案例内容，控制案例篇幅，每个案例基本在3000字以内；二是突出争议焦点，剔除无效信息，尽可能在有限的篇幅内为读者提供有效、有益的信息；三是注重对案件裁判文书的再加工，大多数案例由案件的主审法官撰写“法官后语”，高度提炼、总结案例的指导价值。

同时，《中国法院年度案例》丛书还有以下特色：一是信息量大。国家法官学院案例开发研究中心每年从全国各地法院收集到的上一年度审结的典型案例超过10000件，使该丛书有广泛的选编基础，可提供给读者新近发生的全国各地的代表性案例。二是方便检索。为节约读者选取案例的时间，丛书分卷细化，每卷下还将案例主要根据案由分类编排，每个案例用一句话概括裁判规则、裁判思路或焦点问题作为主标题，让读者一目了然，迅速找到需求目标。

中国法制出版社始终全力支持《中国法院年度案例》的出版，给了作者和编辑们巨大的鼓励。2018年新推出数据库增值服务，2019年继续提供数据库增值服务并充实完善数据内容。购买本书，扫描前勒口二维码，即可在本年度免费查阅使用上一年度案例数据库。我们在此谨表谢忱，并希望通过共同努力，逐步完善，做得更好，真正探索出一条编辑案例书籍、挖掘案例价值的新路，更好地服务于学习、研究法律的读者，服务于社会，服务于国家的法治建设。

本丛书既可作为法官、检察官、律师等司法实务工作人员的办案参考和司法人员培训推荐教程，也是社会大众学法用法的极佳指导，亦是教学科研机构案例研究的精品素材。当然，案例作者和编辑在编写过程中也不能一步到位实现最初的编写愿望，可能会存在各种不足，甚至错误，欢迎读者批评指正，我们愿听取建议，并不断改进。

曹士兵

目　录

Contents

一、合同的成立与生效

二、合同变更、转让和解除

三、违约责任

四、赠与合同

五、供用电、水、气、热力合同

六、储蓄存款合同

七、租赁合同

八、承揽合同

九、建设工程合同

十、运输合同

十一、委托合同

十二、居间合同

十三、服务合同

十四、保管、仓储合同

十五、保险合同

十六、其他合同

一、合同的成立与生效

1

债权人撤销权案件应否先确认合同效力

——杨长富诉林锦、韦晓霜债权人撤销权案

【案件基本信息】

1. 裁判书字号

广西壮族自治区贵港市中级人民法院（2017）桂08民终1328号民事判决书

2. 案由：债权人撤销权纠纷

3. 当事人

原告（被上诉人）：杨长富

被告（上诉人）：林锦、韦晓霜

【基本案情】

2016年6月17日，人民法院判决被告林锦返还投资款250万元、支付投资回报金250万元及利息给原告杨长富。该判决生效后，林锦未履行判决的义务，并于2016年11月15日将其所有的保时捷卡宴小型越野客车一辆过户到被告韦晓霜名下，在《二手车销售统一发票》记载买卖的车价为60万元。原告称二被告已以夫妻名义共同生活多年并育有一女，二被告称林锦于2013年向韦晓霜借款20万元，约定利息按月利率2%计算，后因林锦无法还款，故约定以车抵债。

【案件焦点】

债权人撤销权案件是否应当先审查转让合同的效力。

【法院裁判要旨】

广西壮族自治区贵港市平南县人民法院经审理认为：二被告共同辩称被告林锦以讼争车辆抵销所借被告韦晓霜的 20 万元借款及利息，既没有提供证据证实，且辩称的借款本息与买卖车价也不相符，对二被告的辩解依法不予采信。二被告的车辆转让构成了《中华人民共和国合同法》第七十四条第一款所述的“无偿转让财产”的情形，依照《中华人民共和国合同法》第七十四条的规定，判决如下：

撤销被告林锦、韦晓霜之间买卖保时捷卡宴小型越野客车（车牌号原为：桂××××××，现为：桂××××××）的行为。

上诉人（原审被告）林锦、韦晓霜不服一审判决，提出上诉，认为：1. 一审认定事实不清，上诉人之间存在真实的借贷关系，以车抵债是客观存在的事实；2. 被上诉人已申请查封了广西平南县宏锋房地产开发有限公司的 30 套房子，足以偿还林锦所欠被上诉人的债务。

广西壮族自治区贵港市中级人民法院另查明林锦及广西平南县宏锋房地产开发有限公司欠债达 6000 多万元且存在 3000 万元工程款优先受偿的情况。一审判决认定事实清楚，适用法律正确，予以维持。

【法官后语】

债权人撤销权案件，存在与合同无效法条竞合的情况，当发生竞合的时候，如何适用法律尚无统一认识。本案即存在这个问题，如果原告所称二被告存在特殊关系属实，那么二被告恶意串通损害原告的债权即转让合同无效的可能性就很大。

我们主张当出现合同无效与债权人撤销权竞合时，如果债权人基于债权人撤销权请求撤销债务人与受让人之间的行为，那么应当适用债权人撤销权的规定，理由如下：

从立法精神的角度而言，立法者的目的主要还是更有效地维护债权人的利益。既然是为了保护债权人的利益，那么当事人无论提起确认合同无效之诉还是债权人撤销权之诉，均系当事人自由选择的权利，如若当事人选择行使债权人撤销权，那么我们应当尊重其选择。若是法院首先主动适用合同无效的规定，那么该制度存在的意义就大打折扣，也将违背该制度设立的初衷。根据《最高人民法院关于适用〈中华人民共和国合同法〉若干问题的解释（一）》第二十五条第一款的规定“人民法院应当就债权人主张的部分进行审理”，虽然该解释的原意是由债权人选择主张撤销债务人哪一个或几个转让财产和放弃债权的行为，但该解释蕴含的法理与上文中所说的尊重当事人的选择的观点不谋而合。根据特别法优于普通法的原则，债权撤销权属于合同法中的特别规定，而合同无效的规定属于一般性的规定，法条竞合时，应当适用特别规定。适用债权人撤销权的规定符合效率原则。合同无效的证据要求比债权人撤销权的更高，当案件事实不清时，法院是否应当依职权调取证据？是否属于法院主动调查的范围？适用合同无效的规定，案件审理上所花费的时间和精力是否会更多？案件的审理时间是否会更长？这与我们追求效率的原则是否相符？与民商事活动的效率原则又是否相符？答案不言而喻。适用债权人撤销权的规定符合公平原则。虽然法院无论是判决撤销合同还是确认合同无效，其后果都是合同自始无效，但对于债权人来说，效果却是不同的，因为如果判决合同无效，那么债权人基于撤销权所诉请的律师费、差旅费等合理费用就得不到支持，这对债权人来说并不公平。

综上，当法条竞合时，适用债权人撤销权的规定符合立法原意、制度的设立初衷，更有利于维护债权人的利益，也与法院审理案件的公平与效率原则相符。故而在本案的处理中，没有首先审查合同的效力而径行适用债权人撤销权的法律规定予以判决。

编写人：广西壮族自治区贵港市平南县人民法院　甘艳

2

夫妻一方抵押财产的效力

——邱丽诉交通银行股份有限公司贵港分行、桂勇年确认合同无效案

【案件基本信息】

1. 裁判书字号

广西壮族自治区贵港市港北区人民法院（2017）桂0802民初3982号民事判决书

2. 案由：确认合同无效纠纷

3. 当事人

原告：邱丽

被告：交通银行股份有限公司贵港分行（以下简称交行贵港分行）、桂勇年

【基本案情】

位于嘉兴市建国北路耀江商厦3幢营业用房1～2层的所有权人为桂勇年，房屋所有权证号为嘉房权证禾字第000108××，发证时间为1999年3月18日。2014年7月3日，交行贵港分行与桂勇年签订《最高额抵押合同》（合同编号为贵港零贷抵字2014002号），约定桂勇年以其名下上述房屋为债务人贵港市港威商贸有限公司与交行贵港分行在2014年7月3日至2020年7月3日签订的全部主合同提供最高额抵押担保，提供担保的最高债权额为600万元等内容。合同签订后桂勇年于2014年7月4日办理上述房屋的抵押登记手续，抵押登记证号为嘉房他证禾字第00261383号。

邱丽与桂勇年于1986年5月29日登记结婚。

桂勇年与交行贵港分行于庭审中确认桂勇年与交行贵港分行签订《最高额抵押合同》前已出示房屋所有权证原件给该行核对，但未提交书面婚姻关系凭证给该行。

【案件焦点】

夫妻一方未经对方同意以其名下的财产提供抵押的效力。

【法院裁判要旨】

广西壮族自治区贵港市港北区人民法院经审理认为：《中华人民共和国物权法》第九条第一款规定，不动产物权的设立、变更、转让和消灭，经依法登记，发生效力；未经登记，不发生效力。本案房屋系邱丽与桂勇年夫妻婚姻关系存续期间购买及取得物权，对其夫妻内部应认定为夫妻共同财产，根据上述法律规定，桂勇年作为涉案房屋的登记权利人，对外享有对涉案房屋完全处分的权利。本案中桂勇年与交行贵港分行签订的《最高额抵押合同》，处理的是夫妻对外的法律关系，桂勇年用其名下的涉案房屋设定抵押，系行使设定抵押的权利，属有权处分，该合同是双方真实意思表示，内容没有违反法律与行政法规的强制性规定，应属合法有效

的合同，因此，邱丽主张桂勇年无权处分夫妻共同财产及抵押合同无效，不符合法律规定，不予采信，对其诉讼请求，依法予以驳回。

广西壮族自治区贵港市港北区人民法院依照《中华人民共和国物权法》第九条、《最高人民法院关于民事诉讼证据的若干规定》第七十三条的规定，判决如下：

驳回原告邱丽的诉讼请求。

【法官后语】

本案另外需要注意的一个问题是，无权处分的合同也并非无效合同，而是有效合同。《最高人民法院关于审理买卖合同纠纷案件适用法律问题的解释》第三条规定，当事人一方以出卖人在缔约时对标的物没有所有权或者处分权为由主张合同无效的，人民法院不予支持。出卖人因未取得所有权或者处分权致使标的物所有权不能转移，买受人要求出卖人承担违约责任或者要求解除合同并主张损害赔偿，人民法院应予支持。本案中，桂勇年与交行贵港分行签订的《最高额抵押合同》系从合同，其主合同为交行贵港分行签订与借款人签订的借款合同，借款合同属于有偿合同，《中华人民共和国合同法》第一百七十四条规定，法律对其他有偿合同有规定的，依照其规定；没有规定的，参照买卖合同的有关规定。因此，本案的《最高额抵押合同》可参照买卖合同的有关法律规定处理，根据上述司法解释第三条第一款规定，当事人以无权处分主张合同的，人民法院不予支持；根据第二款规定，无权处分合同的买受人可以追究出卖人的违约责任或者解除合同和赔偿损失，而这些救济手段的前提是无权处分合同是合法有效的，综上所述，无权处分合同是有效合同，合同当事人主张无权处分合同无效的意见不能成立。

编写人：广西壮族自治区贵港市港北区人民法院　黄恒涛

3

"善意取得"与"表见代理"的排除适用

——卢巧凤诉卢洪远、韦宝确认合同无效案

【案件基本信息】

1. 裁判书字号

广西壮族自治区南宁市兴宁区人民法院（2017）桂0102民初1273号民事判决书

2. 案由：确认合同无效纠纷

3. 当事人

原告：卢巧凤

被告：卢洪远、韦宝

第三人：广西壮族自治区东博公证处

【基本案情】

卢巧凤为位于南宁市兴宁区朝阳路68号金山广场C1栋××号房屋的原房屋所有权登记所有人。

2012年9月，韦宝持卢巧凤前述房屋的所有权证及伪造的卢巧凤临时身份证明材料和卢巧凤委托韦宝作为其合法代理人，并以卢巧凤的名义办理包括签订房屋买卖合同在内等一切涉及前述房屋买卖及变更登记的相关事宜的《委托书》，与另一名冒名顶替卢巧凤的女子前往广西壮族自治区南宁市东博公证处对该《委托书》办理了公证。随后，韦宝又持前述材料以卢巧凤名义与卢洪远一起前往南宁市住房保障和房产管理局办理了将南宁市兴宁区朝阳路68号金山广场C1栋××号房屋出卖转移登记至卢洪远名下的相关手续，并由卢洪远于2012年11月6日将该房屋抵押给中国工商银行股份有限公司南宁市桃源支行，贷款21万元。

卢巧凤于2014年7月经查询发现其名下的上述房屋已于2012年转移登记至卢

洪远名下后，遂向南宁市青秀区人民法院提起行政诉讼，要求撤销南宁市住房保障和房产管理局向卢洪远核发的房产证。经该案鉴定确认韦宝向公证处及房产管理部门出具的《委托书》的签字捺印均非卢巧凤所留。公证处遂于2015年5月25日作出了撤销韦宝所办理的前述公证书的决定。2015年6月16日，南宁市青秀区人民法院对前述行政案件作出判决：确认南宁市住房保障和房产管理局向卢洪远核发房产证的行政行为违法，但以作为该案第三人的卢洪远未到庭参加诉讼，该房屋是否为善意取得尚未确定为由，未对卢洪远取得的该房产证予以撤销。

原告遂诉至法院，请求判决卢洪远与韦宝在所签订的关于兴宁区朝阳路68号金山广场C1座××号房的买卖合同无效，卢洪远该前述房屋返还卢巧凤，并协助卢巧凤办理房屋过户手续。

【案件焦点】

1. 卢洪远是否因“善意取得”或“表见代理”而取得涉案房屋的所有权；2. 韦宝以卢巧凤名义与卢洪远签订的房屋买卖合同的效力如何认定。

【法院裁判要旨】

广西壮族自治区南宁市兴宁区人民法院经审理认为：韦宝向卢洪远提供了伪造的其具有卢巧凤代理权限的相关凭证，由此导致卢洪远产生了错误的认识，其行为构成欺诈，而不应认定为表见代理行为。在此前提下，韦宝作出的意思表示也非卢巧凤真实的意思表示，同样不符合善意取得的构成要件，卢洪远也就不能因此取得涉案房屋的所有权。由于韦宝无权代理卢巧凤与卢洪远签订买卖南宁市兴宁区朝阳路68号金山广场C1座××号房的《存量房买卖合同》，且该无权代理行为既不构成表见代理，也不属于不动产善意取得中的无权处分情形，在卢巧凤明确表示对该合同不予追认的情况下，该合同对卢巧凤不发生法律效力，但该合同仍旧约束作为无权代理人的韦宝与合同相对人卢洪远，故卢巧凤要求确认该合同无效于法无据，法院不予支持，法院仅确认2012年9月12日韦宝以卢巧凤名义与卢洪远签订的《存量房买卖合同》对卢巧凤不发生效力。另外，由于涉案房屋已经办理了抵押登记，故卢巧凤要求卢洪远协助其办理涉案房屋所有权变更登记至其名下存在客观障碍，经法院释明后，卢巧凤仍坚持其诉讼请求，法院对此不予支持，并告知其可待客观障碍消除后再另行起诉。

广西壮族自治区南宁市兴宁区人民法院依照《中华人民共和国合同法》第四十八条第一款、第四十九条，《中华人民共和国物权法》第一百零六条、第一百九十一条第二款，《最高人民法院关于适用〈中华人民共和国物权法〉若干问题的解释（一)》第十六条第一款及《中华人民共和国民事诉讼法》第一百四十四条之规定，作出如下判决：

一、韦宝以卢巧凤名义与卢洪远于2012年9月12日所签订的买卖南宁市兴宁区朝阳路68号金山广场C1座××号房屋的《存量房买卖合同》对卢巧凤不发生效力；

二、驳回卢巧凤的其他诉讼请求。

【法官后语】

对于权利外观存在非法的情形，是否也能够适用表见代理和善意取得制度。这个案例提供了一个分析样本。

对于“非法权利外观”的认定，需要法官根据生活常理进行价值判断。首先，“非法权利外观”必然是虚假的、非法的。其次，只有在无权处分人提供的虚假的、非法的权力外观，即使在相对人或受让人尽到其最大的注意义务也无法避免受其影响而产生错误认识的情况下，才能达到应当排除适用“表见代理”或“善意取得”的程度。因为在此情形下，无权处分人提供的虚假的、非法的权力外观的欺骗性已经超出了普通人能够通过自身能力识别真伪的范畴，也超出了其他通常情况下能够避免“表见代理”或“善意取得”情形发生的制度设计，如不加以额外的干预，这就会成为能够被不法分子利用的“表见代理”或“善意取得”制度的漏洞。如本案中，韦宝先利用公证处方便身份证遗失群众办理公证的便民举措，利用伪造的卢巧凤身份证明材料、委托书和采取冒名顶替的方式办理了委托公证，并进一步在房产局处办理了房屋产权变更登记，在此过程中，韦宝所提供的权利外观非但普通人无法识别真伪，甚至连作为国家机关的房产局和公证处都无法识别真伪。最终是在法院通过专门的鉴定和向专业部门查询后才能确定这些材料的真伪，而显然对这些材料进行鉴定和查询已经超出了普通人能够尽到的最大注意义务，也难以作为相关部门形式审查的通常模式，因此，将韦宝所提供的权利外观认定为应当排除适用“表见代理”或“善意取得”的“非法权利外观”是能够兼顾效率和正义的最有效方法。

在第三人善意或无证据证实第三人非善意的情况下，应当给予第三人救济的权利，即确认合同有效，赋予第三人向无权处分人主张违约责任的权利。本案中，由于韦宝系以卢巧凤的名义与卢洪远签订的房屋买卖合同，在此情形下，法院判决有效的合同系存在于韦宝与卢洪远之间并约束两人，该合同不对卢巧凤发生法律效力，如此，既赋予了卢巧凤要求卢洪远返还房屋的权利，也保障了卢洪远能够向韦宝主张违约赔偿的权利。

编写人：广西壮族自治区南宁市兴宁区人民法院　聂凯

4

股权转让协议的效力

——叶标等诉郑训香、福清乌江供水有限公司股权转让案

【案件基本信息】

1. 裁判书字号

福建省高级人民法院（2014）闽民再终字第9号民事判决书

2. 案由：股权转让纠纷

3. 当事人

原告：叶标、谢元超、王素芬、刘杰、郭建、陈含之、刘斌、徐雯、张臣忠、谢立新

被告：郑训香、福清乌江供水有限公司（以下简称乌江公司）

第三人：福建亚通新材料科技股份有限公司（以下简称亚通公司）

【基本案情】

乌江公司是于2006年9月6日成立的有限责任公司（自然人投资或控股），叶标、谢元超、王素芬、刘杰、郭建、陈含之、刘斌、徐雯、张臣忠、谢立新原系乌江公司的股东，合计持有乌江公司100%的股权（其中：叶标持股25.29%，谢元超持股18%，王素芬持股13.5%，刘杰持股12.51%，郭建持股10%，陈含之持股

5.4%，刘斌持股4.5%，徐雯持股4.5%，张臣忠持股1.8%，谢立新持股4.5%）。2012年12月22日，以叶标、谢元超、王素芬、刘杰、郭建、陈含之、刘斌、徐雯、张臣忠、谢立新为股权转让方（甲方），郑训香为股权受让方（乙方），双方达成《福清乌江供水有限公司股权转让协议》，甲方将其合计持有的乌江公司的90%股权转让给乙方（转让后郑训香持股90%，叶标持股10%），并特别约定至本协议签订之日，乌江公司诉亚通公司买卖合同纠纷一案尚在福建省福州市中级人民法院审理中，因该案而产生的利益、风险、费用和后果全部由甲方自行享有和承担。

另查，乌江公司与亚通公司买卖合同纠纷一案，福建省福州市中级人民法院2013年1月18日（2012）榕民初字第276号民事判决书，判决：一、亚通公司应于判决生效之日向乌江公司返还货款共计2673500元；二、亚通公司应于判决生效之日向乌江公司支付二次挖埋管道费用1978027元；三、亚通公司应于判决生效之日向乌江公司支付违约金（以每小时1250元的标准，从2012年2月14日起计至判决生效之日止）。福建省高级人民法院于2015年1月29日作出（2014）闽民再终字第9号民事判决书，判决：一、撤销本院（2013）闽民终字第440号民事判决；二、维持福州市中级人民法院（2012）榕民初字第276号民事判决第二项；三、变更福州市中级人民法院（2012）榕民初字第276号民事判决第一项为亚通公司应于判决生效之日起十日内向乌江公司返还货款1336750元；四、变更福州市中级人民法院（2012）榕民初字第276号民事判决第三项为亚通公司应于判决生效之日起十日内向乌江公司支付违约金6552000元。目前，福建省高级人民法院（2014）闽民再终字第9号民事判决已发生法律效力。

【案件焦点】

股权转让协议中关于诉讼的约定是否有效的问题。

【法院裁判要旨】

福建省福清市人民法院经审理认为：《中华人民共和国公司法》第三条规定，公司是企业法人，有独立的法人财产，享有法人财产权；公司以其全部财产对公司的债务承担责任；有限责任公司的股东以其认缴的出资额为限对公司承担责任；股份有限公司的股东以其认购的股份为限对公司承担责任。第四条规定，公司股东依法享有资产收益、参与重大决策和选择管理者等权利。可见，公司有独立的法人财产，其享有的法人财产权应包括资金、实物和无形资产等，股东按照享有公司股权的份额大小行使资产收益、重大决策等股东权益。公司股权的转让是一种概括转让，是股东出让处分自己股权的行为，不应涉及对公司债权债务以及所有的资金、实物和无形资产的处分。本案中，十原告与被告郑训香约定乌江公司诉亚通公司买卖合同纠纷一案产生的利益、风险、费用和后果全部由十原告自行享有和承担，该约定涉及对公司债权债务的处分，违反了公司人格独立原则和公司资本维持原则，损害了公司和相关方利益，依照《中华人民共和国合同法》第五十二条第（五）项之规定，该部分约定应为无效，故原告诉请确认“（2014）闽民再终字第9号民事判决书”确定的9866777元归原告所有，不予支持。

福建省福清市人民法院依照《中华人民共和国合同法》第五十二条和《中华人民共和国民事诉讼法》第六十四条之规定，判决如下：

驳回原告叶标、谢元超、王素芬、刘杰、郭建、陈含之、刘斌、徐雯、张臣忠、谢立新的诉讼请求。

【法官后语】

本案处理的重点是，十原告与被告郑训香在《福清乌江供水有限公司股权转让协议》中约定乌江公司诉亚通公司买卖合同纠纷一案产生的利益、风险、费用和后果全部由十原告自行享有和承担，该约定是否有效？本案法院认为，公司有独立的法人财产，其享有的法人财产权应包括资金、实物和无形资产等，股东按照享有公司股权的份额大小行使资产收益、重大决策等股东权益。公司股权的转让是一种概括转让，是股东出让处分自己股权的行为，不应涉及对公司债权债务以及所有的资金、实物和无形资产的处分。十原告与被告郑训香的上述约定实质上是股东直接对公司财产权益进行处分。公司赖以成为法律拟制人的基础是其有独立的法人财产，可以独立承担民事责任。如果任由股东直接对公司财产权益进行处理，必将损害公司特别是公司债权人的利益，破坏公司的人格独立，进而影响社会的交易秩序和交易安全。因此，十原告与被告郑训香的上述约定涉及对公司债权债务的处分，违反了公司人格独立原则和公司资本维持原则，损害了公司和相关方利益，依照《中华人民共和国合同法》第五十二条第（五）项之规定，该部分约定应为无效。

编写人：福建省福清市人民法院　王水明

二、合同变更、转让和解除

5

保证人不对未同意的主合同内容变动承担加重保证责任

——丰汇租赁有限公司诉山东大王集团有限公司保证合同案

【案件基本信息】

1. 裁判书字号

北京市朝阳区人民法院（2017）京0105民初28991号民事判决书

2. 案由：保证合同纠纷

3. 当事人

原告：丰汇租赁有限公司（以下简称丰汇公司）

被告：山东大王集团有限公司（以下简称山东大王公司）

【基本案情】

2015年2月10日，出租人丰汇公司与承租人金山汽配公司签订《融资租赁合同》，约定：承租人同意以融资为目的，以售后回租为形式，按照本合同规定的条件将其拥有所有权的生产线设备等物件转让给出租人所有，并在出租人处租回使用。该合同附件一《租赁交易明细表》载明，租赁物总价款4000万元，租赁期限36个月，租金计算方法为等额本息法，年租息率13%，保证金130万元。该合同附件三《租金支付计划表》载明，租金总期数共12期，每期租金4078687.51元，租金支付日期为2015年5月13日至2018年2月13日，其间每三个月的13日支付一期租金，其中，第八期租金的支付时间为2017年2月13日。

同日，保证人山东大王公司与债权人丰汇公司、债务人金山汽配公司签署《保证合同》，约定：根据债务人的申请，保证人在此无条件和不可撤销地同意就债务人在其与债权人订立的《融资租赁合同》及其所有附件项下对债权人所负的全部责任和义务提供连带责任担保。主合同发生任何修订、变更或补充，本合同项下的担保效力将不会受到任何影响，无论是否事先通知保证人。

2015 年 2 月 13 日，丰汇公司向金山汽配公司支付 4000 万元，同日，金山汽配公司向丰汇公司支付 130 万元。2015 年 5 月 11 日至 2016 年 11 月 17 日，金山汽配公司向丰汇公司支付了七期租金，每期租金 4078687.51 元。

2016 年 11 月 16 日，丰汇公司与金山汽配公司以及案外人山东乐悠悠花生油科技有限公司、北京金山绿韵科技有限公司、尤学永、李晓荣、李孟霞签署《租金支付协议》，约定将第八期租金的支付时间调整为 2016 年 12 月 10 日；如金山汽配公司未按照本协议的约定支付租金，金山汽配公司应向丰汇公司支付违约金（以未偿租金日利率万分之六标准，自逾期之日起至还清之日止）。

现丰汇公司起诉要求山东大王公司支付第八期租金以及自 2016 年 12 月 11 日起，至清偿之日止的违约金；支付第九期至第十二期租金以及自 2017 年 2 月 27 日起，至清偿之日止的违约金。

【案件焦点】

保证合同约定主合同的内容变动不影响保证人承担保证责任，但如果主合同的内容变动未经保证人同意而加重债务人的债务的，保证人是否对加重的部分承担保证责任。

【法院裁判要旨】

北京市朝阳区人民法院经审理认为：依照《融资租赁合同》的约定，第八期租金的支付时间为 2017 年 2 月 13 日，《租金支付协议》将第八期租金的支付时间调整为 2016 年 12 月 10 日，山东大王公司并未参加《租金支付协议》的签署，该支付时间的变更直接导致违约金的计算时间的提前，属于加重债务人债务的变更，保证人对加重的部分不承担保证责任。对于《保证合同》中约定的“主合同发生任何修订、变更或补充，本合同项下的担保效力将不会受到任何影响，无论是否事先通知保证人”，应以不加重保证人责任为前提。故金山汽配公司未按照《融资租赁合同》约定的第八期租金的付款时间付款构成违约，丰汇公司有权在保证期间内要求山东大王公司支付全部未付租金及逾期违约金，但山东大王公司承担保证责任中的第八期租金的逾期违约金应自2017年2月14日起算。丰汇公司将130万元保证金冲抵了第八期部分租金、逾期违约金按照日万分之六计算并主张第九期至第十二期的租金的逾期违约金自2017年2月27日起算，不持异议。

北京市朝阳区人民法院依照《中华人民共和国合同法》第一百零七条、第一百一十四条、第二百三十七条，《中华人民共和国担保法》第十八条、第三十一条，《最高人民法院关于适用〈中华人民共和国担保法〉若干问题的解释》第三十条之规定，判决如下：

一、被告山东大王集团有限公司于本判决生效之日起十日内向原告丰汇租赁有限公司支付第八期租金2778687.51元及违约金（以2778687.51元为基数，自2017年2月14日起至实际支付之日止，按照日利率万分之六计算）；

二、被告山东大王集团有限公司于本判决生效之日起十日内向原告丰汇租赁有限公司支付第九至十二期租金合计16314750.04元及违约金（以16314750.04元为基数，自2017年2月27日起至实际支付之日止，按照日利率万分之六计算）；

三、被告山东大王集团有限公司就上述第一、二项确定的款项对原告丰汇租赁有限公司承担保证责任后，有权向山东金山汽配有限公司追偿；

四、驳回原告丰汇租赁有限公司的其他诉讼请求。

【法官后语】

基于对保证合同的合同性质考量，保证人的同意权应当作为对债权人的合理约束而得到倾向性保护，不可被概括性的在先约定排除，这既是为了有效平衡保证人与债权人之间的不对等关系，也可防止债权人与债务人在保证人预见范围之外变动主合同内容而损害保证人利益。

基于对保证制度的信任基础考量，如果允许通过概括性的在先约定排除保证人的同意权，则成立信任关系的考量因素易被更改为加重保证责任的内容，保证人同意提供保证的信任基础发生动摇。特别是在债务人财务状况恶化的情况下，将导致债务履行责任主体的实质转移，甚至是保证人追偿权的实现不能。当前经济社会生活中，“觅保难”的现象较为普遍，其重要原因之一就是诚信保障机制作用发挥不力，保证人被置于“易担责、难追偿”的高风险之中。

需要强调的是，保证制度作为担保债权实现的一种重要方式，在债务人违约时发挥了重要的债权救济作用，债务如约、顺利得到履行是当事人和立法者的共同愿望，尊重和保护保证人对主合同内容变动的同意权，将承担保证责任的风险控制在可预见的范围之内，有助于推动保证制度的健康、长远发展。

编写人：北京市朝阳区人民法院　陈静竺

6

以默示意思表示认定当事人之间事实债权转让关系

——张淑华诉中国工商银行股份有限公司柳州分行等债权转让合同案

【案件基本信息】

1. 裁判书字号

广西壮族自治区柳州市中级人民法院（2016）桂02民终1694号民事判决书

2. 案由：债权转让合同纠纷

3. 当事人

原告（被上诉人）：张淑华

被告（被上诉人）：伍桂生、邓红亮

被告（上诉人）：中国工商银行股份有限公司柳州分行（以下简称工行柳州分行）

【基本案情】

伍桂生、邓红亮系夫妻关系。2013年3月20日，伍桂生、邓红亮与工行柳州分行龙城支行签订了《个人借款/担保合同》，约定：伍桂生向工行柳州分行龙城支行借款94万元，期限为10年，以位于柳州市沙塘镇新区秀丰路一区四栋×号房屋作为借款的抵押物，并约定了还款账户。合同签订后办理了该抵押房屋的抵押登记。伍桂生仅归还贷款本息2.27万元后失联。

2013年5月10日，伍桂生、邓红亮与张淑华签订了《抵押借款协议书》，约定邓红亮以其所有的已抵押给了工行柳州分行龙城支行的位于柳州市沙塘镇新区秀丰路一区四栋×号的房屋作为抵押，向张淑华借款400000元；借款期限至2014年5月9日止。协议签订后办理了抵押房屋的抵押登记（二押）。伍桂生、邓红亮在支付了两个月利息后就不再支付。张淑华遂起诉至法院，要求伍桂生、邓红亮返还借款本金并支付利息，并要求对抵押房屋享有优先受偿权。广西壮族自治区柳州市柳北区人民法院作出（2014）北民一初字第105号民事判决书，判决：伍桂生、邓红亮共同向张淑华偿还借款400000元并支付相应利息，张淑华对位于柳州市沙塘镇新区秀丰路一区四栋×号的房屋享有优先受偿权。现该案已进入执行阶段。

工行柳州分行龙城支行多方了解得知张淑华与伍桂生、邓红亮存在借贷关系，遂主动与张淑华联系，张淑华向其表示愿意代伍桂生、邓红亮偿还贷款并取得对抵押财产的全权处置权。之后张淑华向伍桂生的还款账户存入了共计110669.96元，工行柳州分行龙城支行对该笔110669.96元进行了扣划。后因工行柳州分行的自身政策不允许其向张淑华转让债权，工行柳州分行向（2014）北民一初字第105号案的执行法官出具了《情况说明》，明确表明不同意由张淑华取得对抵押物的处置权、要求由法院依法对伍桂生的抵押资产进行处置。

张淑华起诉至法院，请求撤销工行柳州分行与张淑华之间的还款协议，要求工行柳州分行返还110669.96元，邓红亮、伍桂生对上述款项承担连带返还责任。

【案件焦点】

1. 当事人未达成书面的债权转让协议，如何认定双方是否已形成了事实上的债权转让关系；2. 如何对行为人的默示意思表示作出认定。

【法院裁判要旨】

广西壮族自治区柳州市柳北区人民法院经审理认为：首先，张淑华未提交证据证实其主张的还款协议的存在，也无证据证实张淑华与工行柳州分行龙城支行之间达成过还款协议的合意及还款协议的内容，故张淑华要求撤销还款协议没有事实及法律依据，不予支持。

其次，关于张淑华主张的返还相应款项的诉讼请求。张淑华之所以代伍桂生、邓红亮偿还工行柳州分行的贷款其原因在于误认为其代偿行为能够取得工行柳州分行对伍桂生、邓红亮的债权及抵押权。工行柳州分行在明知张淑华的该意思表示而不作否认表示且对张淑华代偿的110669.96元进行了扣划。在张淑华代偿了110669.96元后，工行柳州分行才出具了一份《情况说明》，明确表明不同意由张淑华取得对抵押物的处置权、要求由法院依法对伍桂生的抵押资产进行处置。因此，张淑华因重大误解导致其代偿目的无法实现，张淑华可依法撤销其代偿行为，要求工行柳州分行返还代偿款110669.96元。张淑华为伍桂生归还所欠银行的部分贷款110669.96元，伍桂生、邓红亮并不知情，且现该笔款项已由工行柳州分行实际占有，张淑华诉请伍桂生、邓红亮返还110669.96元没有事实及法律依据，不予支持。

广西壮族自治区柳州市柳北区人民法院依照《中华人民共和国民法通则》第五十九条、第六十一条、第九十二条，《最高人民法院关于民事诉讼证据的若干规定》第二条，《中华人民共和国民事诉讼法》第六十四条第一款、第一百四十四条之规定，作出如下判决：

一、工行柳州分行返还张淑华110669.96元；

二、驳回张淑华对伍桂生、邓红亮的诉讼请求；

三、驳回张淑华的其他诉讼请求。

工行柳州分行不服原审判决，提起上诉。广西壮族自治区柳州市中级人民法院经审理认为：工行柳州分行与张淑华之间虽未达成书面的债权转让合同，但双方符合债权转让的法律特征，理由如下：工行柳州分行龙城支行、张淑华与伍桂生、邓红亮均存在借款合同关系，并以同一房产先后办理了抵押登记，债权债务明确有效。工行柳州分行龙城支行对伍桂生、邓红亮的债权，依据法律和合同不存在不得转让情形，属于可转让的有效债权。本案借款人工行柳州分行龙城支行作为出借人在伍桂生、邓红亮逾期未偿还贷款的情况下，主动与张淑华取得联系并告知了其对伍桂生、邓红亮的债权和抵押情况。张淑华为避免其损失扩大，向工行柳州分行龙城支行表示愿意代伍桂生、邓红亮偿还贷款并取得对抵押财产的全权处置权，工行柳州分行龙城支行对此亦未表示反对。之后，张淑华多次向伍桂生、邓红亮在工行柳州分行龙城支行还贷账户存入共计110669.96元，工行柳州分行将上述款项作为伍桂生、邓红亮的还款予以扣收。而在二审庭审中，张淑华与工行柳州分行龙城支行也均陈述系因工行柳州分行相关政策原因而无法完成债权转让。张淑华与工行柳州分行龙城支行对本案涉案债权的转让达成了一致的意思表示。工行柳州分行作为工行柳州分行龙城支行的上级主管部门应对其债权债务承担责任。本案符合债权转让的法律关系的特征，一审法院对本案定性为返还财产纠纷错误，予以纠正。张淑华与工行柳州分行龙城支行虽未达成书面的债权转让协议，但双方形成了事实上的债权转让关系。张淑华为履行债权转让的义务代伍桂生、邓红亮偿还的部分款项，实际应为债权转让对应的价款，因工行柳州分行的自身原因无法签订债权转让协议完成债权转让，工行柳州分行应向张淑华返还代偿还的110669.96元。一审法院对此认定正确，予以维持。

上诉人工行柳州分行的上诉不能成立，依法应予驳回。一审判决虽对双方之间的法律关系认定错误，但判决结果正确，依法应予维持。

广西壮族自治区柳州市中级人民法院依照《中华人民共和国合同法》第五十四条第一款第（一）项、《中华人民共和国民事诉讼法》第一百七十条第一款第（一）项的规定，判决如下：

驳回上诉，维持原判。

【法官后语】

本案案情的特殊在于，债权转让人与债权受让人之间并未签订书面的债权转让协议，这就需要运用民法通则及合同法的相关规定来判断工行柳州分行与张淑华之间是否达成了债权转让合意。

《最高人民法院关于贯彻执行〈中华人民共和国民法通则〉若干问题的意见（试行）》第六十六条规定："一方当事人向对方当事人提出民事权利的要求，对方未用语言或者文字明确表示意见，但其行为表明已接受的，可以认定为默示。不作为的默示只有在法律有规定或者当事人双方有约定的情况下，才可以视为意思表示。"此外，《中华人民共和国合同法》第十条第一款规定了"当事人订立合同，有书面形式、口头形式和其他形式。法律、行政法规规定采用书面形式的，应当采用书面形式"。《最高人民法院关于适用〈中华人民共和国合同法〉若干问题的解释（二）》第二条规定了"当事人未以书面形式或者口头形式订立合同，但从双方从事的民事行为能够推定双方有订立合同意愿的，人民法院可以认定是以合同法第十条第一款中的'其他形式'订立的合同。但法律另有规定的除外"。上述法律条款均是对默示意思表示的相关规定，“其他形式”即指默示。从上述法律条款的规定可知：除法律有规定外，明示和默示具有相同的法律效力。

本案中，张淑华已向工行柳州分行提出了由其代为偿还伍桂生、邓红亮所欠的贷款本息后取得抵押物处置权的意思表示，并告知了工行柳州分行其已向伍桂生的还款账户实际存入了部分代偿款。工行柳州分行并未以书面形式明确表示同意进行该笔债权转让，但从工行柳州分行之后扣划了张淑华存入伍桂生还款账户的代偿款的行为可间接推知工行柳州分行的意思表示系同意了将该笔债权转让与张淑华，故可以认定中工行柳州分行作出了默示的意思表示与张淑华之间达成了债权转让的合意。

编写人：广西壮族自治区柳州市柳北区人民法院　黎鹂

7

承租方在承租期内要求解除合同

——陕西凤林商业有限公司诉陕西吉宝佳实业有限公司房屋租赁合同案

【案件基本信息】

1. 裁判书字号

陕西省宝鸡市中级人民法院（2017）陕03民终1566号民事判决书

2. 案由：房屋租赁合同纠纷

3. 当事人

原告（上诉人）：陕西凤林商业有限公司

被告（被上诉人）：陕西吉宝佳实业有限公司

【基本案情】

原告（反诉被告）作为乙方与被告（反诉原告）作为甲方，于2015年8月15日签订了《宝鸡市云鼎·金龙湾超市商业租赁合同》，合同约定甲方将其所属的位于宝鸡市宝平路38号8幢××号超市用房，租赁标的为“规划超市范围内的场地”，租赁房屋的建筑面积为3000平方米，使用面积不少于2989.78平方米（具体以房管局实测面积报告为准）的房屋出租给乙方。租赁合同约定了具体的租金计算标准及支付方式。租赁期限为15年，自2016年1月1日起至2030年12月31日止。违约责任约定：甲方疏于履行本合同义务造成乙方不能正常使用房屋，不能正常供给乙方约定的水、电，按不能正常使用的天数免除乙方相应的租金或费用，并由甲方赔偿由此给乙方造成的损失，若因上述原因导致本合同无法继续履行时，乙方有权解除合同。

在租赁合同履行期间，因被告方需施工，为确保施工安全在原告承租的房屋周围搭了架子。2016年10月1日，经被告单位申请，宝鸡市公安消防支队作出建设工程消防验收意见书，该意见书载明：综合评定云鼎金龙湾1#－3#住宅楼及地下室建设工程消防验收合格。2017年6月9日，宝鸡市金台区公安消防大队对原告公司宝平路金龙湾店发出责令限期改正通知书，该通知书载明：金龙湾店未依法进行消防设计备案，竣工验收备案擅自投入使用，并责令该店于2017年6月16日前改正。2017年6月12日，宝鸡市金台区公安消防大队对原告公司宝平路金龙湾店以：1. 自动喷水灭火系统无水；2. 火灾自动报警系统故障；3. 排烟、卷帘等自动设施无法正常联动，基于上述三点理由，作出对该店收银机配电柜进行查封的临时查封决定书。涉案的租赁场地系被告云鼎金龙湾工程地下室的一部分，该场地原告现仍在使用。

原告主张被告未经原告同意擅自在原告拥有使用权的承租房前的广场大面积搭建施工架，遮挡住原告的超市门头和商业宣传广告，严重影响原告经营，给原告造成重大经济损失及其所承租的房屋消防不过关为由，请求法院判令：1. 解除原、被告双方的房屋租赁合同；被告赔偿原告经济损失380万元。被告（反诉原告）不同意原告（反诉被告）的所有诉讼请求，并以原告起诉本案的目的是原告没有达到经营该超市的预期效果，具有单方撕毁合同的恶意行为为由向本院提出反诉请求，请求判令：1. 反诉原告与反诉被告之间签订的租赁合同继续履行；2. 反诉被告向反诉原告支付2017年第二、三季度租金共计人民币538160元。

【案件焦点】

1. 合同解除的条件；2. 出租的房屋未通过消防验收是否必然导致租赁合同的解除。

【法院裁判要旨】

陕西省宝鸡市金台区人民法院经审理认为：本案原、被告双方在平等自愿基础上签订租赁合同，该合同系双方真实意思表示，且不违反法律、行政法规的规定，系合法有效合同，对该合同的效力依法予以认定。该合同对双方当事人均具有约束力，双方当事人应当按照合同约定履行各自的义务。现原告以涉案租赁房屋消防不过关，以及被告在其租赁的场地周围搭架子影响其使用为由请求解除该租赁合同。依据合同法的规定合同的解除有两种形式，即《中华人民共和国合同法》第九十三条规定的约定解除及第九十四条规定的法定解除，本案原告所主张的解除的理由既不符合约定解除的条件，也不具备法定解除的情形，原告称该租赁房屋的消防不过关，被告提供的证据证实2016年10月1日经被告单位申请，宝鸡市公安消防支队作出建设工程消防验收意见书载明，涉案的租赁房屋消防验收合格。对原告提出的2017年6月9日宝鸡市金台区公安消防大队对原告公司宝平路金龙湾店发出责令限期改正通知书，以及2017年6月12日宝鸡市金台区公安消防大队作出临时查封决定，该两次消防检查针对原告公司金龙湾店的消防不过关，但并不能证明被告给原告出租的租赁场地的消防不符合规定，故对原告的意见不予支持。对原告提出的在租赁物周围搭建，因为搭建有可能影响原告的正常经营，但不足以导致合同目的不能实现，原告要求解除合同无事实及法律依据，对原告请求解除租赁合同及赔偿原告经济损失380万元的诉请，不予支持。

对被告（反诉原告）主张的继续履行合同的意见，根据上述的分析意见该合同可继续正常履行，故对该项反诉请求予以支持。对被告（反诉原告）主张的反诉被告向其支付2017年第二、三季度租金共计人民币538160元的要求，因双方合同约定按实测面积计算租金，反诉原告未提交证据证实实测面积，致使租金金额无法确定，该项主张租金的诉请待反诉原告明确该项实测面积后，可另案主张。

陕西省宝鸡市金台区人民法院依照《中华人民共和国合同法》第四十四条、第六十条、第九十三条、第九十四条，《最高人民法院关于民事诉讼证据的若干规定》第二条之规定，作出如下判决：

一、驳回原告（反诉被告）陕西凤林商业有限公司的诉讼请求；

二、被告（反诉原告）陕西吉宝佳实业有限公司与原告（反诉被告）陕西凤林商业有限公司于2015年8月15日签订的《宝鸡市云鼎·金龙湾超市商业租赁合同》继续履行；

三、驳回被告（反诉原告）陕西吉宝佳实业有限公司的其他诉讼请求。

原告（反诉被告）陕西凤林商业有限公司不服一审判决，提出上诉。陕西省宝鸡市中级人民法院经审理认为：合同当事人应当全面履行各自合同义务，依法行使合同权利，寻求司法救济保护亦应符合法律规定。本案中，双方签订的《宝鸡市云鼎・金龙湾超市商业租赁合同》为有效合同，应作为解决双方纠纷的合同依据。本案涉案的租赁场地租赁用途明确，位置唯一，没有歧义。原审依据原告所举证据和查明案件的事实，结合《中华人民共和国合同法》第九十三条（约定解除条款）及第九十四条（法定解除条款）规定，认定原告要求解除合同无事实及法律依据，未达到合同约定的解除条件的论理正确，判决结论正确，对此论理并无新解，不再赘述。《最高人民法院关于民事诉讼证据的若干规定》第二条明确规定，当事人对自己提出的诉讼请求所依据的事实或反驳对方诉讼请求所依据的事实有责任提供证据加以证明。没有证据或者证据不足以证明当事人的事实主张的，由负有举证责任的当事人承担不利后果。上诉人的上诉理由没有事实和法律依据，其上诉请求不予支持。原审认定事实清楚、适用法律正确，处理结果正确，应予维持。

陕西省宝鸡市人民法院依照《中华人民共和国民事诉讼法》第一百七十条第一款第（一）项之规定，判决如下：

驳回上诉，维持原判。

【法官后语】

本案原告以被告在其租赁的场地周围搭架子影响使用为由请求解除该租赁合同，双方在租赁合同中未约定搭架子造成损失如何承担的问题，该行为属于租赁合同签订后，在履行过程中情形发生变化，搭建架子只是暂时的，但搭建行为会给原告的经营造成一定影响或损失，该损失原告可通过要求被告减少租金或者要求被告方承担侵权赔偿来救济，搭建架子的行为并不导致合同目的不能实现，故原告不能以此为由要求解除合同。

承租方能否以消防验收未通过而请求解除合同？出租的房屋未通过消防验收的，仅涉及行政责任，如果该行为未对双方合同目的实现造成根本性影响，则承租方不能以此为由要求解除合同。此观点在2003年《最高人民法院关于未经消防验收合格而订立的房屋租赁合同如何认定其效力的函复》中就已经明确：关于房屋租赁合同未经消防验收或者经消防验收不合格，是否应认定房屋租赁合同无效的问题，应根据不同情况分别对待：第一，出租《中华人民共和国消防法》第十条规定的必须经过公安消防机构验收的房屋，未经验收或者验收不合格的，应当认定租赁合同无效。第二，租赁合同涉及的房屋不属于法律规定必须经过消防机构验收的，人民法院不应当以该房屋未经验收合格为由而认定合同无效。第三，租赁房屋用于开设经营宾馆、饭店、商场等公众聚集场所的，向当地公安消防机构申报消防安全检查的义务人为该企业的开办经营者，但租赁标的物经消防安全验收合格，不是认定房屋租赁合同效力的必要条件。本案涉案房屋不属于公安消防机构必须验收的房屋，所以原、被告之间签订的租赁合同系有效合同。本案涉案的房屋系原告承租来开设超市，符合租赁房屋用于开设经营宾馆、饭店、商场等公众聚集场所的，向当地公安消防机构申报消防安全检查的义务人为该企业的开办经营者，也即在本案中应向公安消防机构申报消防安全检查的义务人为商场的实际经营人原告而非被告义务，若被告的消防未通过检查而被责令停业的情况下，原告可以以此为由认为无法实现合同目的为由而要求提前解除合同，本案中被告举证证实其在向原告出租时消防安全是验收合格的，而原告所举的证据证实其所经营的宝平路金龙湾店（系从被告处租赁场地所开设）消防安全不过关，而该店的消防不过关依据法律规定责任在于原告自身，而非被告，故本案原告不能以该理由请求解除合同。

编写人：陕西省宝鸡市金台区人民法院　罗小玲

8

破产管理人可依法解除房屋租赁合同

——钱满平诉苏州和惠电子有限公司房屋租赁合同案

【案件基本信息】

1. 裁判书字号

江苏省苏州市中级人民法院（2017）苏05民终8014号民事判决书

2. 案由：房屋租赁合同纠纷

3. 当事人

原告（上诉人）：钱满平

被告（被上诉人）：苏州和惠电子有限公司（以下简称和惠电子公司）

【基本案情】

2014年2月10日，钱满平与和惠电子公司签订《工业厂房租赁合同》一份，约定和惠电子公司将登记在其名下的苏州市吴中区木渎镇金枫南路×号房屋（房屋建筑面积3408.35平方米，实际租用其中2～4层部分）出租给钱满平进行管理转租，租赁期限自2014年2月10日起至2024年2月9日止；以和惠电子公司应给付钱满平的欠款290万元冲抵10年租金276万元和保证金14万元（共计290万元），一次趸交方式支付；租赁期间，钱满平应合理使用并爱护该厂房及附属设施，因钱满平使用不当或不合理使用，致使该厂房及其附属设施损坏或发生故障的，钱满平应负责维修；钱满平可以根据自己的经营特点进行装修，但原则上不得破坏原房结构；租赁期满后，该厂房归还时，应当符合正常使用状态。《工业厂房租赁合同》签订后，涉讼房屋一直由钱满平进行转租和管理。另2016年6月27日（2016）苏0506民破4号民事裁定书，裁定受理安徽省第一建筑工程公司苏州分公司对和惠电子公司的破产清算申请，并于同年7月1日作出（2016）苏0506民破4号决定书，指定江苏久顺律师事务所担任和惠电子公司管理人。2016年7月25日，和惠电子公司管理人向钱满平发出《租赁解除通知书》，通知解除钱满平与和惠电子公司于2014年2月10日签订的《工业厂房租赁合同》，并要求钱满平在收到解除通知之日起30日内搬离租赁厂房，就解除合同所造成的实际损失，可向管理人申报债权。钱满平确认于次日收到该《租赁解除通知书》。

2012年6月，和惠电子公司曾以涉案房屋为苏州市胜佳电脑刺绣设备有限公司向苏州银行虎丘支行的借款提供抵押担保，并办理了涉案房屋的抵押登记，登记被担保主债权数额300万元，房屋抵押权人为苏州银行虎丘支行（可见，涉案房屋设立抵押权在先，出租给和惠电子公司在后）。2014年10月22日，苏州市中级人民法院作出（2014）苏中商初字第00206号民事调解书，确定由苏州市胜佳电脑刺绣设备有限公司于2014年10月31日前归还苏州银行虎丘支行借款本金2100万元及相应利息等；如苏州市胜佳电脑刺绣设备有限公司逾期未能履行付款义务，苏州银行虎丘支行有权对和惠电子公司名下包括本案涉案房屋在内的苏州市吴中区木渎镇金枫南路×号房产以折价或以拍卖、变卖该抵押物所得价款优先受偿。该案此前已申请强制执行，法院裁定受理破产清算申请后，苏州银行虎丘支行向管理人申报债权，并要求对涉讼房屋实现抵押权。

【案件焦点】

1. 房屋租赁合同的性质如何定性；2. 企业破产管理人根据《中华人民共和国企业破产法》第十八条之规定解除破产企业与已给付租金的承租人之间的房屋租赁合同的合法性。

【法院裁判要旨】

江苏省苏州市吴中区人民法院经审理认为：《中华人民共和国企业破产法》第十八条规定，人民法院受理破产申请后，管理人对破产申请受理前成立而债务人和对方当事人均未履行完毕的合同有权决定解除或者继续履行，并通知对方当事人。本案所涉的房屋租赁合同系继续性合同，除支付租金外，钱满平作为承租人还需继续按照合同履行按约使用租赁物、妥善保管租赁物、租赁期满返还租赁物等义务，属于《中华人民共和国企业破产法》第十八条规定的“破产申请受理前成立而债务人和对方当事人均未履行完毕的合同”，故管理人根据该法规定解除钱满平与和惠电子公司之间的《工业厂房租赁合同》符合法律规定。此外，根据《中华人民共和国物权法》第一百九十条之规定，抵押权设立后抵押财产出租的，该租赁关系不得对抗已登记的抵押权。本案中，抵押权登记在先的抵押权人苏州银行虎丘支行已向管理人申报债权，并主张对涉讼房屋实现抵押权。管理人依法负有管理和处分破产企业财产的职责，管理人解除钱满平与和惠电子公司之间的《工业厂房租赁合同》与抵押权人苏州银行虎丘支行主张依法实现抵押权的利益指向是一致的，解除租赁合同符合抵押权人的利益诉求。管理人解除钱满平与和惠电子公司之间的《工业厂房租赁合同》符合法律规定，故钱满平要求确认管理人解除《工业厂房租赁合同》的行为无效、和惠电子公司继续履行《工业厂房租赁合同》的诉讼请求无事实和法律依据，不予支持。钱满平可依法申报债权。

江苏省苏州市吴中区人民法院依照《中华人民共和国企业破产法》第十八条、

第二十五条，《中华人民共和国物权法》第一百九十条，《中华人民共和国合同法》第九十六条之规定，作出如下判决：

驳回钱满平的诉讼请求。

钱满平不服一审判决，提出上诉。江苏省苏州市中级人民法院经审理认为：根据《中华人民共和国企业破产法》第十八条规定，人民法院受理破产申请后，管理人对破产申请受理前成立而债务人和对方当事人均未履行完毕的合同有权决定解除或者继续履行，并通知对方当事人。在租赁合同中承租人的义务包括按照合同约定使用租赁物，除自然损耗外保持租赁物不变，合同到期返还租赁物等重要义务。故一审法院认定涉案租赁合同属于前述法条规定的双方当事人均未履行完毕的合同正确，和惠电子公司有权决定解除合同。钱满平的上诉请求无事实和法律依据，应予驳回；一审判决结果并无不当，应予维持。

江苏省苏州市中级人民法院依照《中华人民共和国民事诉讼法》第一百七十条第一款第（一）项之规定，作出如下判决：

驳回上诉，维持原判。

【法官后语】

破产管理人依据《中华人民共和国企业破产法》第十八条的规定解除房屋租赁合同符合法律规定。理由如下：

本案所涉的房屋租赁合同系继续性合同，除支付租金外，钱满平作为承租人还需继续按照合同履行按约使用租赁物、妥善保管租赁物、租赁期满返还租赁物等义务，双方租赁合同中有关“租赁期间钱满平应合理使用并爱护该厂房及附属设施；租赁期满后，该厂房归还时，应当符合正常使用状态”等约定亦可充分反映承租人的上述合同义务，因此，对承租人钱满平而言，本案房屋租赁合同属未履行完毕的合同；而出租人和惠电子公司仍在将房屋交由承租人继续使用，对出租人和惠电子公司而言也显然属未履行完毕的合同。故本案房屋租赁合同理应属于《中华人民共和国企业破产法》第十八条规定的“破产申请受理前成立而债务人和对方当事人均未履行完毕的合同”，故管理人根据该法规定解除原、被告之间的《工业厂房租赁合同》符合法律规定。

根据《中华人民共和国物权法》第一百九十条之规定，抵押权设立后抵押财产出租的，该租赁关系不得对抗已登记的抵押权。本案中，抵押权登记在先的抵押权人苏州银行虎丘支行已向管理人申报债权，并主张对涉讼房屋实现抵押权。管理人依法负有管理和处分破产企业财产的职责，管理人解除钱满平与和惠电子公司之间的《工业厂房租赁合同》与抵押权人苏州银行虎丘支行主张依法实现抵押权的利益指向是一致的，解除租赁合同符合抵押权人的利益诉求。管理人解除钱满平与和惠电子公司之间的《工业厂房租赁合同》符合法律规定，故钱满平要求确认管理人解除《工业厂房租赁合同》的行为无效，和惠电子公司继续履行《工业厂房租赁合同》的诉讼请求无事实和法律依据，不予支持。钱满平可依法申报债权维护自身合法权益。

编写人：江苏省苏州市吴中区人民法院　史华松

9

租赁合同解除的审查

——萧群友诉曾宪杰房屋租赁合同案

【案件基本信息】

1. 裁判书字号

广东省云浮市中级人民法院（2017）粤53民终459号民事判决书

2. 案由：房屋租赁合同纠纷

3. 当事人

原告（上诉人）：萧群友

被告（被上诉人）：曾宪杰

【基本案情】

2013年7月29日，萧群友作为甲方与曾宪杰作为乙方签订《租赁合同》。合同约定：甲方将四卡商铺租给乙方使用，租期自2013年8月1日至2016年7月31日，租金为2600元/月。乙方租用两年期间甲方不得加租、转租、转让，第三年开始租金2800元/月。签订租赁合同时，乙方需交押金2200元给甲方。合同签订后，萧群友依约将商铺交付给曾宪杰使用。曾宪杰依约支付了押金2200元给萧群友，租金则支付至2015年6月31日。双方因租金支付及合同解除事宜发生争议，萧群友遂提起诉讼，要求曾宪杰支付从2015年7月1日起至2017年7月31日的租金34000元，并要求曾宪杰返还商铺。

曾宪杰认为其已于2015年7月2日在承租的商铺前张贴《告知书》，告知萧群友提前解除合同，并在搬离前口头告知萧群友及其儿子，双方已提前解除合同，自己不需要再支付租金给萧群友。对此，萧群友予以否认。曾宪杰提供商铺照片，认为萧群友已于2016年2月25日前在商铺门前张贴了招租公告，反映其取回了商铺。双方在诉讼中均确认商铺内现尚有少量铁架，商铺内的货物早已搬清。

【案件焦点】

如何根据当事人的行为判定租赁合同已经解除。

【法院裁判要旨】

广东省云浮市云城区人民法院经审理认为：曾宪杰认为2015年7月2日在承租的商铺前张贴《告知书》，告知萧群友提前解除合同，并在搬离前口头告知对方，但没有证据予以佐证。据此，双方签订的《租赁合同》在2015年7月2日并未解除。曾宪杰提供证据证明萧群友已于2016年2月25日前在商铺门前张贴了招租公告，视为萧群友同意提前解除租赁合同。曾宪杰应当支付从2015年7月1日起至2016年2月25日止的租金22200元给萧群友，扣减了曾宪杰支付的押金2200元，曾宪杰仍应支付20000元给萧群友。萧群友要求曾宪杰返还商铺，合理合法，予以支持。

广东省云浮市云城区人民法院依照《中华人民共和国合同法》第八条、第六十条、第九十三条第一款、第一百零七条、第二百一十二条、第二百二十六条、第二百三十五条，《中华人民共和国民事诉讼法》第六十四条的规定，作出如下判决：

一、曾宪杰应于本判决发生法律效力之日起十日内支付租金20000元给萧群友；

二、曾宪杰应于本判决发生法律效力之日起十日内将商铺返还给萧群友；

三、驳回萧群友的其他诉讼请求。

一审判决后，萧群友不服，提起上诉，认为商铺的租赁期限至2016年7月31

日止，双方并没有协商提前解除合同，曾宪杰一直在租赁商铺内堆放铁架，反映其还在使用该商铺。

广东省云浮市中级人民法院经审理认为：曾宪杰提供证据证明萧群友已于2016年2月25日前在商铺门前张贴了招租公告，原审认为双方的租赁合同在2016年2月25日已经协商解除，并无不当。曾宪杰租用涉案商铺堆放建材，其已将建材全部搬出，至于商铺中的铁架，属于承租人曾宪杰的遗弃物，萧群友可以自由处分。萧群友以商铺尚存铁架为由，在事隔数月后还认为对方在使用商铺，其主张缺乏理据。

广东省云浮市中级人民法院依照《中华人民共和国民事诉讼法》第一百七十条第一款第（一）项的规定，作出如下判决：

驳回上诉，维持原判。

【法官后语】

本案是出租人萧群友要求承租人曾宪杰支付租金引起的租赁合同纠纷，双方因合同是否在租赁期满前解除发生争议。对此，关键要解决好以下两个问题。

第一，承租人在租赁期满前搬离租赁的商铺租赁合同是否解除？租赁期限属于租赁合同的重要条款，当事人一般会在合同中作明确的约定。除存在法定或约定事由，一方如要提前解除租赁合同，应与对方协商。而在司法实践中发现，商铺、厂房等不动产租赁合同的承租人在租赁期满前撤出了租赁场所，但没有与出租方确立书面的协议，因而对于是否解除合同发生争议。对此，一般可根据相关情况进行判定。承租方搬离了租赁场所，而出租人表示接受的，双方合同解除。承租方搬离了租赁场所，并明确告知了出租方，而出租方又接手了租赁场所的，租赁合同解除。承租方搬离租赁场所，但没有告知出租方的，出租方也未接管租赁场所的，租赁合同并未解除。而对于承租方是否实际接管租赁物的认定，除承租方自己使用了租赁物或将租赁物租给了他人外，招租行为也应成为重要的判断依据。因为只有在租赁期满或提前解除租赁合同时，出租人才可能将租赁物出租他人，即使为了使新旧承租人的租赁期更紧密衔接，出租人会提前发布招租的公告，但也应发生在租赁期即将届满时。本案中，曾宪杰于2015年7月2日搬离了租赁的商铺，但其没有告知出租方，故此时合同尚未解除。双方租赁合同期限至2016年7月底，萧群友于

2016年2月25日的招租行为显然不是因约定的租赁期即将届满而为新的租赁合同所作的准备，这一行为反映了萧群友已接手了商铺。据此，可认定双方的租赁合同在2016年2月25日已经协商解除。

第二，商铺尚存的少量铁架是否影响承租人搬离租赁商铺的认定。《中华人民共和国合同法》第二百三十五条规定："租赁期间届满，承租人应当返还租赁物。返还的租赁物应当符合按照约定或者租赁物的性质使用后的状态。"从上述规定反映，承租人返还租赁物，如双方有约定返还标准的依约定，如没有约定的租赁物应按其正常使用后的状态。不动产租赁活动中，租赁物的返还实质上是承租人撤离租赁场所。对于承租人是否撤出租赁场所的认定，在没有合同规定的情况下，一般交易活动的要求是，承租人将因经营、储放等所需之物搬离租赁的场所，以保证出租人对租赁物进行正常使用的一种状态。承租人撤离后，除了租赁期间有添附行为的，租赁的场所与原来出租时的状态基本一致。但是，这种状态也非绝对的。一方面，由于租赁物的折旧是客观存在的，租赁物不可能完全回复到原来的状态，对于正常的折旧、损耗是允许的。另一方面，承租人撤离，只要达到出租人正常使用租赁场所之要求即可。如现场有少量遗弃物，通过简单处理后可正常使用的，符合一般商业活动中撤离租赁场所的要求。本案中，双方当事人对撤出租赁场所的标准没有进行约定，曾宪杰租赁萧群友的商铺堆放建材，其已将建材全部搬出，虽然商铺中的少量铁架属于承租人曾宪杰的遗弃物，但萧群友可以自由处分。曾宪杰的行为已达到了返还租赁物的要求。萧群友以商铺尚存少量铁架为由，在事隔数月后还认为对方仍在使用商铺，其主张缺乏理据。

由于曾宪杰在租赁合同期满前搬出了租赁的商铺，且萧群友已于2016年2月接手了商铺，故一、二审认定双方的租赁合同于此时解除，并以此作为计算租金的期限。

编写人：广东省云浮市中级人民法院　李艳徽

10

发出解除通知后仍实际履行的效果

——北京睿加罗餐饮管理有限公司诉北京中基信和置业有限公司房屋租赁合同案

【案件基本信息】

1. 裁判书字号

北京市西城区人民法院（2017）京0102民初26136号民事判决书

2. 案由：房屋租赁合同纠纷

3. 当事人

原告：北京睿加罗餐饮管理有限公司（以下简称睿加罗公司）

被告：北京中基信和置业有限公司（以下简称中基信和公司）

【基本案情】

2013年5月7日，中基信和公司（出租方、甲方）与睿加罗公司（承租方、乙方）签订《租赁合同》，约定：乙方应在每个月的25日前付租金，每个月15日前支付上一月度的提成租金。店铺月租金为固定基本租金和提成租金取其高计算。乙方若有拖欠费用，每迟延一日，支付所欠费用金额2‰的迟延履行违约金。迟延超过30日，甲方有权单方解除合同。乙方迟延缴纳租金等累计超过3次（含本数），则甲方也有权单方解除合同。合同签订后，中基信和公司向睿加罗公司交付了租赁店铺。睿加罗公司交纳了履约保证金63100元及POS－MIS收款一体机保证金1000元。2016年9月2日，中基信和公司委托北京市环球律师事务所向睿加罗公司发出《律师函》，主要内容为：由于睿加罗公司迟延交纳费用构成违约，中基信和公司要求睿加罗公司支付相关费用及迟延履行违约金。2016年11月1日，中基信和公司委托北京市环球律师事务所向睿加罗公司发出《律师函》，主要内容为：由于睿加罗公司迟延交纳费用构成违约，中基信和公司依据合同约定要求解除双方的租赁合同并要求睿加罗公司腾退房屋、支付租金等费用及承担相应违约责任。2016年11月3日，睿加罗公司向中基信和公司支付了2016年6月~10月的滞纳金，中基信和公司出具了滞纳金收据。

此后，中基信和公司继续每月向睿加罗公司发送《结算单》，结算单明细包括每月租金、推广费、POS机使用费，睿加罗公司按照《结算单》的要求交纳了相关费用，睿加罗公司租金支付至2017年8月15日。2017年7月23日，中基信和公司向睿加罗公司发出《收回商铺的通知》，内容为："基于2016年11月1日发至贵司之律师函，声明解除贵我双方间租赁合同，请贵司于2017年8月15日前必须完成铺位交还，并向我司补足因解除租赁合同未归还铺位的使用费，否则我司将终止能源并收回铺位。"2017年8月14日，中基信和公司再次向睿加罗公司发出《收回商铺的通知》，要求睿加罗公司交还店铺。2017年8月22日、24日，中基信和公司两次在睿加罗公司的门上粘贴停止能源供应的通知，通知睿加罗公司将于2017年8月24日23时终止能源的供应。2017年8月25日，中基信和公司停止了店铺的能源供应。

2017年8月28日，睿加罗公司搬离了店铺。

【案件焦点】

被告发出解除合同通知，原告按合同通知缴纳了滞纳金后，原告继续使用诉争店铺，被告继续发送交费通知并收取费用的行为如何认定。

【法院裁判要旨】

北京市西城区人民法院经审理认为：睿加罗公司收到催缴租金和解除合同的《律师函》后，交纳了迟延交纳租金等费用的滞纳金，中基信和公司出具了相应收据，此后，中基信和公司继续按照惯例及合同约定每月向睿加罗公司发送交纳相关费用的结算单，睿加罗公司按照结算单的要求支付租金等费用，2017年6月20日起中基信和公司开始按照合同约定的第五年的新的租金标准继续计算租金，睿加罗公司亦按照新的标准缴纳租金。自2016年11月1日解除合同通知发出后至2017年7月23日发出《收回商铺的通知》期间，中基信和公司未提交任何证据证明其要求睿加罗公司交还店铺。综合分析上述情形，本院认为，虽然2016年11月1日中基信和公司向睿加罗公司发送了解除合同通知，但双方此后长达八个多月按照惯例和合同约定履行合同的行为表明双方仍在继续履行合同，为维护交易的稳定，保护合同双方的合法权益，遵循公平原则，认定此期间双方合同仍在继续履行更符合双方对于自身行为的预期，不宜认定中基信和公司发出解除合同通知后双方的租赁合同即已解除。合同履行过程中，中基信和公司于2017年8月25日停止能源供应，导致睿加罗公司无法继续经营，合同目的无法实现，中基信和公司构成违约，睿加罗公司于2017年8月28日搬离了店铺，至此，双方的租赁合同已无法继续履行，故双方的租赁合同应于2017年8月28日解除。

由于睿加罗公司尚未将营业执照地址从租赁店铺迁出，故合同约定的返还履约保证金的条件尚不具备，对睿加罗公司要求中基信和公司返还履行保证金的诉讼请求，不予支持。由于睿加罗公司未将POS－MIS一体机返还给中基信和公司，故对睿加罗公司要求中基信和公司返还POS－MIS一体机保证金的诉讼请求，不予支持。租赁合同约定因中基信和公司违约提前解除合同应双倍返还履约保证金，故睿加罗公司要求中基信和公司支付相当于一倍履约保证金的违约金的诉讼请求，存在合同及法律依据，予以支持。鉴于睿加罗公司此前确实存在拖欠租金等费用的情形，综合考虑本案案情，中基信和公司支付睿加罗公司的违约金已足以弥补自身过错及睿加罗公司的损失，故对睿加罗公司要求中基信和公司另行赔偿经济损失及会员退款损失的诉讼请求，均不予支持。由于并非睿加罗公司违约导致合同解除，故对中基信和公司要求睿加罗公司支付免租期租金的反诉请求，不予支持。2017年8月16日至2017年8月24日，双方租赁合同仍在履行，睿加罗公司正常使用店铺，应当支付此期间的租金，2017年8月25日至2017年8月28日，由于中基信和公司已终止能源供应，睿加罗公司无法继续使用店铺正常经营，故此期间睿加罗公司无须支付租金，中基信和公司要求睿加罗公司支付2017年8月16日至2017年8月24日期间的房屋占用费不当，调整为租金，该部分反诉请求，予以支持，其余房屋占用费的反诉请求，不予支持。中基信和公司要求睿加罗公司支付律师费的反诉请求，缺乏依据，不予支持。

北京市西城区人民法院依照《中华人民共和国合同法》第五条、第八条、第九十四条、第一百零七条、第一百一十四条，《最高人民法院关于适用〈中华人民共和国民事诉讼法〉的解释》第九十条之规定，作出如下判决：

一、确认双方签订的《租赁合同》于2017年8月28日解除；

二、中基信和公司支付睿加罗公司违约金63100元；

三、睿加罗公司支付中基信和公司2017年8月16日至2017年8月24日期间的租金10066.94元；

四、驳回睿加罗公司的其他诉讼请求；

五、驳回中基信和公司的其他反诉请求。

【法官后语】

轻微违约不宜直接认定合同解除。本案中双方合同虽然约定了租金支付时间，但实际履行中都是被告向原告发送账单后原告再交纳租金，且每期租金会随着营业额变化，初期被告对原告租金有减免，故原告没有按照合同约定时点支付租金有其客观条件，未能按期支付并非严重违约，属于轻微违约。基于鼓励交易的考虑，在合同仍然可以正常继续履行的情况下，对轻微违约，可以通过继续履行给予救济，并无解除的必要，事实上本案中合同也正常继续履行。从该角度出发，不宜认定在被告发出解除通知后双方合同解除。

应当注重探求当事人的本意，尊重当事人意思自治。本案中被告虽然发出了解除合同的通知，要求解除合同后收回店铺。但结合双方之后的行为来看，双方实际仍然在继续履行原有的租赁合同，被告并未实际收回店铺，在原告缴纳了滞纳金后，其仍然按照原有的合同发送交费通知并收取相关费用，而且按照原合同约定调整了租金标准，没有再要求原告腾房。可以看出双方的真实意思是继续履行原有的租赁合同，认定双方合同解除或者形成新的合同关系并不符合双方当事人的本意。

应当保护当事人信赖利益，维护交易秩序的可预期性和稳定性。本案被告发送解除通知后，原告到被告处缴纳了滞纳金，但被告并未再向原告主张腾退，之后仍然按原合同约定收取租金，双方合同实际仍在履行，原告亦基于其对合同继续履行的信赖进行经营并投入了相应成本。如果认定原告违约导致合同解除，不符合公平原则，造成原告责任畸重。且合同解除对双方都会造成损失，徒增交易成本，不利于社会主义市场经济的发展和交易秩序的稳定。被告未及时主张原告腾房，而是在合同实际正常继续履行半年多后要求腾房，对此法院不应予以保护。我国合同法和民法总则的精神是鼓励交易，维护交易秩序的可预期性和稳定性，对于保护交易双方信赖利益，优化营商环境，维护市场有序运行，具有重大意义。

案件宣判后双方均未上诉，判决发生效力。该判决考虑了双方利益诉求，双方都能够接受，减少了双方的诉累。判决应从实际出发，尊重双方的交易习惯和市场交易规律，避免机械简单地适用法律，发挥好审判职能，以实现较好的社会效果和法律效果。

编写人：北京市西城区人民法院　王德林

11

代持股关系解除后能否径行请求返还出资

——方顺财诉崔勇勇合同案

【案件基本信息】

1. 裁判书字号

重庆市第二中级人民法院（2017）渝02民终2286号民事判决书

2. 案由：合同纠纷

3. 当事人

原告（上诉人）：方顺财

被告（被上诉人）：崔勇勇

【基本案情】

方顺财与崔勇勇等人于2006年共同出资拟设立渝楚公司，方顺财与崔勇勇约定：由崔勇勇作为名义股东代为持有方顺财因实际出资而享有的渝楚公司的股份。2006年8月15日，渝楚公司登记设立，注册资本为1000万元。2009年4月17日，崔勇勇向方顺财出具《股份说明》一份，载明："本人崔勇勇在渝楚公司的12%股份中含方顺财的3%（即崔勇勇占9%，方顺才占3%，共占12%）。"2016年，渝楚公司增加注册资本金至5000万元，方顺财未参与增资。2016年2月6日，崔勇勇向方顺财发出《渝楚分配说明》三份（含：老厂版、新厂版、结合版），内容摘要：经折算，渝楚公司老厂固定资产估算为2800万元，方顺财向渝楚公司投入的资金总额折算为84万元（2800万元×3%）；渝楚公司增资的4000万元用于新厂经营，以崔勇勇名义向渝楚公司投入的资金总额折算为816万元［（2800万元+4000万元）×12%］；渝楚公司完成增加注册资本金后，由方顺财实际出资且以崔勇勇名义持有的渝楚公司股权份额占崔勇勇所持12%股份的份额比例调整为约占10.29412%（84万元÷816万元）；崔勇勇要求方顺财按投资比例为渝楚公司向银行的贷款提供连带保证担保，并按照渝楚公司所分配利润的5%～10%的标准向崔勇勇支付代持股的管理费；方顺财实际出资份额应分配的利润为117353元，包含：直接分配利润67627元、贷款增值利润49726元。崔勇勇在该《渝楚分配说明》尾部载明："愿按崔勇勇在渝楚投资比例承担贷款风险投资人签字，本说明也可以作为各股东在渝楚崔勇勇里所占股份的投资说明。"2016年3月17日，方顺财在其收悉的《渝楚分配说明》尾部书写："不同意崔勇勇提成5%～10%的管理费。"后双方因是否收取管理费的问题发生纠纷，方顺财诉至法院，请求解除双方达成的《股份说明》，由崔勇勇返还其出资84万元及资金占用利息损失和应分配而未分配的利润。诉讼中，方顺财、崔勇勇均当庭陈述并认可：渝楚公司于2016年分两次分别向公司各股东分配利润各合计1000万元，崔勇勇随即于2016年3月28日转账支付方顺财67627元，于2016年8月20日转账支付方顺财67630元，合计135257元。

【案件焦点】

方顺财与崔勇勇之间的代持股关系解除后，方顺财能否径行请求崔勇勇返还出资款84万元及其资金占用利息损失。

【法院裁判要旨】

重庆市万州区人民法院经审理认为：方顺财与崔勇勇约定，由方顺财对渝楚公司实际出资并享有投资权益，以崔勇勇名义代为持有相应股份。该约定并未违反法律法规的强制性规定，双方之间的代持股关系合法有效。方顺财与崔勇勇于本案诉讼过程中合意解除代持股关系后，原本由崔勇勇代持的相应股份的归属并未改变，即仍然由方顺财享有。方顺财为维护并实现其作为实际出资人的投资权益，需要经历一个有着严格先后顺序的程序路径：首先，方顺财应当向渝楚公司主张将其所实际出资部分的股份显名化。当然，根据公司法及相关司法解释之规定，方顺财成为公司登记股东的前提是，需要渝楚公司其他股东半数以上同意。其次，如果上述主张未获得渝楚公司其他股东半数以上同意，方顺财则可以主张崔勇勇作为名义股东启动对外公开转让该部分股份的程序。当然，公司其他股东在同等条件下具有优先购买权。最后，在上述各个步骤中，崔勇勇作为名义股东均应当给予必要的协助，若崔勇勇拒不履行其基于代持股协议而应当履行的附随协助义务，则需要承担相应的违约责任。诉讼过程中，崔勇勇明确表示愿意配合方顺财实现所代持股份的显名化，也明确拒绝由其直接受让该代持的股份，而方顺财明确表示拒绝将其出资部分的股份显名化，坚持要求崔勇勇向其返还出资并支付资金占用利息损失。故而，如前所述，无论现时案涉所代持的股权价值是否为 84 万元，作为实际出资人的方顺财均无权直接请求作为名义股东的崔勇勇向其返还出资并支付资金占用利息损失，方顺财可依照上述程序路径另行主张，以实现其投资权益。

重庆市万州区人民法院依照《中华人民共和国合同法》第三百九十六条、第四百零四条，《最高人民法院关于适用〈中华人民共和国公司法〉若干问题的规定(三)》第二十四条，《最高人民法院关于适用〈中华人民共和国民事诉讼法〉的解释》第九十条之规定，作出如下判决：

一、崔勇勇在判决生效后十日内向方顺财支付尚欠的公司利润 55902.44 元，并以该尚未支付的公司利润 55902.44 元为基数，以中国人民银行公布的同期同类贷款基准利率为标准，自 2016 年 3 月 28 日起向方顺财计付资金占用利息损失至付清之日止；

二、崔勇勇在判决生效后十日内向方顺财支付尚欠的公司利润 55899.44 元，并以该尚未支付的公司利润 55899.44 元为基数，以中国人民银行公布的同期同类贷款基准利率为标准，自 2016 年 8 月 20 日起向方顺财计付资金占用利息损失至付清之日止；

三、驳回方顺财的其他诉讼请求。

方顺财不服一审判决，提起上诉。重庆市第二中级人民法院经审理认为：二审法院同意一审法院的部分裁判意见及裁判结果。

重庆市第二中级人民法院依照《中华人民共和国民事诉讼法》第一百七十条第一款第（一）项之规定，作出如下判决：

驳回上诉，维持原判。

【法官后语】

近年来，代持股现象普遍存在于社会经济生活之中，或出于提高公司决策效率的原因，或出于法律规定某些特定身份或者职业主体不能成为公司股东的原因，由此而产生了大量的协议效力、股东资格确认即实际出资人的显名化、无权处分的财产归属纠纷等案件。《最高人民法院关于适用〈中华人民共和国公司法〉若干问题的规定（三）》仅对代持股协议的效力问题、投资权益的归属问题、隐名股东的显名化程序等作出了相关规定，但该解释并没有对代持股关系解除的法律后果作出明确规定。因此，本案属于新类型案件，人民法院在处理此类纠纷时，既要考虑到对实际出资人权益的保护，又要尊重股权登记的外观表现。代持股协议也是协议的一种类型，在《最高人民法院关于适用〈中华人民共和国公司法〉若干问题的解释（三）》没有特别规定代持股关系解除的法律后果的情形下，双方当事人对于合同解除的法律后果有约定的从约定，双方亦可协商一致，不能协商一致的，仍可适用合同法中关于一般合同解除的法律后果的规定。

具体到本案中，方顺财与崔勇勇之间建立的是口头代持股协议关系，双方对于代持股协议解除后的法律后果并无约定，也不能协商一致。依据合同解除的一般法律后果，首先是尚未履行的，终止履行；已经履行的，根据履行情况和合同性质，当事人可以要求恢复原状或者采取其他补救措施，并有权要求赔偿损失。本案方顺财与崔勇勇于诉讼中合意解除代持股协议后，由方顺财实际出资的股份份额权属并未发生改变，仍然应由方顺财享有。方顺财认为崔勇勇在为其代持股份过程中，存在扣留其应分配而未分配的利润的违约行为，应向其承担相应的违约责任，对此，一审法院已经予以了支持。但方顺财坚持主张由崔勇勇返还其出资款84万元并支付资金占用利息损失，等同于强制崔勇勇受让其股份份额，诉讼中，崔勇勇明确表示不愿意受让方顺财的股份份额。一审法院将方顺财股份的显名化和通过股权转让等其他方式实现其投资权益作为方顺财要求崔勇勇返还出资的前置程序条件，二审法院并不赞同，因为现行法律并未作此规定，但可以明确的是方顺财实现其投资权益的路径并不唯一。在方顺财能否通过股份显名化和股权转让等方式实现其投资权益尚不确定的情形下，方顺财径行请求崔勇勇返还出资及其资金占用利息损失，没有合同依据和法律依据。

编写人：重庆市第二中级人民法院　胡玉婷

12

对用人单位劳动合同解除权的判定

——魏某诉武汉某某超市有限公司劳动争议案

【案件基本信息】

1. 裁判书字号

湖北省武汉市中级人民法院（2017）鄂01民终字6208号民事判决书

2. 案由：劳动争议纠纷

3. 当事人

原告（上诉人）：魏某

被告（上诉人）：武汉某某超市有限公司（以下简称武汉某某公司）

【基本案情】

魏某于1993年9月入职某某集团维修中心，2001年9月20日魏某与武汉某某公司签订《劳动合同》，约定合同期限两年，期满后，双方续订三份劳动合同，最后续订的为无固定期限劳动合同，魏某的职务为公司中层领导。2015年5月22日15时许（工作时间），魏某等5人（除1名社会人员外，其他均为魏某所在部门员工）在吸食毒品时被公安民警查获，次日，公安机关决定对魏某处以行政拘留十五日的处罚。后因魏某身患疾病，公安机关并未实际采取拘留措施。2016年2月26日，公安机关通知武汉某某公司防损部，要求魏某等人协助调查相关案件，武汉某某公司得知魏某吸毒一事。经征求工会意见，武汉某某公司作出对魏某等4人的处理决定，以“魏某等四人工作时间擅离工作岗位，因吸毒违反《中华人民共和国治安管理处罚法》的违法行为属实，情节严重。四人均严重违反了《武汉某某公司员工奖惩办法》的相关规定，属于严重违纪行为”为由，决定给予魏某解除劳动关系的处理。2016年4月20日，魏某提起劳动仲裁，仲裁裁决书送达后，魏某不服诉至一审法院，其中诉讼请求之一便是判令确认武汉某某公司违法解除劳动关系，向其支付赔偿金368460元（8010元×23年×2倍）。

2009年12月9日，武汉某某公司召开职工代表大会审议通过了《武汉某某公司员工奖惩办法》等5个管理制度。《武汉某某公司员工奖惩办法》第三章惩处第十五条规定，员工有下列情形之一的，属于较严重违规行为：1. 不服从工作安排和岗位调动，影响正常工作的；……4. 未经主管部门批准，工作时间擅离工作岗位，情节严重的；……第十八条规定：员工有下列情形之一的，视为严重违纪行为，集团将按有关法定程序，依法解除劳动合同，且无须支付经济补偿金：1. 一年内累计通报批评3次以上的；2. 连续旷工5天以上，一年内累计旷工10天以上的；……10. 为获取私利，提供各类虚假证明等资料的；……15. 被依法追究刑事责任的；16. 国家法律规定的其他情形。魏某参加了《武汉某某公司员工奖惩办法》《武汉某某公司休假管理办法》等规章制度的学习培训。

【案件焦点】

武汉某某公司解除魏某劳动合同的合法性问题。

【法院裁判要旨】

武汉市江汉区人民法院经审理认为：案件主要的争议焦点是武汉某某公司解除魏某劳动合同是否合法。武汉某某公司提供的《武汉某某公司员工奖惩办法》虽经民主程序制定，内容也不违反法律、行政法规的规定，魏某通过参加学习培训也知晓其内容，但该“奖惩办法”仅规定“未经主管部门批准，工作时间擅离工作岗位，情节严重的”属较严重违规行为，未规定员工因吸毒被公安机关治安处罚属于严重违纪行为，武汉某某公司以魏某“工作时间擅离工作岗位，因吸毒违反《中华人民共和国治安管理处罚法》的违法行为属实，情节严重”为由解除魏某劳动合同法律依据不足，属违法解除劳动合同。鉴于魏某不要求继续履行劳动合同，根据《中华人民共和国劳动合同法》第八十七条规定，武汉某某公司应按经济补偿金标准的二倍向魏某支付赔偿金。《中华人民共和国劳动合同法实施条例》第二十五条规定，用人单位违反劳动合同法的规定解除或者终止劳动合同，依照劳动合同法第八十七条的规定支付了赔偿金的，不再支付经济补偿。赔偿金的计算年限自用工之日起计算。魏某1993年9月入职武汉某某公司，武汉某某公司应向魏某支付赔偿金为7618.67元×22.5个月×2倍=342840.15元。

武汉市江汉区人民法院依照《中华人民共和国劳动合同法》第四十八条、第八十七条,《中华人民共和国民事诉讼法》第一百四十二条的规定,作出如下判决:

一、武汉某某公司于判决生效之日起十日内支付魏某违法解除劳动合同赔偿金342840.15元;

二、驳回魏某的其他诉讼请求。

魏某、武汉某某公司均不服原审判决,提起上诉。魏某的上诉理由主要是支付赔偿金等的标准过低。武汉某某公司的上诉理由则是解除与魏某的劳动关系为用人单位合法解除。武汉市中级人民法院经审理认为:本案的争议焦点为武汉某某公司解除魏某劳动合同的合法性问题的认定。首先,魏某的行为是否违反劳动纪律。《中华人民共和国劳动法》第三条第二款明确规定:"劳动者应当完成劳动任务,提高职业技能,执行劳动安全卫生规程,遵守劳动纪律和职业道德。"劳动纪律的制定主体并非只有用人单位,国家也是劳动纪律的重要制定主体,劳动者在用人单位工作期间,应当遵守国家法律、法规以及用人单位的规章制度。《武汉某某公司员工奖惩办法》[某某司字(2009)76号]第二条亦明确规定,集团员工必须遵守国家的政策、法律、法令,遵守劳动纪律。即工作时间守法不仅是劳动者的基本义务,也是提供劳动、维系劳动秩序的前提和基础。劳动者在工作时间违反守法的基本义务,就是违反劳动纪律。上班期间不得吸毒无论从劳动纪律的角度还是从职业道德的角度,对所有劳动者都属于不言自明的、理应知道的基本要求。

其次,魏某的行为能否构成严重违反劳动纪律。如果规章制度对此有明确界定,一般应以规章制度本身来判定。在规章制度未对此明确列举的情况下,对于违纪行为是否严重,在实务操作和司法审查时应根据不同行业、不同工作特点以及违纪行为对工作管理、社会生活可能产生的危害性程度综合判断,既要避免用人单位滥用处罚权,也要尊重用人单位为加强企业管理和维护劳资双方利益时对严重程度的认定。根据公安机关的处罚决定书所述,从时间要素可见,该事件发生在正常上班时间内,且魏某被处以15天的行政拘留,是对行政拘留的顶格适用,属于严重违反治安管理处罚法。社会治安秩序是社会秩序、劳动秩序的基础,工作时间触犯治安管理处罚法已属触犯劳动纪律底线、严重违反劳动纪律的行为。武汉某某公司作为用人单位只是普通民事主体,不可能在制定规章制度时涵盖一切,穷尽所有严重违纪行为。《武汉某某公司员工奖惩办法》第十八条虽未将上班吸毒作为严重违纪行为予以文字说明和强调，但类比于该条所述的各项违纪行为的程度，武汉某某公司以魏某的行为已扰乱单位工作秩序，造成不利影响，对正常经营造成潜在的隐患，属于严重违纪，从而行使合同解除权，并未违反法律法规，未滥用企业用工、经营自主权，符合情理且未显失公平，亦符合普通大众对公序良俗的社会认知。武汉某某公司解除与魏某的劳动合同具有相应的事实和法律依据，对武汉某某公司的该项上诉请求与理由予以支持。

《中华人民共和国劳动争议调解仲裁法》第六条规定，“发生劳动争议，当事人对自己提出的主张，有责任提供证据。与争议事项有关的证据属于用人单位掌握管理的，用人单位应当提供；用人单位不提供的，应当承担不利后果”，魏某未举证证明武汉某某公司已发放2015年年度奖金，也未提供证据证明其符合奖金发放条件，亦未证明武汉某某公司持有上述证据拒不提供，故应承担举证不能的不利后果。魏某认为应以其实际工资作为一次性伤残就业补助金核算基数的上诉理由，于法无据，不予支持。

武汉某某公司的上诉理由成立，对其上诉请求予以支持。魏某的上诉请求与理由缺乏事实和法律依据，依法不予支持。

武汉市中级人民法院依照《中华人民共和国民事诉讼法》第一百七十条第一款第（二）项的规定，判决如下：

一、维持湖北省武汉市江汉区人民法院（2016）鄂0103民初6448号民事判决第二、三项，即“二、武汉某某公司于本判决生效之日起十日内支付魏某一次性伤残就业补助金56497元；三、武汉某某公司于本判决生效之日起十日内协助魏某办理一次性伤残补助金及一次性工伤医疗补助金的申领手续”；

二、撤销湖北省武汉市江汉区人民法院（2016）鄂0103民初6448号民事判决第一、四项，即“一、武汉某某公司于本判决生效之日起十日内支付魏某违法解除劳动合同赔偿金342840.15元；四、驳回魏某的其他诉讼请求”；

三、驳回魏某的其他诉讼请求。

【法官后语】

审理劳动争议案件必须准确把握劳动纪律。劳动纪律是指劳动者在劳动过程中必须遵守的行为规则。这一概念应从四个层面进行理解：首先，劳动纪律体现为一种行为规则，没有具体的行为规则存在也就无所谓劳动纪律存在。其次，劳动纪律仅指劳动者在提供劳动的场所和时间范围内必须遵守的行为规则。再次，制定发布劳动纪律的主体不只是用人单位，国家也是制定发布劳动纪律的主体。最后，劳动纪律是劳动关系本质属性的必然要求，劳动纪律是保证生产秩序正常进行的必要条件。

用人单位规章制度对劳动纪律有明确规定下的司法审查。

除非用人单位对涉案劳动者的处理结果存在程序违法（如未依法通知工会）或者明显失当，否则司法应对用人单位的自主经营管理权保持必要的尊重与克制，应当允许对用人单位在一定范围内的自主决定权。

如果用人单位没有制定规章制度，或者规章制度中没有关于打架斗殴、吸毒、嫖娼等违法行为的规定，该种情况下用人单位因劳动者有上述行为而解除劳动合同的，是否合法？劳动者在工作时间、工作区域违反守法的基本义务，就是违反劳动纪律。前已述及，劳动纪律的制定主体并非只有用人单位，国家也是劳动纪律的重要制定主体。上班期间不得迟到、早退、打架斗殴、吸毒、嫖娼等要求，无论从劳动纪律的角度还是从职业道德的角度，乃至普通公民的基本守法义务的角度，对所有劳动者均属于不言自明的、劳动者理应知道的基本要求。因此，对于《中华人民共和国劳动合同法》第三十九条第（二）项的“严重违反用人单位的规章制度”不应作机械理解。即便用人单位没有制定规章制度或者规章制度中对上述行为未作规定，劳动者在工作时间、工作区域发生严重的上述行为的，用人单位也可以此为由解除劳动合同。

编写人：湖北省武汉市中级人民法院　陶歆

三、违约责任

13

居间行为不当作为违约金调整的考量因素

——王敏诉敬红房屋买卖合同案

【案件基本信息】

1. 裁判书字号

北京市第一中级人民法院（2017）京01民终7731号民事判决书

2. 案由：房屋买卖合同纠纷

3. 当事人

原告（反诉被告、被上诉人）：王敏

被告（反诉原告、上诉人）：敬红

第三人：北京尚诚置地房地产经纪有限公司（以下简称尚诚公司）

【基本案情】

2016年5月12日，王敏（买受人、乙方）与敬红（出卖人、甲方）签订房屋买卖合同，约定王敏将位于海淀区某小区某号楼809号（以下简称809号）房屋出售给敬红，成交价格为146万元，其中房屋价格为103万元；房屋装饰、装修等作价43万元，并约定了定金给付及产权过户时间、违约责任及税费承担问题。

同日，王敏（乙方）、敬红（甲方）与北京尚诚置地房地产经纪有限公司（居间方、丙方）签订补充协议，约定乙方先支付定金10万元并应于2016年6月14日前以建委资金监管的方式支付给甲方首付款103万元；于2016年6月20日过户前以银行托管的方式支付给甲方32万元。乙方从购房款中留存2万元作为物业交割保证金于办理物业交割当日交付给甲方。任何一方逾期履行上述义务，每逾期1日，支付房屋总价款万分之五的违约金。乙方如逾期履行付款义务超过15日的，构成根本违约，甲方有权解除合同。双方委托丙方作为代理人协助办理网签手续。

签约后，王敏依约支付定金。尚诚公司以45万元的房屋成交价格办理网上签约手续，形成了《存量房屋买卖合同（经纪成交版）》（以下简称网签合同），但该份合同的纸质打印版未经双方签字确认。2016年6月2日，王敏以45万元为基数交纳了印花税、契税，敬红在《个人销售已购房屋涉税申报核定表》上签字。2016年6月17日，王敏将45万元房款存入建委监管账户，尚诚公司未通知敬红前往。2016年6月19日，三方相约办理银行托管手续，敬红未办理即离开，之后拒绝协助办理上述手续。王敏、尚诚公司主张敬红对网签金额变更知情且同意，敬红表示确实配合王敏办理了纳税手续，但对网签价格不知情，是在办理资金监管时发现并提出质疑。发生争议后，王敏向敬红表示可以一次性支付房款至敬红账户，并致函要求继续履行合同。敬红以存在交易风险、王敏违约在先为由拒绝办理后续事宜。王敏起诉要求敬红协助继续履行买卖合同及补充协议，敬红承担违约责任。敬红则认为王敏构成根本违约，要求解除买卖合同及补充协议，由王敏承担违约责任。

【案件焦点】

在居间方存在服务瑕疵的情况下，王敏未依约支付首付款的行为是否构成根本违约，敬红是否因此享有单方解除合同并拒绝履行合同的权利。

【法院裁判要旨】

北京市海淀区人民法院经审理认为：王敏与敬红签订的买卖合同及补充协议合法有效。买卖合同及补充协议中前后不一致之处，应以补充协议内容为准。网签合同未经王敏、敬红协商一致并签字确认，不应作为规范双方权利义务关系的依据。

合同履行中，双方因网签合同价格及首付款支付金额产生争议。因税费由王敏承担，仅以敬红在2016年6月2日的纳税材料上签字，没有其他证据佐证的情况下，无法证实敬红曾同意按45万元的价格办理网签手续。王敏于2016年6月17日将45万元存入建委资金监管账户，在办理时间和支付金额上均违反了双方合同约定，应属违约。但逾期时间未超过15日，并在15日内要求敬红协助办理银行托管手续以履行自身付款义务，未构成根本违约。敬红仅享有主张逾期付款违约金的权利，无权解除合同，亦无权拒绝履行后续的协助义务。敬红以担心购房款项安全为由拒绝履行后续义务，无事实及法律依据。后王敏提出未实质损害敬红获得房款利益的支付方案后，敬红仍拒绝履行配合义务并明确表示不出售房屋，构成违约。综上，法院对敬红主张的反诉请求均不予支持。考虑王敏逾期未足额支付房款的违约行为在先，敬红系在对合同条款理解偏差的情况下出现拒绝履行后续义务的违约行为，故法院对违约金金额酌情予以判定。

北京市海淀区人民法院依照《中华人民共和国合同法》第四十四条第一款、第六十条、第一百零七条之规定，作出如下判决：

一、王敏与敬红于2016年5月12日签订的《北京市存量房屋买卖合同（经纪成交版）》《补充协议》继续履行；

二、王敏与敬红、北京尚诚置地房地产经纪有限公司于2016年5月12日签订的《补充协议》继续履行；

三、王敏于本判决生效后七日内支付敬红房款89万元，敬红于收到上述房款当日协助王敏办理上述房屋的产权过户手续，将上述房屋过户至王敏名下，办理该权属转移登记手续所需的费用由王敏负担；

四、敬红于办理本判决第二项过户手续当日，将809号房屋交付王敏使用；

五、敬红于办理本判决第二项过户手续当日，协助王敏办理809号房屋的物业交割手续，王敏于物业交割手续办理完毕当日支付敬红剩余房款2万元；

六、敬红于本判决生效后七日内支付王敏违约金2万元；

七、驳回王敏的其他诉讼请求；

八、驳回敬红的全部反诉请求。

敬红持原审反诉请求提起上诉，北京市第一中级人民法院经审理认为：王敏未依约支付首付款的行为构成违约。但在迟延付款后，其在15日内积极要求继续履行付款义务，因敬红原因导致逾期付款超过15日，故王敏不构成根本违约，敬红不具有单方解除合同的权利，其拒绝继续履行合同的行为构成违约。法院将对一审判决主文第三项要求敬红“协助王敏办理上述房屋的产权过户手续”中的“上述房屋”予以明确。敬红的上诉请求不能成立，应予驳回；一审法院判决双方合同继续履行，敬红支付违约金的结果是正确的；一审判决主文存在笔误，法院予以纠正。

北京市第一中级人民法院依照《中华人民共和国合同法》第九十三条、《中华人民共和国民事诉讼法》第一百七十条第一款第（二）项，《最高人民法院关于适用〈中华人民共和国民事诉讼法〉的解释》第一百二十一条之规定，判决如下：

一、维持北京市海淀区人民法院（2016）京 0108 民初 23469 号民事判决第二项、第四项、第五项、第六项、第七项、第八项；

二、变更北京市海淀区人民法院（2016）京 0108 民初 23469 号民事判决第一项为王敏与敬红于 2016 年 5 月 12 日签订的《北京市存量房屋买卖合同（经纪成交版)》继续履行；

三、变更北京市海淀区人民法院（2016）京 0108 民初 23469 号民事判决第三项为王敏于本判决生效后七日内支付敬红房款 89 万元，敬红于收到上述房款当日协助王敏办理 809 号房屋的产权过户手续，将上述房屋过户至王敏名下，办理该权属转移登记手续所需的费用由王敏负担。

【法官后语】

本案为因居间方服务瑕疵导致房屋买卖合同纠纷案件中的典型案例。尚诚置地公司在未将打印合同交由买卖双方签字的情况下，自行在网上签约系统中将网上签约手续办理完备，违反了《北京市住房和城乡建设委员会关于完善存量房买卖合同网上签约流程等有关问题的通知》的要求，导致王敏无法按合同约定金额办理资金监管，进一步引发合同履行争议。双方基于对房地产经纪机构的行业依赖，对合同订约行为及履约行为存有截然相反的认识。此时在认定买卖双方的违约行为时不仅要考虑签约情况、合同约定、买卖双方履约情况，还要结合居间方的居间行为对买卖双方履行行为造成的影响等因素，具体至本案，在认定违约情况时审理步骤如下：

一是根据签约情况确定履约依据。本案涉及买卖合同、补充协议及网签合同三份文件，其中买卖合同与补充协议应为当事人真实意思表示，因补充协议签订在后，故两份文件中约定不一致的以补充协议约定为准。网签合同未经王敏、敬红协商一致并签字确认，无法作为履约依据。

二是根据合同约定审查当事人具体履约行为。本案中根据买卖合同及补充协议的约定，王敏未按时、足额支付购房款，存在违约在先。

三是需结合居间方提供的居间服务，审查当事人双方违约行为是否成立，若成立其是否构成根本违约。本案中，居间服务中的瑕疵对买卖双方的违约行为认定均有影响。一方面，王敏虽违约在先，但考虑到王敏违约行为出现在居间服务瑕疵之后，且其在争议产生后积极补救，综合上述情况，其行为不构成合同约定的根本违约，不必然导致合同解除；另一方面，敬红拒不履行配合义务，构成违约，但上述违约行为亦源于对居间服务瑕疵后果的错误理解，进而对合同条款理解偏差，因此对其违约责任予以酌减。若在本案中将居间行为与房屋买卖履约行为割裂，则亦产生违约行为认定的错误及实质的不公，亦不利于居间行业的规范化发展。

编写人：北京市海淀区人民法院　刘雪琳　张慧聪

14

大型商场对租赁商户的违约行为承担连带责任的例外

——丁翠英诉洛阳市西工区坤森门业商行、洛阳市居然之家家居建材有限公司租赁合同案

【案件基本信息】

1. 裁判书字号

河南省洛阳市西工区人民法院（2017）豫0303民初2849号民事判决书

2. 案由：租赁合同纠纷

3. 当事人

原告（上诉人）：丁翠英

被告（被上诉人）：洛阳市西工区坤森门业商行（以下简称坤森门业商行）、洛阳市居然之家家居建材有限公司（以下简称居然之家公司）

【基本案情】

丁翠英系涧西区名仕嘉园1幢2单元××号房屋业主，因装修需要在坤森门业

商行定做开开木门，并交付40000元价款，尚有2300元尾款未支付，但丁翠英本次交易未将货款交至居然之家公司统一收银处且未签订居然之家公司统一的销售合同。坤森门业商行经营者张坤向丁翠英出具承诺书载明“2017年元月三号前装完，如不装完一天100元违约金，赔偿2000元（时间延期)”。后丁翠英与坤森门业商行因为坤森门业商行是否延期履行问题达不成一致意见，丁翠英诉至法院，要求两被告连带赔偿损失11200元，引发本案纠纷。

另查明，坤森门业商行原为居然之家公司的租赁商户，2017年5月27日撤场。

【案件焦点】

消费者在大型商场的租赁商户购买服务和商品，同时应遵守商场的规定要求签订商场统一的销售合同并将款项交至商场统一收银处，若私下与商户交易，一旦发生违约纠纷，根据合同相对性原则，商场将不承担责任。

【法院裁判要旨】

河南省洛阳市西工区人民法院经审理认为：当事人应当按照合同约定及时全面履行自己的义务，一方不履行合同义务或者履行合同义务不符合约定的，应当承担违约责任。丁翠英在坤森门业商行定做开开木门，并交付40000元价款，尚有2300元尾款未支付，坤森门业商行经营者张坤向丁翠英出具承诺书载明“2017年元月三号前装完，如不装完一天100元违约金，赔偿2000元（时间延期)”。现丁翠英诉称坤森门业商行延期履行115天，直至2017年4月28日才安装完毕，坤森门业商行对具体履行完毕时间陈述不清且未提交按期履行的证据，故对丁翠英称坤森门业商行延期至2017年4月28日履行完毕的事实，予以确认。坤森门业商行未按约定时间履行义务构成违约，应当承担违约责任。关于违约金的约定，丁翠英和坤森门业商行对“如不装完一天100元违约金”没有异议，但对“赔偿2000元（时间延期)”的约定有异议。丁翠英主张2000元是坤森门业商行对未在2017年11月26日之前完工的赔偿，坤森门业商行辩称逾期履行一天100元违约金，2000元是最高赔偿额，对双方当事人的陈述，因无其他证据印证，不予采信。丁翠英和坤森门业商行关于违约金的条款部分约定不明，考虑到坤森门业商行延期履行合同115天有明显过错，丁翠英因坤森门业商行的延期履行会有一定的损失，故坤森门业商行应承担的违约金为11500元，扣除丁翠英尚未支付的2300元尾款，坤森门业商行实际应向丁翠英赔偿的违约金为9200元。虽然坤森门业商行原为居然之家公司的租赁商户，但丁翠英本次交易未将货款交至居然之家公司统一收银处且未签订居然之家公司统一的销售合同，根据合同的相对性原则，丁翠英要求居然之家公司承担连带责任，无事实和法律依据，不予支持。

河南省洛阳市西工区人民法院依照《中华人民共和国合同法》第五条、第八条、第六十条、第六十一条、第一百一十四条，《最高人民法院关于适用〈中华人民共和国合同法〉若干问题的解释（二）》第二十九条，《最高人民法院关于民事诉讼证据的若干规定》第二条，《中华人民共和国民事诉讼法》第六十四条、第一百六十二条之规定，作出如下判决：

一、洛阳市西工区坤森门业商行于本判决生效后十日内向丁翠英赔偿违约金9200元；

二、驳回丁翠英的其他诉讼请求。

【法官后语】

本案中丁翠英在坤森门业商行定做开开木门，丁翠英应当对自己按照合同约定履行了交付价款的义务承担举证责任，而坤森门业商行应当就自己按照合同约定及时全面履行了安装义务承担举证责任。现双方对丁翠英已经交付了价款没有异议，丁翠英称坤森门业商行延期履行115天，直至2017年4月28日才安装完毕，坤森门业商行对具体履行完毕时间陈述不清且未提交按期履行的证据，应当承担举证不足的法律后果，故法院对坤森门业商行延期至2017年4月28日履行完毕的事实予以确认。

法院认为当事人对违约金的约定不明时，可以实际损失为基础、兼顾合同的履行情况、当事人的过错程度以及预期利益等综合因素，根据公平原则和诚实信用原则予以衡量，本案中丁翠英和坤森门业商行对"如不装完一天100元违约金"没有异议，但对"赔偿2000元（时间延期）"的约定有异议。丁翠英主张2000元是坤森门业商行对未在2017年11月26日之前完工的赔偿，坤森门业商行辩称逾期履行一天100元违约金，2000元是最高赔偿额，对双方当事人的陈述，因无其他证据印证，法院均未采信。法院认为丁翠英和坤森门业商行关于违约金的条款部分约定不明，考虑到坤森门业商行延期履行合同115天有明显过错，丁翠英因坤森门业商行的延期履行会有一定的损失，故坤森门业商行应承担的违约金为 11500 元，扣除丁翠英尚未支付的 2300 元尾款，坤森门业商行实际应向丁翠英赔偿的违约金为 9200 元。

本案中坤森门业商行在与丁翠英达成买卖合意时虽然是居然之家公司的租赁商户，但丁翠英和坤森门业商行并未按照居然之家公司的规定将货款交至统一收银处，丁翠英亦并未签订居然之家公司提供的统一销售合同，而是选择与坤森门业商行私下交易，根据合同的相对性原则，居然之家公司与丁翠英没有任何法律关系，现丁翠英要求居然之家公司承担连带责任，无事实和法律依据，法院不予支持。

编写人：河南省洛阳市西工区人民法院　杨晓宇　吴可征

15

专业性委托合同中认定履约的规则

——王磊等诉北京市盈科（广州）律师事务所诉讼、仲裁、人民调解代理合同案

【案件基本信息】

1. 裁判书字号

广州市中级人民法院（2017）粤 01 民终 21259 号民事判决书

2. 案由：诉讼、仲裁、人民调解代理合同纠纷

3. 当事人

原告（上诉人）：王磊等

被告（被上诉人）：北京市盈科（广州）律师事务所（以下简称盈科事务所）

【基本案情】

2014 年 3 月 27 日，王磊等九原告与盈科事务所签订了《民事委托代理合同》，委托代理事项明确为九原告与东莞市搜于特服装股份有限公司（以下简称搜于特公司）土地租赁合同纠纷一案的一、二审法律程序，且合同载明“本委托代理事项包

括在办理案件过程中必须提起的行政诉讼”。合同生效后，被告并未就九原告与搜于特公司土地租赁合同纠纷一案向人民法院提起民事诉讼或相关行政诉讼，而是委派蓝爱忠、陈韵诗律师作为九原告的代理人向法院提起了以东莞市道滘镇大岭丫新稔股份经济合作社及大岭丫村委会为被告、搜于特公司为第三人的民事诉讼，请求判令撤销大岭丫村委会同意东莞市人民政府征收道滘镇大岭丫村 55337.87 平方米地块的决定。东莞市第一人民法院以案件不属于民事诉讼的受案范围为由裁定不予受理。而后被告向东莞中院提起了上诉，东莞中院裁定以相同理由驳回上诉，维持原裁定。原告据此认为被告构成根本违约，请求判令解除委托合同及被告退还律师费 10 万元、支付违约金。

被告辩称合同生效后，其才发现原告与搜于特公司并无土地租赁合同关系，后经双方协商一致，已将委托合同中的代理事项变更为“新稔股份经济合作社大岭丫村委会侵害集体经济组织成员权益纠纷”，仅因原告在外而无法签署变更委托协议。而后王磊等人在案由变更后的起诉状、上诉状和授权委托书上签名则是用实际行动变更了委托合同的代理事项，所以其已履行了变更后的合同义务，故请求驳回原告诉讼请求。

【案件焦点】

1. 原告在其起诉新稔合作社、大岭丫村委会一案的起诉状、授权委托书上签名是否表示已经变更了代理合同的委托内容；2. 被告是否完全履行了委托代理合同的义务。

【法院裁判要旨】

广州市中级人民法院经审理认为：第一，根据代理合同的约定，盈科事务所应完成的委托事项为起诉搜于特公司。第二，盈科事务所代理的是法律诉讼业务，具有很强的专业性，实际能否起诉搜于特公司应有其专业的判断：如果被告在签订代理合同时已经知晓王磊等人与搜于特公司并不存在租赁合同关系，而王磊等人坚持起诉搜于特公司的，盈科事务所理应将相应诉讼风险及后果告知王磊等人，但没有证据证实盈科事务所履行了告知义务；而如果盈科事务所在签订代理合同时是因“听信”王磊等人与搜于特公司之间存在租赁合同关系而在未对相关证据进行审查的情况下即签订代理合同，该行为与律师事务所应有的专业素养不符。第三，王磊等人在其起诉新稳合作社、大岭丫村委会一案的起诉状、授权委托书上签名是否表示已经变更了代理合同的内容。就盈科事务所代理的法律诉讼业务而言，双方对于法律事务的熟悉程度及认知程度显然是不对等的，盈科事务所作为具有法律专业知识的律师事务所应尽到告知义务，在盈科事务所没有向王磊等人作出特别说明的情况下，盈科事务所认为王磊等人在起诉新稳合作社、大岭丫村委会一案的起诉状、授权委托书上签名即表示王磊等人已知晓相关情况而更改委托内容，本院不予认定。且既然王磊等人可以在起诉新稳合作社、大岭丫村委会一案的起诉状、授权委托书上签名，则也完全可以完成签订补充协议的手续，对于委托事项的变更进行约定，因诉讼主体发生变更引发相关的诉讼风险更应在代理合同中予以明确，而本案除代理合同外，未见双方有签订过任何补充协议或者双方修改代理合同条款的书面约定。综上所述，盈科事务所在代理王磊等人的委托事项中，未能完全履行应尽的义务和委托事项，考虑到盈科事务所在代理王磊等人起诉新稳合作社、大岭丫村委会一案中是经过了王磊等人的确认，对于委托事项做了一定的工作，而王磊等人在委托合同的履行中也存在一定的过错，故酌情判决盈科事务所退还九原告60000元，九原告其余的上诉请求，予以驳回。

【法官后语】

随着我国司法改革的推进，各项诉讼便民利民制度的落实，更多的普通民众得以寻求诉讼救济，维护其自身合法权益。法律委托代理合同作为当前法律领域连接普通当事人与专业法律人的纽带，其重要意义不言而喻。

法律委托代理合同属于委托合同的一种，但其区别于一般日常事务的委托，具有明显的特殊性，即其委托的法律事务往往具有极强的专业性。在此专业领域内，委托人和受托人的认知程度和熟悉程度都是不对等的，这将对缔约双方平等、公平地履行合同产生重大影响。

从委托人主体看，其通常不具备法律事务的专业性。在委托合同的履行及所托法律事务的操作中，委托人往往处于协助、被指引的地位，从判断到行动均不掌握主动。例如，本案中，九原告因感觉土地相关权益被侵犯而与被告签订法律委托代理合同，寻求法律救济。然而其仅凭感性的日常概念去“设定”搜于特公司为被告，对其自身是否具有相关诉权、该民事救济路径是否合理等专业信息一概不知，而显然这些专业环节的判断和决策完全依赖于受托人的具体释明和指引。再如，此案中“关于九原告在其起诉新稳合作社、大岭丫村委会一案的起诉状、授权委托书上签名是否表示已经变更了代理合同内容”的问题上，考虑到上述的专业性缺乏背景，在被告当时没有向原告等人作出特别说明的情况下，我们显然不能直接认定委托人在起诉状、授权委托书上的签名行为即已作出更改先前代理合同内容的意思表示。由此可见，在审理此类合同纠纷中，对委托人不具备专业性的因素予以充分的考量是更为客观的体现。

从受托人主体看，区别于门外汉的专业性是其安身立命的基础。在我国司法实务中，通常是当事人遇到相关法律纠纷后联系律所等受托人，由其委派的律师跟进到具体的案件中去。从初始的事件性质判断、寻求法律救济路径的选择，到具体的每个环节如何推进等，都是需要由受托人进行专业的判断，并对委托人作出具体的指引。这种基于专业性而产生的对法律事务的认知不对等，既赋予了受托人存在的市场必要性，也对受托人全面、诚信地履行自己的合同义务提出了更高的要求。本案中，九原告在与被告律所陈述案情、意欲签约时，被告便应对九原告能否起诉搜于特公司作出专业判断。在后续的变更代理合同内容问题上，被告更应尽到告知义务，对相关法律性质的变更、法律风险的变化作出详尽的专业释明。被告辩称“九原告在其起诉新稳合作社、大岭丫村委会一案的起诉状、授权委托书上签名即表示已经变更了代理合同的内容”的说法实际上是在不合理地减轻自身义务。

此类专业性强的代理合同纠纷中，对各方当事人相关行为的认定应遵循区分主体专业性的原则，通过全面、客观地考量不同主体专业性带来的权利义务差异进行裁判。

编写人：广东省广州市越秀区人民法院　易斯国

16

演出合同内容确定及违约责任认定

——吕某某诉北京市某某公司服务合同案

【案件基本信息】

1. 裁判书字号

北京市第一中级人民法院（2017）京01民终6513号民事判决书

2. 案由：服务合同纠纷

3. 当事人

原告（上诉人）：吕某某

被告（被上诉人）：北京市某某公司

【基本案情】

2016年5月12日，北京市文化局向举办单位北京某某公司出具京演（2016）0271号《北京市营业性演出准予许可决定》（以下简称《许可决定》），内容为："演出名称2016 BTS LIVE（花样年华 on stage：epilogue）演唱会；入境演员（团体）韩国艺人金某某等15人；在京演出日期2016年7月23日；在京演出地点首都体育馆；在京演出场次1场；演出内容26首曲目……"

2016年7月23日，在演出过程中，演出人员金某某突发疾病，演唱会暂停。后演唱会现场工作人员及某某少年团其他6名成员向现场观众说明事件情况并致歉。演唱会恢复后，金某某未再参演，其余6名某某少年团成员继续演出至演唱会结束。演唱会现场共演唱15首曲目。北京市红十字会紧急救援中心于2016年7月27日出具院前急救证明书，证明金某某于2016年7月23日晚在首都体育馆演出时突发晕厥。

演唱会当天及之后，北京某某公司通过其官网网站、新浪官方微博等公开途径对上述涉案事件情况发布公开说明及致歉说明，并发布对通过正规途径渠道购票的观众给予相应纪念品补偿等措施的公告。

吕某某主张，其购买上述演唱会门票观看演出，主办方应依据《许可决定》安排26首曲目的演出，而最终实际演出歌曲只有15首，主办方构成违约，应退还50%的演唱会门票价款457.6元，并支付违约金176元。

北京某某公司认为，一、金某某演出时突然晕厥应属意外事件，无法预料且无法避免，主办方对此并无过错；二、意外事件发生后，主办方及时说明事实真相并解释致歉，随后由某某少年团其他成员完成了剩余歌曲演出，保证了演出的基本成效；三、演出结束后，主办方在官方网站等媒体上对此意外事件及时作出解释并致歉，并向观众寄送了补偿礼品；四、《许可决定》是准予举办演唱会的行政许可，并非对观众承诺的演出内容，不应视为合同约定。

【案件焦点】

1.《许可决定》能否视为双方之间合同约定的内容；2. 艺人突发疾病造成演唱会中断事件是否构成主办方之违约。

【法院裁判要旨】

北京市海淀区人民法院经审理认为：《许可决定》系涉案演唱会得以举办而必经的前置行政审批程序，然而基于现实情况考量，此类演唱会在实际演出过程中可能受到场地、人员及气候等多种客观因素影响，实际演出内容较之演出前行政审批内容而言通常具有一定的变通性，观众作为服务接受方亦应对此怀有必要限度下的容忍性。吕某某未能提供充分有效的证据证明主办方将该《许可决定》予以公示宣传并作为对观众的履约承诺，亦未能提供充分有效的证据证明双方约定的合同内容即为实际演出26首曲目。在本案中直接将《许可决定》所载内容确定为双方合同约定内容，并据以判断违约与否有违常理、过于苛责。在合同法的规定下，发生特殊情形时意外事件可作为合同履行的免责事由，但需受到一定限制，不可进行扩大解释；即意外事件不能当然免责，在行为人存在过错的情形下，一般不能免责，在不可预见的原因引起损害结果且行为人不存在过错的情形下，其可以免责。本案中，第一，某某少年团作为一个整体团队进行演出，成员之一因突发疾病而不能继续演出，此事件的发生对于主办方及演出者而言具有不可预见性，应属突发性意外事件。第二，主办方在意外事件突发导致演唱会中断时，及时向观众披露了实情并致歉。第三，某某少年团在突然缺位一名演出成员的情形下，并未终止演出，而是由该团体其他成员继续完成演出，并保证了演出的基本成效和顺利进行。鉴于此，北京某某公司对涉案合同履行过程中发生的突发性意外事件不存在过错，不应对此承担违约责任。

北京市海淀区人民法院依照《中华人民共和国合同法》第八条、《中华人民共和国民事诉讼法》第六十四条第一款之规定，作出如下判决：

驳回吕某某的全部诉讼请求。

吕某某对上述判决不服，提出上诉。二审法院同意一审法院裁判意见，依据《中华人民共和国民事诉讼法》第一百七十条第一款第（一）项之规定，作出如下判决：

驳回上诉，维持原判。

【法官后语】

本案中如何确定演出合同约定内容，进而判定主办方是否存在违约责任系审理的关键。

演出合同一般应包括时间、地点、权利义务、违约责任等，而现实中消费者仅持有门票，演出内容约定不明，从而易造成合同履行随意化、双方权责不明，消费者维权困难。本案中消费者提出应将《许可决定》审批内容视为合同内容，笔者认为该主张并不成立，一是在我国公开举办的商业性演出均需经过相关行政审批，实际演出不得超出审批范围，但行政审批范围并不当然等同于演出合同约定内容。因为实际演出还受到场地、人员及气候等多种客观因素影响，如若对根据实际情况适度调整演出内容、顺序等行为过分苛责，要求其与报批内容完全一致，不仅不符合行业惯例和客观实际，在一定程度上也禁锢了文化行业的发展与创新。二是适度调整不等同于任意变更，如主办方任意变更演出内容使之与行政审批内容存在实质性差别，无正当理由大幅度缩减演出项目或时长等，则应被视为违约。三是在约定不明的情形下，应结合主办方对演出所作的前期宣传、广告等来确定演出合同内容。同时，门票信息模糊化不利于消费者权益的保护，消费者对演出合同内容有知情权，应将演出市场统一纳入规制，要求主办方于售票前公示演出合同，明确双方权责。

本案中演员突发疾病不能继续演出，此事件的发生对于主办方、演出者及消费者而言均具有不可预见性，且属于在合同关系建立前合同双方均无法预见的；事件发生时主办方据实向观众披露实情，并重新调配安排其他演员继续完成演出，保证了演出的基本成效；事件发生后主办方又采取了相应的补救措施。鉴于此，涉案合同履行过程中虽发生了上述意外事件，但主办方并不具有过错，因此得以免责，无须承担违约责任。

编写人：北京市海淀区人民法院　王媛媛

17

意思表示的模糊和反复构成预期违约

——无锡锡润针纺织有限公司诉凯瑞克特（淮安）服饰有限公司、王广明定作合同案

【案件基本信息】

1. 裁判书字号

江苏省无锡市中级人民法院（2017）苏02民终4187号民事判决书

2. 案由：定作合同纠纷

3. 当事人

原告（被上诉人）：无锡锡润针纺织有限公司（以下简称锡润公司）

被告（被上诉人）：王广明

被告（上诉人）：凯瑞克特（淮安）服饰有限公司（以下简称凯瑞公司）

【基本案情】

2016年5月3日、2016年6月13日，锡润公司（甲方）先后与凯瑞公司（乙方）签订《加工合同》3份，订单号为F16－0415/1、F16－0321/1－7、F16－0329/1－2，约定：由凯瑞公司为锡润公司加工外贸服装。其中关于F16－0415/1订单，锡润公司未在约定的期限内提供面辅料，凯瑞公司接收面辅料后继续进行加

工。锡润公司于2016年8月1日向凯瑞公司发函要求凯瑞公司按约交货，凯瑞公司于8月4日回函提出价格过低，以及转移标变色导致另一份合同F16－0321/3－6项下的服装被客人拒绝验货的事实，还提出F16－0415/1合同的离厂时间为8月22日到25日，并解释适当补偿未得到锡润公司的同意导致公司员工有些情绪，但并不存在要扣货的情况；8月7日，凯瑞公司又发函给锡润公司提出F16－0415/1合同转移标变色，并称在得到锡润公司回复前暂停生产；8月8日凯瑞公司在函中提出F16－0415/1合同存在面料短缺和转移标变色问题，再次提出暂停生产F16－0415/1合同，但是在8月15日、20日又致函给锡润公司表明F16－0415/1款能够完成的尽力完成，并通知锡润公司于8月23日验货。另查明，凯瑞公司提供的证据与其所称面辅料短缺存在矛盾。锡润公司于8月7日收到凯瑞公司的函后，即于次日另行委托第三方加工生产F16－0415/1订单。

【案件焦点】

凯瑞公司意思表示的反复能否构成预期违约。

【法院裁判要旨】

江苏省无锡市滨湖区人民法院经审理认为：本案所涉服装系外贸订单，具有明显的季节性，需及时交付第三方。凯瑞公司明知双方因加工费问题引发不和，其公司提出的经济补偿未得到满足，且使锡润公司以为要扣货，在此情况下双方应当增进沟通，协商处理。但凯瑞公司在8月4日已经函告F16－0415/1订单于8月22日至25日安排查货的情况下，又于8月7日、8月8日致函锡润公司要暂停F16－0415/1订单的生产，凯瑞公司暂停生产的行为致使锡润公司履行外贸订单的时间处于失控状态，加之双方本已因加工费问题产生间隙，凯瑞公司以其行为致使锡润公司有充分的理由相信凯瑞公司将不会按照合同约定完成加工并及时交付服装。凯瑞公司既已书面通知锡润公司暂停生产，在暂停生产的理由未得到解决，又未得到锡润公司同意的情况下自行恢复生产，系凯瑞公司的单方行为，不能视为合同的继续履行。根据合同的性质、目的，锡润公司有充分的理由相信凯瑞公司将延迟履行或不履行加工义务，导致锡润公司订立合同目的不能实现，故凯瑞公司已经构成违约，锡润公司有权解除合同。

江苏省无锡市滨湖区人民法院判决：凯瑞公司赔偿锡润公司相应损失。

凯瑞公司提起上诉。江苏省无锡市中级人民法院经审理认为：虽然锡润公司迟延提供面辅料，但凯瑞公司接受面辅料并组织了加工，因此双方以实际履行行为延后了F16－0415/1合同的交货日期。锡润公司于2016年8月1日向凯瑞公司发函要求凯瑞公司按约交货，凯瑞公司8月4日回函提出价格过低，以及转移标变色导致另一份合同F16－0321/3－6项下的服装被客人拒绝验货的事实，还提出F16－0415/1合同离厂时间为8月22日到25日；8月7日，凯瑞公司又发函给锡润公司提出F16－0415/1合同转移标变色，并称在得到锡润公司回复前暂停生产；8月8日凯瑞公司在函中提出F16－0415/1合同存在面料短缺和转移标变色问题，再次提出暂停生产F16－0415/1合同，但是在8月15日、20日又致函给锡润公司表明F16－0415/1款能够完成的尽力完成，并通知锡润公司于8月23日验货。凯瑞公司在合同履行过程中态度反复，足以表明其履行合同的不确定性，因此锡润公司有权根据外贸订单的实际需要另行委托第三人加工服装。

江苏省无锡市中级人民法院依照《中华人民共和国民事诉讼法》第一百七十条第一款第（一）的规定，作出如下判决：

驳回上诉，维持原判。

【法官后语】

本案处理重点在于对预期违约构成要件的理解。预期违约是指在合同履行期限到来之前，一方虽无正当理由但明确表示其在履行期到来后将不履行合同，或者其行为表明在履行期到来后将不可能履行合同，根据意思表示方式的不同分为明示违约和默示违约。在本案中，由于锡润公司延迟交付面辅料，导致交货日期的延迟，凯瑞公司继续履行合同，即视为对合同履行期限的延后，但并不意味着交付日期的无限推延。凯瑞公司在明知双方已经因价格问题存在间隙的情况下，时而以面辅料短缺为由，表示加工进度迟延，时而又以此为由表示要暂停服装的生产，致使锡润公司有充分的理由相信在不能满足凯瑞公司要求的情况下，凯瑞公司将不按期履行加工服装的义务。而锡润公司的该合同系外贸服装订单，具有明显的季节性特征，凯瑞公司的行为导致锡润公司的能否实现合同目的处于失控状态，故锡润公司另寻第三方加工合同。因此，凯瑞公司虽没有明示不履行，也没有采取十分明显的行为默示不履行，双方也没有具体的合同履行期限，但凯瑞公司仍构成预期违约。

预期违约有别于实际违约，因合同履行期限尚未届满，合同相对人是否违约本身就存在不确定性，很难以确定的标准来界定是否构成。因此，如果债务人以其意思表示使债权人足以相信权利处于失控状态，即构成违约行为，应当承担违约责任。

编写人：江苏省无锡市滨湖区人民法院　孙智渊

18

行政处罚能否通过违约责任进行追偿

——锡山区东港镇达辉商品超市诉张家港市杨舍青草巷建清酱菜批发部买卖合同案

【案件基本信息】

1. 裁判书字号

江苏省无锡市中级人民法院（2017）苏02民终1411号民事判决书

2. 案由：买卖合同纠纷

3. 当事人：

原告（被上诉人）：锡山区东港镇达辉商品超市（以下简称达辉公司）

被告（上诉人）：张家港市杨舍青草巷建清酱菜批发部（以下简称建清批发部）

【基本案情】

达辉超市于2015年10月15日向建清批发部购买计款170元的玫瑰大头菜（俗称大头菜）、群英汇脆、麻辣豆等酸菜用于销售，其中玫瑰大头菜2箱计款50元，该批大头菜系建清批发部于2015年9月13日向东台市三仓镇鸿怡食品厂（以下简称食品厂）购进，无锡市锡山区市场监督管理局（以下简称市场监督局）于2015年10月27日对达辉超市的17个批次的面食、水果等进行食品抽样检查，2015年11月19日，经深圳市华测检测技术股份有限公司上海分公司（以下简称深圳公司）检测，涉案的玫瑰大头菜所含的食品添加剂苯甲酸项目不符合有关标准，属不合格食品，市场监督局于2015年12月1日将检测报告送达达辉超市，达辉超市未在规定期限内申请复检，为此，市场监督局于2016年2月17日依法作出行政处罚决定书，对达辉超市作出没收违法所得11元和罚款50500元的处罚（注：该处罚决定书将涉案大头菜的购买日期和单价误写为“2015年10月22日”和“每箱40元”）。达辉超市收到处罚决定书后于2016年3月10日将罚没款50511元交纳国家财政指定银行账户。

达辉超市被处罚后，其经营者陈奕春于2016年5月29日至建清批发部进行交涉，建清批发部将其从食品厂购进涉案大头菜的送货单交给陈奕春，因对相关赔偿事宜未谈妥，为此建清批发部向达辉超市出具了情况说明，该情况说明载明：“达辉超市2015年10月从我单位进购大头菜酱菜，因该2箱大头菜被市场监督局检测出超限量使用食品添加剂苯甲酸，属于不合格食品，导致达辉超市被市场监督局处罚罚款并没收所得。该批酱菜是我单位从东台市三仓镇鸿怡食品厂进购，为解决损失问题，我单位承诺会尽快协调鸿怡食品厂妥善解决达辉超市的罚款损失等。”当时该批发部就工作人员平亚（系建清批发部经营者沈建清儿媳）一人在场，平亚在该情况说明盖具了建清批发部的印章，并签上本人及沈建清的姓名。

【案件焦点】

建清批发部是否应赔偿达辉超市因销售不合格大头菜被行政处罚的损失。

【法院裁判要旨】

江苏省江阴市人民法院经审理认为：建清批发部出售给达辉超市的产品质量不符合相关标准，应承担相应的违约责任，赔偿达辉超市的罚款损失。

江苏省江阴市人民法院依照《中华人民共和国合同法》第一百零七条、第一百一十一条、第一百一十三条，《中华人民共和国民事诉讼法》第一百四十四条之规定，作出如下判决：

一、由建清批发部、沈建清赔偿达辉超市罚款和货款损失50550元，并偿付该款自2016年3月10日起至判决确定给付之日止按中国人民银行规定的同期同类贷款利率计算的利息，于判决生效后十日内付清；

二、驳回达辉超市的其他诉讼请求。

建清批发部持原审答辩意见提起上诉。江苏省无锡市中级人民法院经审理认为：达辉超市因销售不合格大头菜被行政处罚，市场监督局是针对达辉超市的销售行为进行的处罚。达辉超市进货时未注意查验该批次产品的合格证明文件，其后即进行销售，故达辉超市未履行其作为销售者应履行的进货查验义务，行政处罚针对的不是不合格产品，而是针对达辉超市的违法销售行为且处罚的主体亦是达辉超市。故达辉超市受到的行政处罚是因其自身的违法行为而应承担的行政责任，不能转嫁给他人。

江苏省无锡市中级人民法院依照《中华人民共和国合同法》第一百零七条、第一百一十一条、第一百二十二条、第一百三十条，《中华人民共和国食品安全法》第五十三条，《中华人民共和国民事诉讼法》第一百七十条第一款第（二）项之规定，作出如下判决：

一、撤销无锡市锡山区人民法院（2016）苏0205民初2882号民事判决；

二、建清批发部于本判决生效之日起十日内赔偿达辉超市货款损失50元并偿付该款自2016年3月10日起至判决确定给付之日止按中国人民银行规定的同期同类贷款利率计算的利息；

三、驳回达辉超市的其他诉讼请求。

【法官后语】

在商事活动中，如果出卖方的货物不合格给买受人造成了损失，出卖人应当承担质量责任，但是本案中买受人达辉超市的损失并非产生于其商事活动，而是由行政机关的执法行为所致，达辉超市请求建清批发部赔偿行政处罚的损失，实质上是欲将其所受到的公权力的处罚损失通过私权利的合同违约责任予以弥补，这就涉及一个公私法律衔接的问题。

行政处罚指向的是公民、法人或者其他组织违反行政管理秩序的行为，其出发点是维护公共利益和社会秩序，与合同法中保护交易相对人的合法利益而不涉其他有着根本的区别。因此，与商事违约可层层追偿不同，行政处罚本身具有强烈的人身专属性。本案中行政机关据以作出处罚的事实依据是，达辉超市未履行其作为销售者应履行的进货查验义务，因此该处罚针对的不是不合格产品，而是针对达辉超市的违法销售行为。如果允许本案的销售者在履行了缴纳罚款义务之后向上游追偿，实际上由上游销售者或者生产者来承担了其违法行为的后果，对于被处罚人是没有任何惩戒作用的。本案中比较特殊的是当事人承担的是财产罚，试想，如果行政机关处以的是人身罚、行为罚，是否可以由上游销售者来替代承担？答案自然是不允许的，否则极有可能出现变相的“赎刑”，用市场的手段寻找别人来代为受过，加重行政机关的执法成本。或者违法主体在承担人身罚、行为罚之后能否向上游销售者来索赔？自然也是不可能的，这一方面违背了行政处罚主体的特定性，另一方面也不具有可操作性，毕竟行为人遭受人身罚和行为罚的损失是无法量化的。

编写人：江苏省无锡市中级人民法院　胡伟　尹慧

四、赠与合同

19

主张父母生前签订赠与合同无效的法律认定

——史建云诉史楠确认合同无效案

【案件基本信息】

1. 裁判书字号

北京市第一中级人民法院（2017）京01民终6890号民事判决书

2. 案由：确认合同无效纠纷

3. 当事人

原告（被上诉人）：史建云

被告（上诉人）：史楠

【基本案情】

崔惠兰与史载宋系夫妻关系，婚后育有五个子女，分别为史建云、史建楼、史建阁、史建光和史略。2007年7月14日崔惠兰死亡。2010年3月22日，史载宋死亡。

2003年11月11日，崔惠兰向北京西都地产发展有限公司交纳施工号D8号楼5单元××号房屋的购房款282977.80元。2005年1月21日，拆迁人北京西都地产发展有限公司（甲方）与购房人崔惠兰（乙方）签订《拆迁安置回迁购房合同书》，约定甲方就地安置乙方3居室1套，地址为桃园小区D8号楼5单元××室，新地址为新街口西里三区7号楼5单元××室。

2005年1月20日，赠与人崔惠兰与受赠人史楠签订《赠与合同》，约定：一、崔惠兰在北京市西城区新街口西里三区7号楼5单元××号（原桃园小区D8号楼5单元××号）购有楼房一套，现自愿赠与孙子史楠。二、受赠人史楠同意接受赠与。三、赠与人、受赠人均保证此赠与符合国家有关法律规定。同日，崔惠兰与史楠到北京市西城区公证处办理了上述《赠与合同》的公证，该公证处出具（2005）西证字第0145号公证书。2008年2月2日，史楠取得上述房屋的房屋所有权证。

一审庭审中，史楠向法院提交了2001年崔惠兰、史载宋与五个子女签订的《父母住房提前安排协议》，主张全体家庭成员曾约定父母去世后涉案房屋归史建光所有，史建光仅有一子史楠，崔惠兰、史载宋属意将涉案房屋赠与孙子史楠。史建云对该份协议的真实性予以认可，但对于史楠的证明内容不予认可。为了进一步证明史载宋同意将涉案房屋赠与史楠，且涉案房屋购房款由史建光出具，史楠向法院提交了史建楼与史建阁的证人证言。史建云对于证人证言的真实性不予认可，主张崔惠兰赠与史楠房屋时，史载宋并不知情，且涉案房屋系崔惠兰与史载宋的夫妻共同财产。

【案件焦点】

1. 崔惠兰与史楠签订的《赠与合同》是否侵犯了史建云的权利；2. 史建云是否有权针对涉案房屋主张权利。

【法院裁判要旨】

北京市海淀区人民法院经审理认为：依据《中华人民共和国民事诉讼法》第六十四条第一款的规定，当事人对自己提出的主张，有责任提供证据。涉案房屋（原桃园小区D8号楼5单元××号房屋）系崔惠兰与史载宋在夫妻关系存续期间购买所得，依据《中华人民共和国婚姻法》第十七条的规定，应属于夫妻共同财产。史建光辩称该房屋系其出资，未就上述辩称向法院提交充分证据，故法院对其此项辩称不予采信。依据《中华人民共和国合同法》第五十一条规定，无处分权的人处分他人财产，经权利人追认或者无处分权的人订立合同后取得处分权的，该合同有效。2005年1月20日，崔惠兰将上述房屋赠与史建光之子史楠，该份《赠与合同》上未有史载宋的签字，亦未有证据体现史载宋曾口头同意崔惠兰的上述赠与行为，现史建云以史载宋与崔惠兰继承人的身份，主张崔惠兰未经其他财产共有人史载宋同意，处分了史载宋对上述房屋享有的财产权利，要求确认崔惠兰与史楠签订的《赠与合同》中涉及涉案房屋中属于史载宋所有的部分（即房屋所有权的50%）无效，主体适格，且有事实及法律依据，法院予以支持。史楠提交的双方对于事实性均不持异议的《父母住房提前安排协议》中，虽然有“青柳巷三间住房回迁的两套住房待父母去世后归史建光、史略所有”的约定，但是并不能充分证明在此之后2005年崔惠兰将上述房屋赠与史楠时，史载宋对此行为是予以同意的，据此，法院认为史楠辩称的史载宋同意崔惠兰将上述房屋赠与其，证据不充分，理由不成立，法院不予采信。

北京市海淀区人民法院依照《中华人民共和国婚姻法》第十七条、《中华人民共和国合同法》第五十一条、《中华人民共和国民事诉讼法》第六十四条第一款之规定，作出如下判决：

崔惠兰与史楠于2005年1月20日签订的《赠与合同》涉及北京市西城区某小区7号楼5单元××号房屋中属于史载宋所有的部分（即房屋所有权的50%）无效。

史楠不服一审判决，提出上诉。北京市第一中级人民法院经审理认为：所有权人对自己的不动产或者动产，依法享有占有、使用、收益和处分的权利。本案中，崔惠兰将其与史载宋婚姻关系存续期间所购买的夫妻共有的涉案房屋赠与史楠，且办理了《赠与合同》公证，史载宋虽未在《赠与合同》上签字，但其生前对该《赠与合同》及史楠取得上述房屋产权并未提出异议，亦未主张权利，且本案双方当事人对史载宋、崔惠兰与五名子女共同签订的《父母住房提前安排协议》的真实性认可，故《赠与合同》并不违背史载宋的真实意思，应属有效。现史建云以继承人的身份在其父母均去世后，对其父母生前已经作出处分的涉案房屋，以其母崔惠兰无权处分为理由，要求确认《赠与合同》中处分史载宋拥有涉案房屋一半的部分无效的诉讼请求和理由，缺乏事实根据和法律依据，不予支持。史楠的上诉请求成立，予以支持。原审判决适用法律不当，依法予以改判。

北京市第一中级人民法院依照《中华人民共和国物权法》第三十九条、《中华人民共和国合同法》第一百八十五条、《中华人民共和国民事诉讼法》第一百七十条第一款第（二）项之规定，作出以下判决：

一、撤销北京市海淀区人民法院（2017）京0108民初20688号民事判决；

二、驳回史建云的全部诉讼请求。

【法官后语】

崔惠兰将涉案房屋赠与史楠的行为，系对涉案房屋的重新处分。首先，即使崔惠兰的处分行为存在效力问题，导致涉案房屋利益归属发生变化，也应由史载宋或史建光对《赠与合同》的效力主张权利。本案诉讼中，史建光明确表示同意其母亲崔惠兰将涉案房屋赠与其儿子史楠，现有证据亦未能证明史载宋对《赠与合同》或史楠取得房屋产权提出过异议，《赠与合同》也不存在法定撤销的情形，史建云主张作为崔惠兰和史载宋的继承人撤销《赠与合同》，亦不符合法律规定。故本案中崔惠兰与史楠签订的《赠与合同》合法有效。其次，回归崔惠兰和史载宋对涉案房屋处分的本意，能够明确双方一致同意在去世后将涉案房屋所有权转移到史建光名下，涉案房屋所有权归属问题也不涉及史建云的利益。

《中华人民共和国民事诉讼法》第一百一十九条规定，起诉必须符合下列条件：（一）原告是与本案有直接利害关系的公民、法人和其他组织……综上所述，史建云对涉案房屋并不享有实体权利，与本案无直接利害关系，因此不具有起诉资格。二审法院据此判决撤销原判，驳回史建云的全部诉讼请求。

编写人：北京市第一中级人民法院　王爱红　王志栋

20

夫妻一方将共同财产赠与他人应属无效

——张甲诉张乙、晏甲赠与合同案

【案件基本信息】

1. 裁判书字号

北京市第三中级人民法院（2017）京03民终14532号民事判决书

2. 案由：赠与合同纠纷

3. 当事人

原告（被上诉人）：张甲

被告（上诉人）：晏甲

被告（被上诉人）：张乙

【基本案情】

张甲与张乙系夫妻关系，于1998年登记结婚。晏甲与张乙于2015年发展为不正当男女关系。2015年11月27日，张乙通过其招商银行账户向晏甲转账100万元。2016年7月7日，张乙通过其中国农业银行账户向晏甲的弟弟晏乙转账40万元，该账户信息是晏甲通过微信发给的张乙。2017年3月1日，晏甲通过其中国工商银行账户向张乙转账20万元。

2016年8月晏甲以手机短信、电话等方式联系张甲，张甲得知张乙婚内出轨。在晏甲给张乙手机发的短信中有“那四十万我不想还你了，反正你也没卡，给你了也是给你媳妇，那我就不还了……你就当找小姐了吧，一次三千，咱俩在一起多少次你心里比我有数，所以这我该得的……”“至于那一百万，那是你的钱，那个账我也记得很清楚，就算你没有短信了，那个账和钱都在上边，该你的一分不少”“那天你说你没有卡，所有卡和钱都在你媳妇那的时候我就想了，当时就想这四十万不还你了，既然你对你媳妇那么好，你找我干吗……”在张甲接收的晏甲手机号码的短信中写有“多少银子也不够二百个的花啊”。张甲称晏甲严重干扰其生活，使其遭受重大打击，故起诉请求张乙对晏甲赠与财产行为无效，要求晏甲返还夫妻共同财产180万元。

对于转账给晏乙的钱款，晏甲称其不清楚，是张乙向晏甲要的晏乙银行卡号，未说原由，现联系不上晏乙，在短信中提到的“40万我不想还你了”是因为张乙与晏甲争吵，情绪激动而发；关于转账100万元，是张乙与晏甲合作代理药品，张乙出资100万元，晏甲负责业务联络推广，二人各占50%的股份，合作返还要基于清算，不能随便撤资。

张乙不认可晏甲陈述及证据，并表示转账晏乙的钱款是受晏甲指示，张乙与晏乙之间无经济业务往来，张乙与晏甲之间也不存在医药合作关系，给付晏甲的钱均是为了维系双方男女关系，晏甲转账的20万元，并非合作撤资，而是张乙想结束不正当男女关系，晏甲为证明其不是为钱财，主动返还赠与钱款，以博取同情；另在保持不正当男女关系期间，陪晏甲出游购物等消费60万元，现已无法举证。

【案件焦点】

夫妻一方擅自将共同财产赠与他人的效力问题。

【法院裁判要旨】

北京市顺义区人民法院经审理认为：张乙分别向晏甲、晏乙转账100万元、40万元，均为张乙和张甲在婚姻关系存续期间取得财产，系夫妻共同财产。关于转账晏甲的100万元，晏甲主张系与张乙合作项目投资款，但未能充分举证，无法确认二人共同合作代理推广药品，故对该意见不予采纳。关于转账晏乙的40万元，结合公证书中张乙手机短信内容及庭上陈述，双方均表述短信所涉及40万元即转账到晏乙账户的40万元，而短信中晏甲就该40万元陈述均是以自己名义确认、计算、偿还等，现晏甲称该款与其无关，未提供证据证明，故法院确认该款真实给付对象系晏甲，对晏甲的辩解意见，不予采纳。张乙在与张甲婚姻关系存续期间将夫妻共同财产140万元赠与晏甲，张乙的赠与行为是对夫妻共同财产的大额处分行为，未经张甲同意，晏甲对此明知，故该赠与行为违反《中华人民共和国婚姻法》规定，应属无效行为，晏甲取得无法律依据，应予返还，2017年3月晏甲向张乙转账20万元，晏甲还应再返还120万元，鉴于张乙与张甲夫妻关系存续，且张乙同意张甲诉讼请求，法院对张甲以自己名义主张返还不持异议，故对张甲请求确认张乙对晏甲上述140万元赠与行为无效，并要求晏甲返还余款120万元的请求，予以支持。关于张甲提出向晏甲另行赠与的60万元，因晏甲对此不认可，张甲未能举证，故不予支持。

北京市顺义区人民法院依照《中华人民共和国合同法》第五十二条、《最高人民法院关于适用〈中华人民共和国婚姻法〉若干问题的解释（一）》第十七条之规定，作出如下判决：

一、确认被告张乙、晏甲之间关于涉诉2015年11月27日和2016年7月7日转账的100万元和40万元的赠与行为无效；

二、被告晏甲于本判决生效之日起七日内返还原告张甲120万元；

三、驳回原告张甲的其他诉讼请求。

晏甲不服一审判决，提出上诉。北京市第三中级人民法院同意一审法院的裁判意见，依照《中华人民共和国民事诉讼法》第一百七十条第一款第（一）项规定，作出如下判决：

驳回上诉，维持原判。

【法官后语】

对夫妻一方擅自将共同财产赠与他人的效力问题，一、二审法院均认为，140万元钱是夫妻共同财产，数额巨大，应由双方共同协商处理，任何一方都无权单独处分。张乙私自将其赠与他人，其行为损害了张甲的合法权益，应认定其赠与无效，张甲有权要求全部返还。

根据《最高人民法院关于贯彻执行〈中华人民共和国民法通则〉若干问题的意见》第八十九条规定，在共同共有关系存续期间，部分共有人擅自处分共有财产的，一般认定无效，但第三人善意、有偿取得该财产的，应当维护第三人的合法权益。夫妻共同财产系因夫妻关系的存在而产生的，在夫妻关系未选择其他财产制的情形下，夫妻对共同财产形成共同共有，而非按份共有。依共同共有的一般原理，在婚姻关系存续期间，夫妻共同财产应作为一个不可分割的整体，夫妻对全部共同财产不分份额地共同享有所有权，夫妻双方无法对共同财产划分个人份额，也无权在共有期间请求分割共同财产。只有在共同共有关系终止时，才可对共同财产进行分割，确定各自份额。因此，夫妻一方擅自将共同财产赠与他人的赠与行为应为全部无效，而非部分无效。本案中，张甲与张乙并未离婚，张乙在与张甲婚姻关系存续期间，张乙的赠与行为严重损害了张甲的财产权益，这种赠与行为应认定为无效。

根据《最高人民法院关于适用〈中华人民共和国婚姻法〉若干问题的解释(一)》第十七条的规定，夫或妻在处理夫妻共同财产上的权利是平等的。因日常生活需要而处理夫妻共同财产的，任何一方均有权决定。夫或妻非因日常生活需要对夫妻共同财产做重要处理决定，夫妻双方应当平等协商，取得一致意见。他人有理由相信其为夫妻双方共同意思表示的，另一方不得以不同意或不知道为由对抗善意第三人。本案中，因该140万元数额巨大，并非日常生活需要，张乙无权单独处理，其无偿赠与晏甲的行为损害了张甲的合法权益，有违公平原则，且晏甲接受张乙赠与的财产并没有付出相应的对价，不属于有偿取得，不能适用善意取得制度。因此，张乙的赠与行为应认定为无效，张甲作为财产所有人和利害关系人有权要求晏甲全部返还。

根据《中华人民共和国合同法》第五十七条规定，当事人订立、履行合同，应遵守法律、行政法规，同时应尊重社会公德。本案中，张乙因与晏甲是不正当男女关系，在张甲不知情且未经其同意的情形下，擅自将夫妻共同财产赠与晏甲，张乙的这种赠与行为违反了社会公德及公序良俗原则，依此这种赠与行为也应认定为无效。

编写人：北京市顺义区人民法院　棋其格

21

一方向第三方赠与夫妻共同财产并不当然无效

——华某某诉姚某赠与合同案

【案件基本信息】

1. 裁判书字号

江苏省无锡市惠山区人民法院（2017）苏0206民初688号民事判决书

2. 案由：赠与合同纠纷

3. 当事人

原告：华某某

被告：姚某

第三人：姚某明

【基本案情】

姚某系姚某明与前妻的独生子。姚某明与前妻于2008年10月协议离婚，当时姚某已成年。夫妻共同财产中，无锡市堰桥镇明珠塑料制品厂（以下简称明珠厂，系姚某明登记经营的个体工商户）的资产包括债权债务归姚某明所有。华某某与姚某明于2009年1月登记结婚，婚后未生育子女，姚某也未与他们共同生活。姚某明继续经营明珠厂。

2010年10月27日，姚某与开发商签订两份《商品房买卖合同》，购买了两套房屋，但实为一个大套房屋分领了两张房产证，两份合同房屋总价802277元。2010年10月28日，姚某明向开发商支付230000元；2011年1月11日，姚某明向开发商支付260000元；开发商均向姚某开具了相应的购房发票。剩余房款姚某办理了按揭贷款，姚某明自2011年2月至2016年2月连续向姚某转支款项共计232540元用于归还贷款。另，2014年12月下旬，姚某明给姚某188000元用于支付彩礼。姚某于2015年5月举办婚宴，在姚某筹备及举办婚礼过程中，华某某、姚某明与姚某之间因意见分歧产生矛盾，后矛盾逐渐激化，华某某遂诉至法院。

【案件焦点】

姚某明向姚某赠与的财产为其与华某某的夫妻共同财产，其赠与行为是否有效。

【法院裁判要旨】

江苏省无锡市惠山区人民法院经审理认为：夫妻对共同所有的财产，有平等的处理权。根据司法解释的规定，应当理解为：夫或妻在处理夫妻共同财产上的权利是平等的。因日常生活需要而处理夫妻共同财产的，任何一方均有权决定；非因日常生活需要对夫妻共同财产做重要处理决定的，夫妻双方应当平等协商，取得一致意见。因为夫妻双方未选择其他财产制的情形下，夫妻对共同财产形成共同共有；夫妻一方非因日常生活需要将共同财产无偿赠与他人，严重损害了另一方的财产权益，将有违民法上的公平原则，这种赠与行为应属无效。本案中华某某基于姚某明损害了其财产权而主张姚某明对姚某的赠与无效，并不有违公平原则而导致赠与无效，理由如下：一、父母对子女的无偿赠与有别于一般情形下的无偿赠与。父母与子女之间有密切的人身关系，有抚养和赡养等法定权利义务的存在，故相互之间的赠与既有法律意义，又包含情感伦理；二、本案中姚某明对财产的处理虽不属于“日常”生活需要，但与当地大多数家庭在儿子婚前由父母出资购置婚房和支付彩礼的习俗一致，这虽不是父母的法定义务，但并不有违公序良俗，故可以认为属正常的生活需要支出；三、本案中姚某明未就赠与一事与华某某充分协商并取得一致意见，并非以损害华某某的财产权益为目的，相反姚某明与华某某关系和睦，可以推断姚某明是基于特殊的家庭关系考虑，即华某某并非姚某生母，姚某明为避免产生家庭矛盾而隐瞒了对其与前妻之子的赠与一事。故姚某明与姚某之间的赠与合同系双方真实意思的表示，合法有效；且姚某明已经向姚某交付了赠与财产，赠与财产的权利已经转移，已不可撤销；对于姚某明所述因姚某不履行彩礼的赠与附随义务，即未通知姚某明和华某某参加婚礼，故要求撤销赠与的主张，姚某明并未提交相应证据证明赠与合同约定义务的事实，且其主张已经超过一年的赠与撤销权的除斥期间，故对其主张不予支持。故对于华某某要求确认姚某明和姚某的赠与合同无效，要求姚某返还赠与财产的诉讼请求，不予支持。

江苏省无锡市惠山区人民法院依照《中华人民共和国合同法》第一百八十五条、第一百八十六条、第一百九十二条，《中华人民共和国婚姻法》第十七条，《最高人民法院关于适用〈中华人民共和国婚姻法〉若干问题的解释（一）》第十七条之规定，作出如下判决：

驳回华某某的诉讼请求。

【法官后语】

是否无权占有的认定，仍然因有赠与关系的事实认定为前提，故还需回归到合同法的相关规定来进行分析。而本案并无赠与合同无效的情形，理由如下：首先，对于是否恶意的认定，应当结合具体案件事实及相应证据予以分析，如夫妻双方关系、赠与财产的用途等，综合考量赠与人与受赠人是否有侵害非赠与一方财产的共同恶意。

其次，夫妻对共同财产有平等处理权，处理权的行使是否具有“平等”的合理要结合具体案件事实认定。根据共同共有的一般原理，在婚姻关系存续期间，夫妻共同财产应作为一个不可分割的整体，夫妻对全部共同财产不分份额地共同享有所有权，夫妻双方无法对共同财产划分个人份额，在没有重大理由时也无权于共有期间请求分割共同财产。但夫妻对共同财产享有平等的处理权，并不应机械理解为夫妻各自对共同财产享有一半的处分权，或其处分行为部分无效。平等处理权应当理解为双方的权利与义务，包含对对方权利行使的尊重和己方权利行使的克制。夫妻一方对于夫妻共同财产的占有，并不等同于一般无权处分中的占有，因夫妻任何一方本身对共同财产具有平等处理权，故并不当然适用本条规定之“所有权人有权追回”的情形。

最后，应用公平原则和公序良俗在此类家事纠纷中的排除赠与的有效性时，还应当考虑当地民俗。而本案中，受赠人为赠与一方与前妻所生之子，受赠财产时正面临需要购房用于结婚和举办婚礼等大额的支出。在当事人所在地区，房屋价格高、男方需要支出的彩礼和婚约杂项价格高，通常需男方父母支出。故对于本案中特殊的家庭关系，赠与一方抗辩的既希望维持与妻子的家庭和睦，又希望儿子能够顺利举办婚礼而未把赠与儿子巨额财产的事实告知妻子，而并非以侵害妻子的财产为目的的表述符合一般情理。

本案合议庭中两名陪审员均为当地的社区调解主任，由他们担任本案的合议庭成员也是更多出于对当地民俗有更详细了解的考虑，更有利于案件作出最符合一般价值判断的裁判结果。合议庭对于最后判决结果为一致意见。

编写人：江苏省无锡市惠山区人民法院　王臻

22

追认离婚时对未成年子女的口头赠与约定排除任意撤销权的行使

——张某甲诉张某乙赠与合同案

【案件基本信息】

1. 裁判书字号

北京市第二中级人民法院（2017）京02民终8038号民事裁定书

2. 案由：赠与合同纠纷

3. 当事人

原告（被上诉人）：张某甲

被告（上诉人）：张某乙

【基本案情】

2010年9月29日（张某甲与张某乙之母彭某婚姻存续期间），张某甲与北京奕环置业有限公司签订商品房预售合同，购买海鑫院××室，价格786497元，首付236497元，贷款550000元。该房屋产权登记日期为2014年3月5日，登记所有权人为张某甲，共有情况为单独所有。

2013年4月16日，张某甲与张某乙之母彭某协议离婚，双方离婚协议中约定：婚生子由彭某抚养，张某甲每月支付生活费；“关于财产处理：财产无争议、无债权债务”。

2014年5月22日，张某甲与现任妻子杨某结婚。2014年10月、11月，杨某之母杨爱红，杨某之朋友张禹泽在杨某的请求下分别向该账户转入20万元、30万元用于偿还贷款，贷款本息于2014年11月清偿完毕。2015年4月27日，房屋贷款抵押登记注销。现张某甲、杨某及张某甲的父母在此居住。

2016年1月30日，张某乙之母彭某持打印的协议书找到张某甲，协议内容为：甲乙双方于2013年4月6日因感情不和自愿办理离婚，并签署《离婚协议书》一份，鉴于离婚当天甲乙双方为尽快办理离婚手续，在离婚协议中财产处理部分就双方共同共有房屋（海鑫院××室）口头约定处理意见并未详细说明，现补充文字如下：一、双方婚后育有一男孩张某乙，出于对未成年子女张某乙未来考虑，甲乙双方一致同意将该房屋在甲方还清贷款后归双方之子张某乙所有。二、因现该房屋登记在甲方名下，日后甲方应积极协助张某乙办理房屋过户手续，以确保张某乙顺利受让该房屋。以上协议系建立在甲乙双方身份关系解除基础之上，系《离婚协议书》中关于财产处理问题的文字补充，具有同等法律效力。当日张某甲在该协议书上签字，并在彭某所持“离婚协议书”复印件中“此处补充彭某”下签名。双方均未在协议书、“离婚协议书”复印件中填写签字日期。

现涉案房屋产权登记未变更，仍登记为张某甲单独所有。

在法院审理中，张某甲称：其签订协议时受到很大压力，在未征求现任妻子同意，也未对居住在此的家人作出安排的情况下签订了该赠与协议，如房屋过户，其无力再给家人提供同等的生活条件。

【案件焦点】

张某甲与彭某于2016年1月30日签订的书面协议是双方离婚时还是离婚后的财产处分约定；张某甲是否可以撤销赠与。

【法院裁判要旨】

北京市大兴区人民法院经审理认为：赠与合同在财产权利转移之前，赠与人依其意思有权撤销赠与合同，但具有救灾、扶贫等社会公益或者有道德义务性质的合同，赠与人不得任意撤销。如果在离婚协议中双方约定将夫妻共同共有的房产赠与未成年子女，并以此为条件夫妻离婚的，赠与人不可随意撤销，但该约束应以离婚时成立的协议为限。本案中张某甲与彭某将房屋赠与张某乙的协议书签订于 2016 年 1 月 30 日，系双方婚姻关系结束近三年方才签订，协议中虽载有“鉴于离婚当天甲乙双方为尽快办理离婚手续，在离婚协议中财产处理部分就双方共同共有房屋口头约定处理意见并未详细说明，现补充文字如下”“以上协议建立在甲乙双方身份关系解除基础上，系《离婚协议书》中关于财产处理问题的文字补充，具有同等法律效力”等内容，但张某甲称该部分内容不属实。考虑到协议书为彭某提供的打印文本，协议书并未填写签署日期及该协议实际形成于张某甲现任妻子筹款偿清房屋贷款、房屋解除抵押之后，且原离婚协议中并未载有关于财产处理问题需要进行文字补充等内容，法院认为，不能认定诉争的财产赠与协议是离婚时财产处理的文字补充，不具有与离婚协议同等的效力，亦不属于不可撤销的赠与。

张某甲处分该房屋的行为存在较大瑕疵：首先，其现任妻子杨某筹款偿还了涉案房屋的大部分贷款，杨某对房屋增值部分有可能享有相应的权益，在杨某未明确表示放弃权利的情况下，张某甲擅自处分房屋的行为客观上造成杨某的权益无从主张，丧失了实现的可能性。其次，协议中虽约定争议房屋归其子所有，但该赠与行为亦应在保证自己及家人正常的生活条件下进行，作为张某甲在京的唯一房产，张某甲处分该房产时未对居住在此的家人作出安排，其处分行为可能给共同居住在此的家人造成现实困难。撤销张某甲对张某乙的赠与，不必然导致彭某对其子的赠与行为无效，亦不必然导致协议书中有关房屋系张某甲、彭某共同共有的表述无效。

北京市大兴区人民法院依照《中华人民共和国合同法》第一百八十五条、第一百八十六条之规定，作出如下判决：

撤销张某甲与张某乙之母彭某签订的协议中有关张某甲将海鑫院 303 室房屋中自己所持有份额赠与张某乙并协助张某乙办理房屋过户手续部分。

张某乙不服一审判决，提出上诉。

北京市第二中级人民法院经审理认为：涉案协议书系张某甲与彭某对双方在离

婚时达成的口头赠与约定所作的书面补充协议，性质仍是双方为达成离婚协议所作出的财产赠与约定，应属于不可撤销的赠与，本案适用法律有误，应撤销原判，依法改判驳回张某甲的诉讼请求。

二审中，张某甲以双方已于案外达成和解为由，申请撤回起诉，不再行使撤销权。二审法院认为：张某甲在本案二审期间提出撤回起诉的请求，已经其他当事人同意，且不损害国家利益、社会公共利益、他人合法权益，予以准许。

北京市第二中级人民法院依照《中华人民共和国民事诉讼法》第一百五十四条第一款第（五）项、《最高人民法院关于适用〈中华人民共和国民事诉讼法〉的解释》第三百三十八条之规定，作出如下裁定：

一、撤销北京市大兴区人民法院（2017）京0115民初1241号民事判决；

二、准许张某甲撤回起诉。

【法官后语】

本案中，张某甲与彭某于2016年1月30日签订的协议书载明，涉案协议系二人对双方在离婚时达成的口头赠与约定所做的书面补充协议，该协议经双方签字确认，对双方具有法律效力。赠与合同是诺成合同，双方意思表示一致即生效。根据协议书记载，双方达成口头赠与合意的时间为双方达成离婚协议对共同财产分割作出约定时，并非签订书面补充协议之时，应属离婚时双方对财产分割的合意，而非离婚后财产协议。法律并未规定协议须为书面形式，故口头约定亦在当事人之间发生法律效力。该约定与解除婚姻关系密不可分，当事人是在综合考虑各种因素的前提下才同意登记离婚的，涉案协议可证明，离婚附加的条件是将房产无偿赠与子女。在双方当事人已经协议离婚的情况下，基于诚信原则，不能允许任意撤销赠与。张某甲亦不能举证证明存在欺诈、受胁迫的情形，故其主张撤销赠与不应被支持。否则不仅给张某甲与彭某造成经济损失和新的精神伤害，也给社会带来不诚信反而受益的负面影响。

关于一审法院认为涉案协议存在的瑕疵问题。一是张某甲现任妻子偿还涉案房屋贷款的问题。依据《最高人民法院关于适用〈中华人民共和国婚姻法〉若干问题的解释（二）》第十条规定，张某甲妻子杨某在与张某甲离婚时不能协议解决的，可以得到相应增值部分的财产补偿，该补偿权并不是对涉案房屋的权属，而是一种财产权益。杨某在与张某甲婚后对该房屋贷款的偿还对房屋所有人形成债权，可依法另行主张，并非一审法院认定的无从主张且丧失实现的可能性。二是关于张某甲及家人在涉案房屋居住的问题。张某甲及家人占有使用涉案房屋不能成为不履行赠与协议的法定事由。

编写人：北京市第二中级人民法院　张春燕

23

如何认定“对赠与人有扶养义务而不履行”

——胡景煌诉胡珺赠与合同案

【案件基本信息】

1. 裁判书字号

福建省厦门市中级人民法院（2017）闽02民终388号民事判决书

2. 案由：赠与合同纠纷

3. 当事人

原告（上诉人）：胡景煌

被告（被上诉人）：胡珺

第三人（被上诉人）：曹乃敏

【基本案情】

胡景煌与曹乃敏于1980年结婚，二人育有一女胡珺。胡景煌与曹乃敏1992年协议离婚。1997年，胡景煌购买思明区文兴东二里39号××室（以下简称讼争房屋）并将房屋权属登记至自己名下。2009年，胡景煌与曹乃敏复婚。2010年，胡珺与胡景煌、曹乃敏就讼争房屋产生赠与合同纠纷成讼。经法院主持调解，胡景煌、曹乃敏将讼争房屋的50%份额产权转移登记至胡珺名下。2012年，胡景煌起诉曹乃敏离婚。经法院主持调解，二人自愿离婚，共有的讼争房屋50%产权赠与胡珺，共有的厦门市同安区某房产归胡景煌所有。曹乃敏申请强制执行调解协议，讼争房屋产权全部登记至胡珺名下。此后，胡景煌继续占有使用讼争房屋。2015年，胡珺对胡景煌提起物权保护之诉，诉请腾空交还讼争房屋。法院一审判决支持胡珺的诉求。胡景煌不服上诉，同时提起本案撤销赠与之诉。本案法庭辩论终结前物权保护案二审尚未审结。另查明，胡珺于2006年大学毕业，2010年出国留学至今。胡景煌为集美大学退休副教授，2010年月均收入7950元。

胡景煌以胡珺未履行赡养义务为由诉请撤销其就讼争房屋对胡珺的赠与。胡珺辩称，胡景煌行使撤销权已超过除斥期间，胡景煌享有退休金保障，胡珺出国留学不存在不赡养情形。曹乃敏述称，胡珺经济困难才起诉胡景煌腾房，以便出售讼争房屋筹措留学生活费及偿还留学债务。

【案件焦点】

胡珺是否存在对胡景煌有扶养义务而不履行的情形。

【法院裁判要旨】

福建省厦门市思明区人民法院经审理认为：胡景煌系大学退休副教授，有较高的退休金，不存在子女经济资助的需要。2012年胡景煌与曹乃敏离婚时，分得一套位于同安的房产，后胡景煌将该房产处分理应获得可观对价。胡景煌名下无房系其处分同安房产先行行为导致，其住房需求亦可用处分房产获取的对价再行购买或租住房屋解决，不应认定其有住房匮乏之虞。反观胡珺，目前仍在国外求学，暂无经济上供养、生活上照料胡景煌的能力。胡景煌两次赠与时胡珺已出国留学，胡景煌明知胡珺留学期间仍需家庭资助，作出赠与且未提出赡养要求，本意是为胡珺今后生活提供物质保障，减轻胡珺经济压力。迄今，胡珺和胡景煌的各自经济状况、彼此的空间距离未有实质改变，故胡景煌主张胡珺未尽赡养义务并诉请撤销赠与系对其赠与真意的反言。本案存在赡养义务人胡珺经济能力弱、赡养对象胡景煌经济能力强的特殊情况，胡景煌提出撤销赠与有悖诚实信用原则，若撤销赠与将加剧胡珺经济恶化，导致利益失衡，亦无助于双方亲子关系修复。

福建省厦门市思明区人民法院依照《中华人民共和国合同法》第六十条第一款、第一百八十六条第一款、第一百九十二条等的规定，作出如下判决：

驳回胡景煌的诉讼请求。

胡景煌不服判决，提起上诉。福建省厦门市中级人民法院经审理认为：对胡珺于2010年出国留学的事实各方当事人均无异议，胡景煌未能提供证据反驳胡珺需要接济的主张或证明胡珺已就业的事实，故原审法院认定胡珺暂无经济上供养、生活上照料胡景煌的能力并无不当。而胡景煌作为大学退休副教授，有稳定、可观的退休金收入，且其将离婚时分割夫妻共同财产时分得的另一套住房予以出售，原审法院据此认定其经济能力强且不存在住房匮乏之虞正确。况且赡养父母乃子女法定义务，若今后胡景煌存在经济困难或身体健康问题，胡珺不得拒绝履行其义务，胡景煌以今后可能存在的困难来推定胡珺不履行赡养义务进而主张撤销赠与依据尚不充分，原审法院不予支持并无不当。

福建省厦门市中级人民法院依照《中华人民共和国民事诉讼法》第一百七十条第一款第（一）项之规定，作出如下判决：

驳回上诉，维持原判。

【法官后语】

本案涉及的赠与行为具有道德义务属性并已实际履行不得任意撤销，赠与人于是从《中华人民共和国合同法》第一百九十二条第二款规定入手主张法定撤销，争议焦点集中在如何认定受赠人对赠与人有扶养义务而不履行。

第一，着重审查赠与人是否存在经济层面的扶养需求。

本案赠与人是已退休的父亲，受赠人为成年女儿，理论上受赠人对赠与人可能负有赡养义务。然而法律有其作用边界，其调整经济利益关系高效，但对行为和精神缺少直接强制办法，往往通过经济利益调整间接影响行为和精神的取向。具体到赡养，法律更为关注并强制履行经济层面的赡养义务，故对与赠与的法定撤销息息相关的“扶养义务”的理解要与合同法基本原则以及赠与行为的本质相匹配，评价“扶养义务”是否履行的侧重点应当放在经济层面，而不宜任意放宽至精神层面，除非受赠人故意对赠与人造成了严重的精神损害。否则，赠与人可动辄以主观性、任意性很强的“精神损害”为由撤销赠与，赠与制度的严肃性以及诚实信用的民法原则均遭动摇。

具体到本案，胡景煌有较高的退休金，离婚时分得一套房产，无论在收入上还是住房上都没有匮乏之虞，一、二审法院没有在赡养义务的精神层面内容上过多纠结，而均认定胡景煌暂无胡珺赡养的需要，其主张胡珺赡养的前提条件尚不成就。

第二，受赠人无扶养能力是对抗赠与人扶养请求的合理事由。

具体到本案，胡珺在国外留学花销较大，没有稳定收入，经济状况显然不及胡景煌，一、二审法院均认定其暂无赡养胡景煌的能力，并不存在拒不履行赡养义务的情形。

经济合理性为道德正当性提供支撑，正如本文探讨的与扶养义务关联的亲属间赠与有显著的道德表征，但其背后的制度安排实为暗合马斯洛需求层次、帕累托改进等经济原理的利益分配。本案中，由于胡景煌暂无经济上之赡养需求，胡珺暂无经济上之赡养能力，且没有证据证明胡珺故意对胡景煌造成严重精神损害，不宜认定胡珺对胡景煌有扶养义务而不履行，故对胡景煌的撤销赠与诉求不予支持。然而，扶养需求以及扶养能力的大小有无是发展变化的，一旦将来胡景煌出现赡养需求且胡珺具备赡养能力而不赡养的情形，则胡景煌基于该新事实再行提起撤销赠与之诉将得到法院支持。

编写人：福建省厦门市思明区人民法院　郭泽喆

24

支付购房款的行为并非赠与房产份额不能撤销

——郑丽萍诉夏金生、夏毅成赠与合同案

【案件基本信息】

1. 裁判书字号

江苏省苏州市中级人民法院（2017）苏05民终6387号民事判决书

2. 案由：赠与合同纠纷

3. 当事人

原告（上诉人）：郑丽萍

被告（上诉人）：夏金生、夏毅成

【基本案情】

郑丽萍与夏金生系再婚夫妻，夏毅成系夏金生与前妻所生的儿子，夏毅成与郑丽萍、夏金生共同生活多年。

2014年8月31日，郑丽萍、夏金生、夏毅成三人与置业公司签订《商品房购销合同》。郑丽萍与夏金生、夏毅成三人均系该合同载明的买受人，向置业公司购买一套房屋，价格112万元。购买该房屋的所有款项均通过夏金生的银行卡支付，夏毅成本身无出资能力。2016年5月13日，为办理涉案房屋的产权证，郑丽萍、夏毅成及夏金生至昆山市房产交易中心签署了《房产比例约定书》，约定房产比例为：夏毅成占产权的98%，夏金生占产权的1%，郑丽萍占产权的1%。涉案房屋转移登记尚未办理完成。郑丽萍与夏金生产生矛盾，郑丽萍提起离婚诉讼，同时提起诉讼要求撤销关于房产份额的约定，撤销赠与给夏毅成房屋的98%份额。夏毅成认为其通过向亲戚借款100余万元转账至夏金生账户后与夏金生、郑丽萍一同购买了涉案房屋，主张不应撤销。

【案件焦点】

本案赠与能否撤销。

【法院裁判要旨】

江苏省昆山市人民法院经审理认为：夏毅成自身并无经济能力出资购房、涉案房屋付款均通过夏金生银行卡支付系各方不争的事实。夏毅成主张其通过向其大伯、姑姑借款出资购房。从本案事实来看，有几点是可以确定的，购买涉案房屋款项是通过夏金生银行卡支付给开发商的；夏金生支付给开发商房款前夕的确收到夏金荣及其所在的江苏五环建设有限公司的转账款和他人存入账户的款项；从之前夏毅成并未过问房屋的份额以及登记问题，也没有在家商量过借款事宜以及夏毅成与郑丽萍的通话录音来看，本案所涉的借条应该是后补的，而并非转账时形成的。在此情况下，转账款项究竟是何种性质，是否系夏毅成向夏金荣、夏金凤所借，这涉及转款原因以及主观上是否存在借贷合意问题。就本案而言，进一步深究购房资金准确来源对案件处理结果并没有实质性影响，即便在夏毅成并未借款出资购房的情况下，涉案的房屋比例份额也不能撤销，具体理由在以下阐述。

关于若夏毅成未能出资购房，郑丽萍能否撤销房屋比例份额约定问题。欲解决该问题，应厘清房屋比例份额约定协议载明夏毅成有98%份额的法律性质，究竟是属于赠与房屋，还是属于赠与购房资金，抑或家庭成员关于财产份额的归属约定。一审法院认为，夏毅成是与其父母一起去购买房屋的，进而通过三方约定正式办理房产证时其将拥有98%的房屋份额。房屋的所有权以登记为准，截至目前，涉案房屋产权仍属于开发商，并不属于本案的各方当事人，郑丽萍夫妻无法在自己并未拥有房屋产权的情况下将房屋份额赠与夏毅成，故即便在夏毅成未能实际出资的情况下，也并非郑丽萍夫妻将房屋份额赠与给夏毅成，应认定为郑丽萍夫妇将购买房屋出资款赠与夏毅成，出资款已经实际交付，不能撤销。从另一个角度来说，夏毅成与郑丽萍夫妻共同生活了二十来年，三人形成家庭，三人均系家庭成员；三人共同签订购房合同，形成共有关系，约定了财产份额，应认定为家庭成员对家庭财产归属的约定，该约定具有较强的人身属性，也不应撤销。综上，一审法院对郑丽萍要求撤销房屋份额约定即撤销对夏毅成赠与涉案房屋98%份额的请求不予支持。江苏省昆山市人民法院判决如下：

驳回郑丽萍的诉讼请求。

郑丽萍不服判决上诉。江苏省苏州市中级人民法院经审理认为：昆山市玉山镇观湖壹号花园12幢××室房屋系郑丽萍、夏金生、夏毅成三人与昆山鹿同置业有限公司签订《昆山市商品房购销合同》所购买，郑丽萍与夏金生、夏毅成均系该合同载明的买受人。后郑丽萍、夏金生、夏毅成约定上述涉案房屋由其三人按份共有，具体为：夏毅成占产权的98%，夏金生占产权的1%，郑丽萍占产权的1%。现郑丽萍主张购买涉案房屋时夏毅成并未出资，涉案房屋应属于其与夏金生的夫妻共同财产，要求撤销对夏毅成的赠与。对此，即便购买涉案房屋时夏毅成未能实际出资，因夏毅成系《昆山市商品房购销合同》载明的买受人之一，本案亦应认定为郑丽萍、夏金生系将购买房屋出资款赠与夏毅成，因出资款已经实际交付，故不能撤销。因此，郑丽萍的上诉理由不成立，不予支持。

江苏省苏州市中级人民法院判决如下：

驳回上诉，维持原判。

【法官后语】

夏毅成与郑丽萍、夏金生三人共同签订合同购房，进而约定了房屋份额比例，这些事实均无争议，郑丽萍赠与夏金生的应是购房款，购房款已经赠与完成，不应撤销。理由如下：

郑丽萍能否撤销房屋比例份额问题。欲解决该问题，应厘清房屋比例份额约定协议载明夏毅成有98%份额的法律性质，究竟是属于赠与房屋，还是属于赠与购房资金，抑或家庭成员关于财产份额的归属约定。夏毅成是与其父母一起去购买房屋的，进而通过三方约定正式办理房产证时其将拥有98%的房屋份额。按照物权法规定，房屋的所有权采登记生效主义，双方争议时，产权登记尚未办理，涉案房屋产权仍属于开发商，并不属于本案的各方当事人，郑丽萍、夏金生无法在自己尚未拥有房屋产权的情况下将房屋份额赠与夏毅成，故即便在夏毅成未能实际出资的情况下，也并非郑丽萍夫妻将房屋份额赠与夏毅成。同样地，在郑丽萍、夏金生尚未获得房屋产权情况下，该房屋也还不属于家庭财产，故该约定也并非家庭成员关于家庭财产份额的约定。该份额约定应认定为郑丽萍夫妇将购买房屋出资款赠与夏毅成，购房款属于动产，交付即产生所有权转移，目前出资款已经实际交付，按照《中华人民共和国合同法》第一百八十六条规定，赠与已经完成，不能撤销。

认为是赠与房屋份额忽视了几个问题。其一是购买该房屋时，并非只有夏金生与郑丽萍去签署合同，夏毅成也是合同中载明的购买方，属于三人作为买受人共同购房，赠与是一个从无到有的过程，三人共同签署购房合同不符合赠与的典型特征。其二是涉案房屋产权登记尚未办理，夏金生、郑丽萍本身没有获得房屋所有权；赠与房屋份额应当是夏金生、郑丽萍将自己拥有的房屋或者房屋份额转移给夏毅成，在夏金生、郑丽萍本身尚没有房屋产权的情况下不应当认定为对房屋产权的赠与。

夏金生、郑丽萍、夏毅成三人共同生活了二十来年，构成一个家庭。但是夏毅成本身没有收入，没有出资能力，在购房这件事上，夏毅成并无贡献。很难以此认定该房屋系家庭共有财产，这样认定缺乏法律依据。

编写人：江苏省昆山市人民法院　欧平

25

债务人损害债权人利益的赠与财产行为不受保护

——于锦松诉孙立明、叶燕债权人撤销权案

【案件基本信息】

1. 裁判书字号

河北省沧州市中级人民法院(2017)冀09民终5602号民事判决书

2. 案由:债权人撤销权纠纷

3. 当事人

原告(被上诉人):于锦松

被告(上诉人):孙立明、叶燕

第三人(上诉人):孙晔

【基本案情】

2013年1月18日,被告孙立明等从原告处借款5000万元,借款期限从2013年1月18日至2013年4月21日,到期后孙立明等未能清偿全部借款本息。经调解达成民事调解书,履行期限是2015年10月31日前清偿欠款的本息。民事调解书生效后,由于孙立明等未履行,原告申请强制执行。执行过程中原告发现被告孙立明、叶燕将其实际出资购买的黄骅市骅都家苑小区第1幢3单元××号、××号两套房屋赠与了第三人孙晔。于锦松认为被告孙立明在借款到期未能清偿的情况下,花费近百万元购置房产赠与他人,显然侵害了原告的合法权益。叶燕与孙立明系夫妻关系,二人将房屋赠与其子孙晔,原告有合理理由相信其恶意串通,原告申请追加叶燕为被告参加诉讼,要求被告孙立明、叶燕共同承担责任,并依法撤销两被告对第三人的房屋赠与。

【案件焦点】

叶燕与孙立明系夫妻关系,二人将房屋赠与其子孙晔的行为是否属于恶意串通

损害债权人的行为。

【法院裁判要旨】

河北省黄骅市人民法院经审理认为：于锦松与孙立明及河北葆通公路材料有限公司民间借贷纠纷案债权债务关系明确，孙立明对河北葆通公路材料有限公司不能偿还的借款本息，承担还款责任的事实，双方已达成调解协议，且法院已出具调解书，予以确认；本案被告孙立明在偿还原告债务期间，未能积极履行还款义务，被告孙立明、叶燕无偿将其所有的房屋赠与其子即本案第三人孙晔，其行为违反了《中华人民共和国合同法》第七十四条第一款规定："因债务人放弃其到期债权或者无偿转让财产，对债权人造成损害的，债权人可以请求人民法院撤销债务人的行为。债权人以明显不合理的低价转让财产，对债权人造成损害，并且受让人知道该情形的，债权人也可以请求人民法院撤销债务人的行为。"第七十五条规定："撤销权自债权人知道或者应当知道撤销事由之日起一年内行使。自债务人的行为发生之日起五年内没有行使撤销权的，该撤销权灭失。"本案原告于2016年3月7日起诉，其行使撤销权的行为符合该项法律规定。《最高人民法院关于贯彻执行〈中华人民共和国民法通则〉若干问题的意见》第一百三十条规定："赠与人为了逃避应履行的法定义务，将自己的财产赠与他人，如果利害关系人主张权利的，应当认定赠与无效。"孙立明及河北葆通公路材料有限公司从原告于锦松处借款期限自2013年1月18日起至2013年4月21日止，孙立明于2011年8月11日在黄骅市海龙房地产开发有限公司出资购买黄骅市骅都家苑第1幢3单元××号房、××号房商品房两套。2013年6月3日，孙晔与黄骅市海龙房地产开发有限公司签订上述两套商品房买卖合同。（2015）黄民初字第4558号案在执行过程中，被告叶燕认可上述两套房屋系其与丈夫孙立明赠与其子本案第三人孙晔。结合本案事实及上述法律规定，被告孙立明未积极偿还原告债务，其与妻子被告叶燕与第三人孙晔之间的赠与行为影响了原告债权的实现，对原告已造成损害，该赠与行为属可撤销的民事行为，应依法予以撤销。

河北省黄骅市人民法院依照《中华人民共和国合同法》第七十四条、第七十五条，《最高人民法院关于贯彻执行〈中华人民共和国民法通则〉若干问题的意见》第一百三十条规定，判决如下：

被告孙立明、叶燕将黄骅市骅都家苑第1幢3单元××号房、××号房商品房两套房屋赠与第三人孙晔的行为，于判决生效之日起予以撤销。

孙立明、叶燕、孙晔不服一审判决，提出上诉。河北省沧州市中级人民法院经审理认为：上诉人孙立明及案外人河北葆通公路材料有限公司于2013年1月18日从被上诉人于锦松处借款，2013年4月21日借款到期后至今，并未完全履行偿还借款义务。关于案涉的两套房屋系上诉人孙立明在2011年8月21日出资在黄骅市海龙房地产开发有限公司购买，有其提供的交款收据为证。在2013年6月3日，上诉人孙立明之子孙晔就案涉的两套房屋与黄骅市海龙房地产开发有限公司签订了商品房买卖合同，并办理了预登记手续，上述事实符合《中华人民共和国合同法》第七十四条之规定：因债务人放弃其到期债权或无偿转让财产，对债权人造成损害的，债权人可以请求人民法院撤销债务人的行为。故一审认定事实清楚，适用法律正确。关于上诉人孙立明、叶燕、孙晔诉称，案涉两套房屋系赠与的问题，孙晔与黄骅市海龙房地产开发有限公司签订商品房买卖合同及预登记行为，均发生在孙立明在到期债务尚未履行完毕情形下，故一审判决无误。

河北省沧州市中级人民法院依照《中华人民共和国民事诉讼法》第一百七十条第一款第（一）项之规定，判决如下：

驳回上诉，维持原判。

【法官后语】

本案审理的焦点是于锦松行使债权人撤销权后的诉的利益归属。

本案中在原告要求撤销被告对第三人的赠与行为的诉讼请求得到支持后，其“诉的利益”应当如何归属?

笔者认为，如果不保护行使诉权的债权人的优先利益，反而将撤销权之诉的“诉的利益”无原则归属于“保全全体债权人的利益”，则意味着债权人撤销权之诉被强制赋予某种“公益性诉讼”的属性，意味着其他非诉债权人可以无偿分享涉诉债权人的诉讼成果，必然会使得债的保全制度的实质性功能将被异化为鼓励“搭便车”的一项诉讼制度，其将严重损害涉诉债权人的合理、合法权益，此举显然有违公平原则。因此，如果多位债权人共同或分别提起撤销权诉讼的，则对第三人返还的债务人的责任财产应当按照债权比例分别享有优先受偿权。

编写人：河北省黄骅市人民法院　吴悦敏

五、供用电、水、气、热力合同

26

用户要求暂停供热不应影响正常采暖和设施安全

——郑某、郑某某诉北京市热力集团有限责任公司供用热力合同案

【案件基本信息】

1. 裁判书字号

北京市朝阳区人民法院（2015）朝民初字第51115号民事判决书

2. 案由：供用热力合同纠纷

3. 当事人

原告：郑某、郑某某

被告：北京市热力集团有限责任公司

【基本案情】

二原告是北京市朝阳区西大望路×号房屋（以下简称涉案房屋）的所有权人。被告为涉案房屋提供供热服务。涉案房屋所在楼栋具备分户供暖及单独停暖的技术条件。二原告曾就涉案房屋办理暂停用热向被告提出申请，双方未能达成一致。被告主张与涉案房屋相邻的用户不同意二原告申请暂停用热，并提交了《暂停用热征求意见表》及王淑秀的供热协议及房屋所有权证予以证明。

原告郑某就涉案房屋与被告签订了《供用热协议》，其中第六条第二项约定："本协议如有未尽事宜或双方需要对本协议的内容进行修改，须经双方协商一致，另行签订补充协议，补充协议与本协议具有同等的法律效力。"《北京市供热采暖管

理办法》第十八条规定："具备分户独立采暖系统型式的用户，在不影响其他用户正常采暖及共用供热设施安全的前提下，经与供热单位协商，就暂停供热时间、交纳基本费用等事项达成一致后，可以由供热单位暂停供热。"原告认为，被告承诺为长期房屋闲置用户办理停热减费，却在用户实际申办时设置障碍拒绝办理，违反了《北京市供热采暖管理办法》第十八条规定与《北京市居民供热采暖合同》第八条约定。该行为与北京市节能环保政策相违背，侵害用户合法权益，造成用户损失。故要求被告为原告办理停热手续或赔偿原告所受损失。对于暂停供暖的用户，供暖单位需在用户配合下于供暖期间经常查看供暖情况，根据原告提供的供热合同第六条约定未尽事宜双方协商一致后另行签订补充协议，现双方没有达成一致意见，被告无法为原告办理暂停供暖。

【案件焦点】

原告要求暂停供热是否具备其他必要条件。

【法院裁判要旨】

北京市朝阳区人民法院经审理认为：当事人协商一致，可以变更合同。本案二原告要求被告为其办理停热手续，实际系欲对双方所签之《供用热协议》进行变更。单个用户暂停用热后，供热单位的服务责任并未终止，供热单位仍然承担着管理的责任，以及在事故状态下的抢修责任，因此被告作为供暖单位，在决定是否为用户办理暂停供热时，需就是否影响其他用户正常采暖进行考量，并与相对方就具体事项达成一致。热能具有辐射性和传导性，如果相邻的居室之间存在温差，热能就会从高温的居室传到低温的居室，单个用户停止供暖后，相邻居室的热能会向停暖居室传导，势必导致相邻居室热量散失。本案被告提交证据证明与涉案房屋相邻业主不同意其办理暂停供热，以说明本案可能存在影响其他用户正常采暖的情形，故辩称无法为二原告办理停热手续，予以采信。对二原告的诉讼请求，不予支持。

北京市朝阳区人民法院依照《中华人民共和国合同法》第七十七条之规定，作出如下判决：

驳回原告郑某、郑某某的诉讼请求。

【法官后语】

本案系采暖用户与供热单位就办理暂停用热而引发的纠纷。原告因长期家中无人，无须像其他住户一样正常用热，便主张供热公司按照《北京市供热采暖管理办法》的有关规定为其办理暂停用热手续。故本案争议焦点为，原告房屋是否符合暂停供热的条件。

《北京市供热采暖管理办法》第十八条规定："具备分户独立采暖系统型式的用户，在不影响其他用户正常采暖及共用供热设施安全的前提下，经与供热单位协商，就暂停供热时间、交纳基本费用等事项达成一致后，可以由供热单位暂停供热。"可见供热单位为用户办理暂停供热需要有两个前提：一是不影响其他用户正常采暖及共用供热设施安全；二是与供热单位就暂停时间、基本费用的交纳等事项协商一致。本案中虽然涉案房屋集中供热分户采暖的设备和技术条件，但因供热行为具有特殊性，带有一定的行政强制性和公共服务性色彩，且直接关系到供暖区域内全体居民的采暖利益，即使个别业主提出暂停供暖要求，供暖公司也应结合实际情况谨慎作出决定。

单个用户暂停用热后，供热单位的服务责任并未终止，供热单位仍然承担着管理的责任及在事故状态下的抢修责任，因此被告作为供暖单位，在决定是否为用户办理暂停供热时，需就是否影响其他用户正常采暖进行考量，并与相对方就具体事项达成一致。考虑到热能具有辐射性和传导性，如果相邻的居室之间存在温差，热能就会从高温的居室传到低温的居室，单个用户停止供暖后，相邻居室的热能会向停暖居室传导，势必导致相邻居室热量散失。本案被告对原告房屋相邻的业主进行了走访调查，相应业主均不同意为原告办理暂停用热手续，并在《暂停用热征求意见表》上作出了不同意的表示，足以说明本案可能存在影响其他用户正常采暖的情形，即不符合办理暂停供热的基本条件。故原告要求被告为其办理暂停用热手续及返还其供热费用的诉讼请求无法得到法院的支持。

编写人：北京市朝阳区人民法院　贾辰

六、储蓄存款合同

27

银行卡被盗刷后确认存在伪卡交易即应当由银行承担赔偿责任

——谢礼棚诉中国农业银行股份有限公司雀山分理处储蓄存款合同案

【案件基本信息】

1. 裁判书字号

广西壮族自治区柳州市柳北区人民法院（2017）桂0205民初2311号民事判决书

2. 案由：储蓄存款合同纠纷

3. 当事人

原告：谢礼棚

被告：中国农业银行股份有限公司雀山分理处（以下简称农行雀山分理处）

【基本案情】

原告谢礼棚于2014年4月11在被告农行雀山分理处办理了一张金穗IC借记卡，卡号为62284808××××。后因升级、损坏和挂失等原因，原告先后于2014年5月28日、2014年8月11日和2015年12月28日三次到到被告处换卡，2015年12月28日换卡后卡号变更为62284508××××。2017年4月12日15时31分许，原告接到农业银行系统发来的一条短信，告知原告卡号62284508××××的农业银行储蓄卡消费363063.18元。因原告此时正在开车，并没有消费行为，故其立刻拨打了农业银行客服电话，并按照农业银行客服的提示，在就近的农业银行打出该卡的明细单，接着又拨打了报警电话。经查，该笔款项消费地点系在台湾省台中市，但当时该张银行卡和该卡的U盾均在报警人身上。

【案件焦点】

原告要求银行赔偿被盗刷的银行存款是否有事实和法律依据。

【法院裁判要旨】

广西壮族自治区柳州市柳北区人民法院经审理认为：原告在被告农行雀山分理处办理了借记卡，签署了《个人结算账户申请书》等相关文件，双方之间储蓄合同关系合法有效，受法律保护。本案中，原告借记卡账户于2017年4月12日在台湾省台中市发生交易消费时，原告在重庆市，并通过及时报警、拨打客服电话和银行存取款行为，证实其银行卡和U盾均在自己身上，原告在这个较短的时间段内应当无法完成从重庆市到台湾省台中市的空间转移，因此可以认定原告的借记卡在台湾省台中市发生的消费行为为伪卡交易。被告辩称原告具有妥善保管卡及密码的义务，密码相符的交易均视为本人交易。视为本人交易约定的适用前提为用于交易的信用卡须为真卡，使用伪卡进行的交易不能视为持卡人本人的交易行为。农业银行作为专业金融机构，负有保障客户资金安全的责任，应当不断完善相应技术，有效甄别取款凭证。本案事实已经足以证明是由于农业银行未能有效甄别取款凭证即信用卡的真伪，而导致原告的借记卡账户被他人用伪卡消费，被告对此存在过错，应承担相应赔偿责任。

对于银行卡密码问题，该密码虽然由储户设定，但原告否认其有泄露密码的行为，被告也不能证明原告存在对密码保管有过错的事实，尽管原告此前曾多次更换过银行卡，但每次换卡卡号都相应进行变更，不能认定原告负有密码和银行卡保管不当的责任。且根据双方的约定，原告凭银行发放的银行卡与正确的密码方能取走其储蓄在银行的存款，真实的银行卡与正确的密码是取款时两个条件必须同时具备的条件。本案的情形就如同本该同时有两把正确钥匙（即真实的银行卡与正确的密码）才能打开的安全锁，却被一把伪造的钥匙（即伪卡）和一把正确的钥匙打开并取走了本该安全锁着的存款，被告未尽到识别卡片真伪的义务，在不符合支付条件的情况下给付存款，违反了合同约定，对因此造成的损失应当予以赔偿。原告要求被告赔偿存款损失363063.18元及相应利息具有法律和事实依据，依法应予支持。

广西壮族自治区柳州市柳北区人民法院依照《中华人民共和国合同法》第五条、第六十条、第一百零七条，《中华人民共和国商业银行法》第六条，《中华人民共和国民事诉讼法》第四十八条，《最高人民法院关于适用〈中华人民共和国民事诉讼法〉的解释》第五十二条之规定，判决如下：

被告中国农业银行股份有限公司雀山分理处赔偿原告谢礼棚存款损失363063.18元及相应利息（利息按中国人民银行同期贷款利率自2017年4月12日起计至付清全部本息之日止）。

【法官后语】

在涉银行卡犯罪实际破案率比较低的情况下，探讨如何通过民事途径维护银行卡用户合法权利具有积极的现实意义。面对此类案件应着重从以下几个方面进行考量和评判：

一是必须对是否存在伪卡交易进行认定，这是银行是否应当承担赔偿责任的一个关键因素。对于具体的认定方法和路径，首先是需确认用户所称的盗刷行为发生的时间、地点；其次是发生用户所称的盗刷行为发生时，用户是否有证据证明银行卡正由其持有或在其安全掌控范围之内；最后综合用户持有银行卡的时间和地点，以及用户所称的盗刷行为发生的时间、地点，判断在此时间内，银行卡是否具备空间转移的可能性。

二是应当合理分配举证责任。在银行与银行卡用户之间形成的合同关系中，所使用的合同均为银行提供的格式合同，银行具有优势地位。对于设置了密码的银行卡，以及“密码相符的交易均视为本人交易”的相关约定，应以银行卡的真实为前提，真实的银行卡和正确的密码共同筑起对账户资金的安全防线，即依据合同银行应当在同时符合这两个条件的情况下，方能进行合法有效的资金贷记或发放，否则因银行在不符合约定的条件下支付账户资金，应当承担赔偿责任。而对于密码泄露的责任认定上，正常情况下，银行卡用户并无泄露密码的动机，且要求一方当事人就其主张不存在的事实去举证明显有悖常理，因此，证明用户未尽保护密码之责的责任在于银行一方。极端情况下，不排除存在用户故意泄露密码并为伪卡制作提供便利，以此骗取银行承担责任谋取利益的情形存在，但此情形下，已涉嫌刑事犯罪，并非民事诉讼应当考虑的范围，且在此情形下，即便银行进行了赔付，仍可作为刑事案件受害人对赔付资金进行追索。

需特别指出的是，上述所讨论之盗刷，应严格限定于用伪造的实体银行卡在ATM机、POS机等终端进行盗刷。在网络上以虚拟方式进行交易的，因其难以认定交易人员，以及银行卡用户对此是否知情及授意，故不在上文讨论之列。

法官提醒，银行卡用户在遭遇银行卡被盗刷时，应立即采取证据固定措施，可通过持银行卡到公安机关报案、使用被盗刷的银行卡就近到银行ATM机进行存取等交易并保留相关凭证等方式，固定能够证明自己已妥善保管银行卡的证据，方有机会维护自己的合法权益。

编写人：广西壮族自治区柳州市柳北区人民法院　覃可基

28

储户的存款被盗，银行应担责

——谢天钟诉中国农业银行股份有限公司长乐市支行储蓄存款合同案

【案件基本信息】

1. 裁判书字号

福建省福州市中级人民法院（2017）闽01民再93号民事判决书

2. 案由：储蓄存款合同纠纷

3. 当事人

原告：谢天钟

被告：中国农业银行股份有限公司长乐市支行（以下简称长乐农行）

第三人：中国农业银行股份有限公司福州仓山支行（以下简称仓山农行）、郑碧珍

【基本案情】

2009年3月10日，郑碧珍受谢天钟委托（郑碧珍系谢天钟侄媳），持谢天钟二代身份证在长乐农行下属鹤上分理处开立个人银行卡（金穗通宝借记卡）账户，户名谢天钟，卡号尾号为3011，并申请开通了网上银行和短信通业务，该银行卡为无存折卡，设置密码，并由郑碧珍等人使用。同年9月4日，因银行方面告知谢天钟，有人用伪造的身份证到福州某银行网点办理其卡号尾号为3011的银行卡业务被识破（银行卡密码锁住），谢天钟再次委托郑碧珍到开户行长乐农行鹤上分理处办理上述银行卡密码解锁及换卡手续，更换的新银行卡卡号尾号为1317，原银行卡账户不变。2009年11月16日15时许，案外人假冒谢天钟，持一张伪造的银行卡（卡号与谢天钟尾号为1317的银行卡卡号相同）和伪造的谢天钟身份证（号码为18位的一代身份证），先在第三人仓山农行所属三叉街支行成功办理重新写磁业务并取款10元，取款时间为15时15分32秒，随即又于15时43分41秒用该伪造银行卡和身份证到仓山农行营业厅柜台取款50万元，接着，在16时零21秒至16时3分55秒期间又通过一台银行ATM自动柜员机连续八次取款计18000元，因跨行取款产生手续费16元。从首笔取款10元至最后一笔取款，共计人民币518026元，历时48分23秒。在发生上述取款后，谢天钟预留号码手机（由第三人郑碧珍使用）即收到银行短信通告知的相关业务内容。经向开户行核实有关情况，谢天钟认定其银行卡被人复制盗取存款，即由郑碧珍（亦为银行卡使用人之一）于当天16时30分向所在地长乐市公安局大鹤边防派出所报案，因取款行为发生地在福州市仓山区，又于当晚向案发地福州市公安局仓山分局刑事侦查大队（以下简称福州仓山公安分局刑侦大队）报案。福州仓山公安分局刑侦大队经初步调查后认为有犯罪事实发生，以诈骗案立案侦查（目前，该银行卡诈骗案尚未侦破）。同日16时42分，谢天钟电话联系长乐农行营业网点工作人员请求冻结讼争银行卡账户。嗣后，应长乐农行方面的要求，谢天钟在上述开立银行卡账户、密码解锁、换卡等相关业务手续上补签名。因双方对银行卡账户存款被骗取引起的赔偿问题协商无果，谢天钟遂诉至本院，要求长乐农行支付上述被骗取的存款人民币518026元，并支付该存款利息。

另查明，本案在原一、二审判决生效后，长乐农行于2011年7月1日已依原审判决向谢天钟赔付518026元及利息，共计522618.88元。

【案件焦点】

1. 本案是否适用“先刑后民”；2. 长乐农行应否赔付谢天钟的存款及利息。

【法院裁判要旨】

福建省长乐市人民法院经审理认为：关于本案是否应当“先刑后事”的问题。讼争银行卡诈骗案与原、被告间的储蓄存款合同纠纷虽有牵连，但两者法律事实和法律关系性质不同。在《最高人民法院关于银行储蓄卡密码被泄露导致存款被他人骗取引起的储蓄合同纠纷应否作为民事案件受理问题的批复》中也明确表示：“因银行储蓄卡密码被泄露，他人伪造银行储蓄卡骗取存款人银行存款，存款人依其与银行订立的储蓄合同提起民事诉讼的，人民法院应当依法受理。”因此，本案与讼争银行卡诈骗案应当分开审理并裁判。

关于应否赔付问题。谢天钟在长乐农行处开立银行卡账户并存入资金，双方形成了储蓄存款合同关系，各方均应按照合同约定行使权利、履行义务。《中华人民共和国商业银行法》第六条规定：“商业银行应当保障存款人的合法权益不受任何单位和个人的侵犯。”本案中，根据上述已查明的事实，可以认定讼争银行卡账户系被人用伪造卡和身份证，在仓山农行办理重写磁后被他人骗取存款。仓山农行工作人员在办理银行卡重写磁和取款业务过程中，未持审慎态度，没有严格按照有关规定操作，未能识别伪造的银行卡和身份证，未尽到保护储户存款的义务，以致讼争银行卡账户存款被他人骗取，具有明显过错；在得知诉争款项被他人取走后，郑碧珍和谢天钟及时向所在地派出所报了案并请求冻结银行卡账户，其措施得当。基于本案谢天钟与长乐农行双方之间的储蓄存款合同关系，在讼争银行卡诈骗案件尚未侦破，没有证据证明谢天钟对讼争银行卡账户存款被骗取存在主观过错，或是谢天钟与他人恶意串通骗取银行存款的情况下，长乐农行作为开户行，未尽保障谢天钟银行卡账户资金安全义务构成违约，应对谢天钟的损失承担全部赔偿责任。谢天钟要求长乐农行支付其被骗取的银行卡账户存款518026元及利息之诉讼请求（长乐农行已履行），符合法律规定，予以支持。长乐农行和仓山支行关于“谢天钟对于被盗过程中的扩大损失负有相应责任”的观点，不予采纳。至于仓山农行应如何承担讼争银行卡账户存款被骗的责任，属于长乐农行与该行之间的另一法律关系问题，可依法另行解决。

福建省长乐市人民法院依照《中华人民共和国合同法》第八条、第六十条第一款、第一百零七条、第一百一十二条、第一百二十一条，《中华人民共和国商业银行法》第六条、第二十九条第一款、第三十三条的规定，作出如下判决：

长乐农行于判决生效之日起十日内赔付谢天钟银行卡账户存款损失人民币518026元，并按中国人民银行规定的同期存款利率偿付利息（已履行）。

长乐农行不服一审判决，提出上诉。福建省福州市中级人民法院认为：长乐农行与谢天钟存在储蓄存款合同关系，长乐农行负有保障谢天钟存款账户资金安全的义务。从双方当事人所确认的事实来看，案涉款项系他人持伪造银行卡及伪造身份证件到农行网点成功办理了重新写磁业务，并通过该重新写磁的伪造卡取走的。因长乐农行的交易系统未能正常识别伪卡，亦未能识别伪造身份证件，导致他人成功办理了重新写磁业务，并导致谢天钟账户内资金被他人使用伪造卡盗取，长乐农行已违反了保障储户资金安全的法定义务，应付主要违约责任，对本案讼争卡账户存款损失承担80%的责任。

根据《中国农业银行金穗借记卡章程》的规定，金穗借记卡及其账户仅限于合法持卡人本人使用，不得转让或者转借，否则，由此造成的资金损失由持卡人本人承担，该内容在《金穗借记卡个人卡申请表》上有所注明，谢天钟作为讼争卡户主在开户之时就确认并应予遵守，但谢天钟违反该约定，将该卡长期交由他人保管使用，扩散了借记卡密码信息。2009年9月，中国农业银行福州市台江支行发现他人利用伪造的谢天钟借记卡和身份证骗取账户存款，长乐农行将借记卡锁定，2009年9月4日，银行将上述情况通知谢天钟，同日谢天钟申请办理了解锁并更换了银行卡和密码。但谢天钟在得知个人身份信息、银行卡信息被泄露的情况下，讼争银行卡仍处于他人保管使用中，未尽到安全注意的义务。为此，谢天钟将银行卡交由他人保管使用、扩散银行卡密码的行为属于违约，应负次要违约责任，承担讼争卡内存款损失的20%的责任。

长乐农行主张本案应按“先刑后民”的诉讼原则处理，但被上诉人谢天钟系基于储蓄存款合同关系提起本案诉讼，该储蓄存款合同关系与银行卡被盗刷所产生的经济犯罪嫌疑并非同一法律关系，故原审法院对本案进行审理并未违反法定程序。综上，一审判决部分有误，予以纠正。

福建省福州市中级人民法院依照《中华人民共和国民事诉讼法》第一百七十条第一款第（二）项的规定，判决如下：

一、撤销福建省长乐市人民法院（2013）长民再初字第1号民事判决；

二、长乐农行应于本判决生效之日起十日内赔付谢天钟银行卡账户存款损失人民币414420.80元及利息（利息自2009年11月16日起按中国人民银行同期存款利率计至付清上述款项之日止）；

三、驳回谢天钟的其他诉讼请求。

【法官后语】

审判实践中，当出现刑事与民事两种法律关系交叉时，强调以刑事案件为主导，民事案件服从于刑事案件，对涉及民事部分的案件不受理或中止审理或驳回起诉，其直接后果是阻碍或延后了涉案民事诉讼的正常进行，导致受侵害当事人的合法民事权益得不到及时保护。本案中，讼争银行卡账户存款被人盗取涉及盗取存款人涉嫌刑事诈骗和谢天钟与长乐农行之间储蓄存款合同纠纷，属于因同一法律事实同时涉及刑事法律关系和民事法律关系的刑民交叉。但在犯罪分子盗刷银行卡这一刑事法律关系发生之前，持卡人与银行之间的储蓄存款合同关系早已存在。现谢天钟系基于双方间的储蓄存款合同关系来主张权利，故本案无须以所涉银行卡诈骗案的审理结果为依据，且所涉银行卡诈骗案件将来如果能够侦破并查明犯罪嫌疑人盗取存款的犯罪事实，对本案的处理也不会产生实质性影响，故本案不应适用“先刑后民”原则。

当储户与银行建立储蓄存款合同关系后，储户所存入的账户存款，即成为银行经营金融业务的运作资金，银行有权支配和利用该存款资金，该存款资金的所有权因此发生了转移，故银行卡诈骗犯罪直接侵害的对象是银行的金融资金，并不是储户的个人财产，银行不能以自己被侵害的事实对抗储户的债权，因此长乐农行负有向谢天钟支付存款的义务。根据双方签订的储蓄存款合同，储户亦负有不将借记卡转借他人并保管好自己密码信息等义务。本案根据已查明的事实，谢天钟在开户后已多次违反上述义务，因此，谢天钟对其损失应负有20%的责任。

最后，提醒广大储户注意保护自身信息和密码，以免“卡在钱失”的事件再次发生。

编写人：福建省长乐市人民法院　蔡宏佺

29

银行卡被盗刷，银行担责

——段生全诉中国工商银行股份有限公司固始支行储蓄存款合同案

【案件基本信息】

1. 裁判书字号

河南省信阳市中级人民法院（2016）豫15民终2005号民事判决书

2. 案由：储蓄存款合同纠纷

3. 当事人

原告（被上诉人）：段生全

被告（上诉人）：中国工商银行股份有限公司固始支行（以下简称工商行固始支行）

【基本案情】

原告段生全在被告工商行固始支行处办理了借记卡一张，卡号尾号为8650。截至2015年7月9日原告卡上尚有存款47937.85元。从2015年7月17日至2015年7月19日，案涉借记卡发生15笔交易，通过中间业务后台方式、POS机交易、网上银行方式将原告卡上存款转走共计26454元。2015年7月27日原告持卡到被告处办理业务时，发现存款被盗取，并就上述交易以案涉银行卡被盗刷为由向固始县公安局刑警队报案，2015年8月24日固始县公安局作出（2015）3802号立案决定书，到庭审时止，案件尚未侦破。2016年2月2日，被告通过第三方支付平台追回了5000元。现原、被告双方对于被盗刷的现金赔付协商未果，遂诉讼。

原告段生全认为，原告长期在被告处存款，卡号尾号为8650。2015年7月17日至19日，被他人盗取15次，共盗取金额26454元（2016年2月返回5000元，实际盗取21454元）。后原告取款时发现存款被盗取，原告找到被告反映，被告讲给原告查，但至今未果。为此，诉至法院要求被告赔偿原告存款共计21454元并按照同期银行贷款利息付息，诉讼费用由被告承担。被告则认为，原告段生全存款被盗刷属实。原告段生全的卡被盗刷 26454 元，我方曾追回 5000 元，是原告对自己的银行卡保管不善造成的，我方不应当承担责任。

【案件焦点】

1. 银行卡被盗刷，银行是否担责；2. 银行卡被盗刷，举证责任如何分配。

【法院裁判要旨】

河南省固始县人民法院经审理认为：当事人对自己提出的主张，应提供证据予以证明。被告辩称原告的存款是第三方支付平台转走的，没有通过被告处银行网点转账，从而该责任应由原告自行承担。由于上述事实仅是开户银行工商行固始支行的推测，且未提供证据证明，不予采信。根据《电子银行业务管理办法》第四十条的规定："金融机构应采取适当的措施和采用适当的技术，识别与验证使用电子银行服务客户的真实、有效身份，并应依照与客户签订的有关协议对客户作业权限、资金转移或交易限额等实施有效管理。"以及该办法第八十九条第一款的规定："金融机构在提供电子银行服务时，因电子银行系统存在安全隐患、金融机构内部违规操作和其他非客户原因等造成损失的，金融机构应当承担相应责任。"在本案中，段生全与开户银行工商行固始支行之间存在合法有效的储蓄存款合同关系，开户银行负有保证段生全银行账户（银行卡）内存款安全的义务，段生全在开户银行违约时依法具有起诉要求赔偿的权利。由于开户银行作为收单银行其服务识别系统无法识别通过段生全银行卡账户非法刷卡消费支出的伪造卡，造成段生全银行卡账户内存款损失，其民事责任应由开户银行承担，故本院认为开户银行履约存在过错，应当向原告作出赔偿。被告应赔偿原告存款 21454 元，并从 2015 年 7 月 17 日起按照本金 21454 元支付中国人民银行公布的同期活期存款计息。

河南省固始县人民法院依照《中华人民共和国合同法》第四十四条、第六十条第一款、第一百零七条、第一百一十三条，《电子银行业务管理办法》第四十条、第八十九条的规定，作出如下判决：

被告中国工商银行股份有限公司固始支行应于本判决生效之日起十日内赔偿原告段生全存款本金 21454 元，并从 2015 年 7 月 17 日起按照本金 21454 元以中国人民银行公布的同期活期存款利率计息至实际还款日为止。

被告如未按判决书指定的期间履行给付金钱义务，依照《中华人民共和国民事诉讼法》第二百五十三条之规定，应加倍支付迟延履行期间的债务利息。

被告不服，提起上诉，二审法院同意一审法院的裁判意见，作出如下判决：

驳回上诉，维持原判。

【法官后语】

在确定责任前，应明确一下法律关系。储户与银行的关系，双方是储蓄合同关系。因为储蓄合同关系在合同上没有明确的规定，所以在合同法分则或其他法律没有明文规定的合同，适用合同法总则的规定，并可以参照合同法分则或其他法律最新类似的规定。

银行有无过错要看其是否履行了合同法规定的相应义务。即为客户提供一个安全的交易环境，包括银行网络系统的安全保障、ATM机及银行交易场所的安全维护、对持卡人的身份信息识别。银行网络并非万能。一旦发生银行卡盗刷案件，银行习惯性认为自己的网络绝对没有问题，而把原因归咎于储户的疏忽大意、不小心、错误点击非法链接等。银行的这种“绝对安全”思维，致他们对出现银行卡盗刷的事情采取回避或不予理睬的态度，法院在判例中也倾向于将银行在储户取款审核上是否有过错作为其是否担责的依据。在银行卡案件中，适用的是“谁主张，谁举证”。从专业角度出发，银行作为专业的金融机构和发卡人，无论财力、人力抑或信息资源的占有，均处于绝对优势，并且银行的交易系统带有很强的专业性和技术性，在举证责任的分配上应强于储户。所以作为被告的银行需要证明储户银行卡被盗刷是因为原告未能妥善保管其银行卡或错误操作卡号密码和身份信息，进而信息泄露致卡被盗刷的情况（这里的情形很多，如储户轻信他人陈述、不当提供短信验证码、轻易点击一些钓鱼网站或木马病毒的链接、不及时更换软件系统和防止毒软件等）。而作为储户的原告证明的标准则弱于银行，他只需证明自己与银行之间存在有效的储蓄合同关系（拥有被告所发的银行卡），且储户持现有的银行卡向银行提取钱款遭到拒绝（原因是储户持有他的身份证、银行所发的银行卡、打印交易清单证明账户资金被盗取的事实等）。这种做法一方面会让银行、持卡人之间对证据的分配与其地位相适应，另一方面更能促进银行提高安全技术手段、加强注意义务，从源头上去防止此类案件的发生。

编写人：河南省固始县人民法院　裴国刚　吴未未

30

伪卡交易的储户损失银行主张免责，应当承担证明责任

——孟凡如诉中国农业银行股份有限公司无锡东北塘支行储蓄合同案

【案件基本信息】

1. 裁判书字号

江苏省无锡市锡山区人民法院（2017）苏0205民初261号民事判决书

2. 案由：储蓄合同纠纷

3. 当事人

原告：孟凡如

被告：中国农业银行股份有限公司无锡东北塘支行（以下简称农业银行东北塘支行）

【基本案情】

孟凡如在农业银行东北塘支行办理了卡号尾号为6416的借记卡，与农业银行东北塘支行存在储蓄存款合同关系。2016年7月7日1时10分许，编号为151211的ATM机进行了转账、取款共计38800元的操作，并因此产生手续费109元。编号为151211的ATM机位于山东省境内。2016年7月7日凌晨3时43分，孟凡如向吉安县公安局报案称，案涉借记卡于当日凌晨1时许被盗刷。案涉借记卡一直由其随身携带，经常使用，他人会向该卡汇运费，其也使用该卡取款或者消费。该卡密码仅有其与妻子知晓。该案目前尚未侦破。2016年7月7日9时10分，孟凡如在中国农业银行吉安龙湖支行无卡存款100元；同日9时23分，孟凡如持卡在中国农业银行吉安龙湖支行柜台办理了取款100元的业务。

【案件焦点】

1. 案涉银行账户被伪卡取款成功的事实是否足以认定；2. 储户泄露密码导致伪卡提款成功的事实应当由谁承担举证证明责任。

【法院裁判要旨】

江苏省无锡市锡山区人民法院经审理认为：农业银行东北塘支行作为储蓄存款合同的相对方，负有按照孟凡如之指示，将存款交付孟凡如之义务，同时负有保证借记卡内资金安全的义务。孟凡如作为借记卡储户，在其得知所持银行借记卡于异地发生非正常交易后，已于第一时间向公安机关报案，尽到了基本的谨慎注意义务。他人能够使用借记卡伪卡通过银行交易系统进行交易，说明农业银行东北塘支行制发的借记卡以及交易系统存在技术缺陷，农业银行东北塘支行违反了保障借记卡内资金安全的合同义务，故对于孟凡如借记卡账户内产生的损失应当承担违约赔偿责任。

关于案涉银行账户被伪卡取款成功的事实是否可以认定的问题。法院认为，考虑到取款行为发生于2016年7月7日凌晨1时许，取款地点位于山东省境内，而孟凡如于2016年7月7日凌晨3时即在江西省吉安县公安局报案并做笔录，清晨9点即使用案涉借记卡在江西省吉安县取款，根据常理推断，孟凡如无法在凌晨1时至凌晨3时43分的短时间内从山东省到达江西省，而孟凡如于2016年7月7日的取款行为可以证明案涉银行卡由其随身携带。因此，2016年7月7日凌晨1时的取款行为并非孟凡如操作，且取款人使用的是伪卡。

关于储户泄露密码导致伪卡提款成功的事实应当由谁承担举证证明责任的问题。首先，因本案涉及的刑事案件尚未侦破，犯罪嫌疑人是通过何种方式对案涉争借记卡进行复制做成伪卡，并如何获得交易密码进行交易的具体情节并未查明；其次，基于孟凡如作为普通储户相较于银行的弱势地位以及相关金融、技术信息不对称等因素，根据公平和诚实信用原则，应由举证能力更强的银行对其已尽交易安全保障义务并且对孟凡如存在违约使用案涉借记卡的法律事实承担举证责任；最后，不能排除在目前的科学技术手段下不通过交易密码亦能进行本案非正常交易的可能性，亦不能排除整个借记卡交易系统存在密码泄露或者被破译的可能性。现农业银行东北塘支行未能完成举证义务，应当承担由此带来的不利法律后果。

江苏省无锡市锡山区人民法院依照《中华人民共和国合同法》第六十条、《中华人民共和国商业银行法》第六条、《中华人民共和国民事诉讼法》第一百四十二条之规定，作出如下判决：

中国农业银行股份有限公司无锡东北塘支行于本判决生效日后十日内向孟凡如支付38909元。

【法官后语】

我国对于结果意义上的举证责任采纳了大陆法系学者罗森贝克提出的法律要件分类说中的规范说，认为民事实体法规范本身已经具备举证责任分配的原则，个案待证事实真伪不明时，举证责任的分配应当从实体法律规范要件分类出发，在对实体法律规范结构分析的基础上，根据法律规范的语义和构造分析法律规范的原则、例外，以此分配举证责任。

本案中，法官通过对比发生提款交易的时间、地点以及权利人报案及自行操作交易的时间地点，根据时空常识，得出非储户的案外人通过使用伪造借记卡在银行的提款机上顺利交易成功这一事实。显然，作为储蓄交易相对方银行，其为了推广业务，发展并广泛应用了借记卡等交易媒介，理应对该种交易媒介的安全性承担应有的保障义务，且事关广大储户的核心利益与储蓄合同的交易安全，该种交易方式的安全等级应当经得起检验，相应技术保障也应当根据科学进步同步推进。因此，当非储蓄合同相对方的其他人通过使用伪造的银行卡进行交易时，金融机构应当进行有效甄别，并阻止交易进一步达成。如果非合同相对方使用伪造银行卡仍能够开展交易，则应当推定金融机构未依法依约提供安全的资金储存、交易条件，违反了合同善意审慎履行原则，由此造成的储户损失应当由金融机构全额承担。由于合同责任为无过错责任，一旦因合同当事人违反法律规定及合同约定导致合同另一方当事人损失的，应当由违约方承担无过错责任。因此，当交易条件不符合的情况下，金融机构仍继续交易导致储户损失的，应当由金融机构对其主张的免责事由承担举证证明责任。如果金融机构无法举证证明该事实成立的，应当承担于己不利的法律后果。

此外，从裁判的价值指引角度考虑，银行卡作为货币电子化交易的承载方式，虽然方便了银行与储户各自履行合同的交易行为，但同时也对电子化交易风险防范提出了更高的要求。如果商业银行不提高对伪卡的识别功能，即使储户严格遵守了对密码的保护义务，犯罪分子仍有可能通过其他技术手段对密码进行破译，故“密码输入正确”无法推导出“密码泄露”之事实。商业银行为履行合同义务，理应具备识别任何可能导致储户账号内的资金被不当提取的交易风险的能力，以确保合同可以正当安全可持续地履行。

编写人：江苏省无锡市锡山区人民法院　陆凌云

七、租赁合同

31

租赁合同终止后，出租人的减损义务

——厦门海沧生物科技发展有限公司诉厦门石方圆生物医药科技有限公司房屋租赁合同纠纷案

【案件基本信息】

1. 裁判书字号

福建省厦门市海沧区人民法院（2016）闽0205民初2863号民事判决书

2. 案由：房屋租赁合同纠纷

3. 当事人

原告：厦门海沧生物科技发展有限公司（以下简称海沧生物公司）

被告：厦门石方圆生物医药科技有限公司（以下简称石方圆公司）

【基本案情】

石方圆公司（承租方）与海沧生物公司（出租方）于2013年3月27日签订《租赁合同》及《厦门生物医药中试及产业化基地水电计算方案》，约定：1. 租赁标的物位于厦门市海沧区新园路120号技术服务中心6层01单元（以下简称租赁厂房），建筑面积264.91m²，租赁期限为3年，从2013年4月10日起至2016年4月9日止。2. 租金自2015年4月10日至2016年4月9日为26元/月/m²。3. 租金按每三个月为一个缴费季度支付，先付后用，承租方应于每季度末7日或该日以前支付下季度租金。逾期缴纳租金的，每逾期一日按欠缴费用总额的万分之三支付违约金。4. 租赁物每月所发生的水电费依据双方签订的《厦门生物医药中试及产业化基地水电计算方案》由承租方承担。出租方每月向承租方发送《水费缴纳通知单》和《电费缴纳通知单》，承租方应在接到出租方通知单3日内向出租方缴纳。5. 租赁期满，该合同终止，承租方应将租赁物清扫干净，办理清场手续，在承租期满15日内将租赁物交还出租方，如承租方未能将物品搬出，将视为承租方放弃滞留的财产，出租方有权在承租方交还租赁物之日起5日内，申请拍卖滞留的财产用于抵偿承租方应支付的各项费用。6. 租赁期届满，承租方未按时返还租赁物的，出租方按该合同所定收费标准，继续收取租金及逾期违约金。此外，该《租赁合同》还约定双方的其他权利义务等。

《租赁合同》签订后，海沧生物公司依约向石方圆公司交付了租赁厂房，但石方圆公司未能依约支付自2015年7月10日起的租金，也未办理退租清场手续。海沧生物公司因此于2016年6月3日委托福建大道之行律师事务所向石方圆公司寄送律师函，要求石方圆公司接到律师函后3日内支付拖欠租金2015年7月至2016年4月的租金61992元、2015年11月至2016年4月期间，水电费4634.07元等，并办理退租手续。

【案件焦点】

租赁合同终止后，出租人的减损义务。

【法院裁判要旨】

福建省厦门市海沧区人民法院经审理认为：关于占有使用费部分，根据《租赁合同》约定，石方圆公司未依约将租赁厂房清场的，遗留物视为放弃滞留的财产，海沧生物公司可予以处置。该约定赋予海沧生物公司在租赁期满后自行收回租赁物的条件或权利，然其未能及时采取相应措施，从而导致租赁物无端空置，造成资源浪费，故对损失扩大部分相应的占有使用费应由海沧生物公司自行负担。结合本案具体情况，酌定海沧生物公司自行清场的合理期间为六个月，则石方圆公司应向海沧生物公司支付相当于六个月租金的占有使用费，合计为41325.96元。

福建省厦门市海沧区人民法院依照《中华人民共和国合同法》第一百零七条、第一百一十九条，《中华人民共和国民事诉讼法》第一百四十四条之规定，判决如下：

一、厦门石方圆生物医药科技有限公司于本判决生效之日起十日内支付厦门海沧生物科技发展有限公司租金61988.94元及逾期付款违约金（均按日万分之三计算至判决确定支付之日止，其中：20662.98元从2015年7月4日起计算、20662.98元从2015年10月4日起计算、另20662.98元从2016年1月4日起计算）；

二、厦门石方圆生物医药科技有限公司于本判决生效之日起十日内支付厦门海沧生物科技发展有限公司代垫的水电费4385.3元；

三、厦门石方圆生物医药科技有限公司于本判决生效之日起十五日内腾退厦门市海沧区新阳街道新园路120号技术服务中心6层01单元；

四、厦门石方圆生物医药科技有限公司于本判决生效之日起十日内支付厦门海沧生物科技发展有限公司房屋占有使用费41325.96元；

五、驳回厦门海沧生物科技发展有限公司的其他诉讼请求。

【法官后语】

《中华人民共和国合同法》第一百一十九条规定了非违约方的减损义务，因未尽减损义务造成的损失扩大部分，不应由违约方承担。减轻损失规则对于减少财产的浪费，促进资源的有效利用是必要的。在租赁合同关系中，租赁期满后，承租方虽无权继续占用租赁物，但基于对承租方滞留物的所有权保护，出租方不宜，亦无权通过自力救济的方式擅自将承租方置于租赁房屋中的所有物品搬离或清空，出租方只有通过寻求公力救济，如诉请法院要求腾退租赁物并支付占有使用费。

但本案中，根据《租赁合同》约定，租赁期满后石方圆公司（承租方）应将租赁物清扫干净，办理清场手续交还租赁物，石方圆公司未依约将租赁厂房清场的，遗留物视为放弃滞留的财产，海沧生物公司（出租方）可予以处置。该条款赋予出租方在租赁期满后自行收回租赁物的条件或权利，然其未能及时采取相应措施，从而导致租赁物无端空置，造成资源浪费，由此产生的扩大损失理应由出租方自行承担。

值得一提的是，本案当事人约定了承租人的遗留物视为放弃的财产，故出租人在清场时可不必对之尽保管责任。倘若无此约定，出租方应尽一般善良人之注意义务妥善保管承租人的相关财物，但因此产生的保管费可向承租人主张。

编写人：福建省厦门市海沧区人民法院　陈进杰　张玲玲

32

租赁期内被征收房屋的权属

——龙泉市宝剑厂有限公司诉吴金美租赁合同案

【案件基本信息】

1. 裁判书字号

浙江省丽水市中级人民法院（2018）浙11民终374号民事判决书

2. 案由：房屋租赁合同纠纷

3. 当事人

原告（上诉人）：龙泉市宝剑厂有限公司（以下简称宝剑厂）

被告（被上诉人）：吴金美

【基本案情】

宝剑厂于2011年8月8日，与被告吴金美签订了《个人房屋租赁合同》，约定原告将位于环城东路×号的厂房一幢租赁给被告用于经营幼儿园，租赁期限为5年，自2012年8月1日起至2017年7月31日止。第一年租金为85000元，第二年起每年租金递增10%，租金一年一交，于每年9月20日前支付。租赁期间被告支付了前四年的房屋租金，2016年9月20日前本应支付第五年的租金，但被告一直没有支付。2016年下半年上述房屋一直由被告使用，直至2017年1月20日移交拆迁部门。因此，原告要求被告付原告2016年度半年的租金62224.25元及逾期付款利息损失（按中国人民银行同期贷款利率自2016年9月20日起计算至款项付清之日止）。

涉案×号厂房，原告已于2016年8月1日与政府签订了《房屋征收补偿协议书》，同年8月11日，政府向原告支付了50%的补偿费。原告与被告之间的租赁合同权利义务关系因案涉房屋被征收而于2016年8月1日终止。被告在2016年8月1日至2017年1月20日期间继续使用案涉房屋办学，是政府为了幼儿教学的平稳过渡，为了维护社会稳定，允许被告继续使用案涉房屋。被告吴金美认为，案涉房屋已于2016年8月1日被政府征收，原告已不是房屋的所有权人，无权向被告主张租金。

2011年8月8日，原告宝剑厂与被告吴金美签订了《个人房屋租赁合同》，合同约定：因国家政策需要拆除或改造已租赁的房屋而终止合同的，租金按照实际使用时间计算，不足整月的按天数计算，多退少补。

2016年8月1日，政府与原告签订了《房屋征收补偿协议书》，协议约定：环城东路×号的房屋由政府征收，征收房屋总价值4578553.25元，工业用房一次性停业停产损失75483元；协议生效后，政府在15个工作日内向原告支付房屋评估价值（4292574元）约50%的补偿费。协议同时约定：《房屋征收补偿协议书》附征收生效条件，区块土地房屋征收范围红线内的被征收人在签约生效截止时间内签约率达到90%，补偿协议生效，逾期未达到签约比例的，补偿协议不生效，该项目房屋征收决定效力终止。另查明，政府已于2016年8月11日向原告支付了补偿费2146287元。

2017年12月21日，浙江省龙泉市教育局出示证明，证实政府出于社会稳定大局考虑，两次召开协调会，会议最终确定为了不影响就读幼儿的教学，涉案房屋在2017年1月15日完成房屋腾空工作。

【案件焦点】

1. 本案的争议焦点：原告宝剑厂与政府签订的《房屋征收补偿协议书》是否已生效；2. 涉案房屋何时发生物权的转移。

【法院裁判要旨】

浙江省龙泉市人民法院经审理认为：原告宝剑厂与被告吴金美签订的《个人房屋租赁合同》系双方当事人的真实意思表示，未违反法律及行政法规的规定，属有效合同。2016年8月1日，原告宝剑厂与政府签订了《房屋征收补偿协议书》，同年8月11日，政府向原告宝剑厂支付了2146287元的补偿费。政府按协议约定在15个工作日内向原告宝剑厂支付房屋评估价值约50%补偿费的行为，证实《房屋征收补偿协议书》已于2016年8月1日生效并开始履行，涉案房屋已被征收。故按原、被告双方签订的《个人房屋租赁合同》约定“因国家政策需要拆除或改造已租赁的房屋而终止合同的，租金按照实际使用时间计算”，该合同已于2016年8

月 1 日因该房屋被征收而终止权利义务，租金应计算至 2016 年 7 月 31 日止。该房屋征收后延迟腾空是基于幼儿园教学工作的延续性以及政府对幼儿园教学工作的支持，被告能够继续在原址办学，已与原告无关。综上，原告主张被告支付租金 62224.25 元的诉讼请求，不予支持。故，判决如下：

驳回原告宝剑厂全部的诉讼请求。

宣判后，宝剑厂提出上诉，称政府与宝剑厂签订的《房屋征收补偿协议书》系附生效条件合同，协议签订但并没有生效，且案涉房屋并未交付给政府部门，协议未实际履行，房屋的权属未发生变化，所有权仍然归属于宝剑厂。

浙江省丽水市中级人民法院经审理认为：综合全案证据及当事人的庭审陈述，案涉房屋在签订《房屋征收补偿协议书》之前，政府已作出征收决定并进行了公告，征收决定已经生效，上诉人宝剑厂与被上诉人吴金美签订的《个人房屋租赁合同》随即终止。虽然《房屋征收补偿协议书》约定了生效条件，但该生效条件是对《房屋征收补偿协议书》自身效力与否的约定，且政府已按该协议的约定于 2016 年 8 月 11 日向上诉人宝剑厂支付了约 50% 的补偿费，根据协议双方实际履行的情况来看，原审法院认定《房屋征收补偿协议书》已于 2016 年 8 月 1 日生效，并无不妥。另外，案涉房屋被征收时，上诉人已将厂房出租给被上诉人使用，该房屋性质以租赁为主要用途，根据《房屋征收补偿协议书》约定，政府给予上诉人工业用房一次性停业停产损失 75483 元，上诉人被征收的厂房，已获得政府相应的停产停业补偿，上诉人再向被上诉人主张案涉房屋的租金，无事实和法律依据。故，判决如下：

驳回上诉，维持原判。

【法官后语】

一、关于原告宝剑厂与政府签订的《房屋征收补偿协议书》是否已生效

该协议已于 2016 年 8 月 1 日生效。理由如下：第一，《中华人民共和国合同法》第四十五条第一款规定："当事人对合同的效力可以约定附条件。附生效条件的合同，自条件成就时生效。附解除条件的合同，自条件成就时失效。"条件是指当事人以将来客观上不确定的事实的成就或者不成就，决定民事行为的效力发生或者消灭的附款。附条件的合同即当事人以自己所设定的条件作为控制合同效力发生或者消灭的附款，与条件的界定相对应，附条件的民事行为是指在民事行为中以条

件的成就与否作为民事权利义务发生或消灭的附款。具体到本案，政府与被征收人，包括本案原告签订的《房屋征收补偿协议书》，协议中约定："协议附征收生效条件，区块土地房屋征收范围红线内的被征收人在签约生效截止时间内签约率达到90%，补偿协议生效，逾期未达到签约比例的，补偿协议不生效，该项目房屋征收决定效力终止。"该《房屋征收补偿协议书》作为政府与所有被征收人签订的一种合同文本，所附的生效条件，是为防止征收工作失败的一种约定，即在签约生效截止时间内，签约率未达到90%，整个房屋征收效力即终止，政府对该区块的征收工作将不再进行。而不是具体对单个补偿协议进行的约定。第二，补偿协议的性质是为维护公共权益、保障被征收房屋所有权人在房屋被征收后的合法权益，而由征收方与被征收方就房屋具体的补偿方式、价值、损失、搬迁、临时安置等内容进行的约定。本案中《房屋征收补偿协议书》明确约定，"协议生效后，政府在15个工作日内向原告支付房屋评估价值（4292574元）约50%的补偿费"。后政府按约定于2016年8月11日向原告宝剑厂支付了涉案房屋约50%的补偿费，政府支付补偿费的行为，表明协议已于签订当日2016年8月1日生效并开始履行协议约定款项。

二、涉案房屋何时发生物权转移

涉案房屋在合同签订时已发生物权变动。《中华人民共和国物权法》第二十八条第二款规定："因人民法院、仲裁委员会的法律文书或者人民政府的征收决定等，导致物权设立、变更、转让或者消灭的，自法律文书或者人民政府的征收决定等生效时发生效力。"因人民政府征收决定而发生的物权变动属于非基于法律行为发生的物权变动，在人民政府征收决定生效时，物权就发生了变动，这是法律的特别规定，无须登记，与通常情况下的物权变动不同。但法律并未明确征收决定的生效时间，而征收决定生效时间的确定，对于明确物的归属、发挥物的效用、维护权利人合法权益具有重要意义。为此，下文拟将通过对征收性质的探究进而分析征收决定在公告时生效。

1. 征收行为属于行政行为

关于征收行为的性质，有观点认为，征收属于行政行为；有观点认为，征收属于民事行为；有观点认为，从财产权的变动原因看，征收是行政行为，从财产权的变动结果看，征收又具有民事行为的属性，征收关系是公法与私法交融的关系。对此，全国人大法工委认为，征收是政府行使行政权的行为，政府与被征收人之间是行政关系，而非民事关系。《中华人民共和国物权法》之所以从民事角度对征收作出原则性规定，是因为征收是所有权丧失的一种方式，也是国家取得所有权的一种方式。此外，根据《中华人民共和国物权法》《中华人民共和国土地管理法》和《国有土地上房屋征收与补偿条例》的规定，征收的主体是行政机关，且限于县级以上人民政府；征收的权限是法定的，需经有批准权的政府进行批准，方能作出征收决定；征收需遵循严格的法定程序，而这种程序是行政行为特有的；征收的效力是由法律直接规定的，这是公法上的行为导致的物权变动而非基于民事法律行为发生的物权变动；违反征收相关规定的法律责任主要是行政责任。这些都表明，无论是征收还是补偿，都属于行政行为，政府与相对人之间是行政法律关系。

2. 政府征收决定在公告时生效

根据《中华人民共和国土地管理法》和《房屋征收与补偿条例》的规定："人民政府征收方案经批准后或作出征收决定后，应当在规定的期限内进行公告。"《征收土地公告办法》第十四条第一款规定："未依法进行征收土地公告的，被征地农村集体经济组织、农村村民或者其他权利人有权依法要求公告，有权拒绝办理征地补偿登记手续。"征收作为一种直接改变特定被征收人权利义务关系的具体行政行为，公告是征收这一具体行政行为的法定告知方式，目的在于使被征土地单位和个人知道自己的土地被征用等情况。公告作出之后，就视为相对人了解了被征收等情况，自此征收行为发生法律效力，未进行公告，征收决定不能生效。在实践中，政府发布的征收公告中一般都会载明征收实施日期，即开始实施征收的时间，一般是征收公告之日。除此之外，公告还可以起到公示的作用，虽然非基于法律行为发生的物权变动无须公示，但这并不妨碍公告本身具有的公示作用。

综上，人民政府征收决定在公告时生效。《中华人民共和国物权法》第二十八条对征收所作的规定是为了更好地明确物的归属，定分止争，维护权利人的合法权益。征收决定在征收公告之时生效，人民政府发布公告后，物权就发生了变动，政府应当及时作出合理补偿。具体到本案，案涉房屋在签订该协议之前，政府已作出征收决定并进行了公告，该征收决定已经生效，后政府与原告就涉案×号厂房签订了《房屋征收补偿协议书》，此时，涉案房屋的权属当然已经发生了变动，政府同意被告继续在原址办学，是对房屋使用权的处置，已与原告宝剑厂无关。

编写人：浙江省龙泉市人民法院　吴娟

33

租赁物所有权变动不影响租赁合同的效力

——济阳县经济和信息化局诉滕丕焕、郝慎华租赁合同案

【案件基本信息】

1. 裁判书字号

山东省济南市济阳县人民法院（2016）鲁0125民初53号民事判决书

2. 案由：租赁合同纠纷

3. 当事人

原告：济阳县经济和信息化局

被告：滕丕焕、郝慎华

第三人：山东济阳机械厂股份有限公司（以下简称山东济阳机械厂）

【基本案情】

2014年7月22日，山东济阳机械厂（甲方）与滕丕焕、郝慎华（乙方）签订租赁协议约定：一、甲方将其所有的位于济阳县经二路××号机械厂办公楼、厂区出租给乙方，乙方可对外转租；二、乙方对外转租的，必须书面通知甲方，转租协议正本甲方应持有一份；三、乙方出租租金收入与甲方按照各占有50%的比例分配。该租金由乙方收取后向甲方即时支付，逾期三日视为违约，逾期七日甲方有权解除合同；四、在以下情况下协议终止：乙方违约、政府行为、拆迁、不可抗力等，乙方对解除行为不得提出异议及任何经济补偿要求。

后山东济阳机械厂经济阳县人民政府同意实施企业改制。原机械厂老厂区土地和地上附属物等资产由县土地收储中心收回，所有权变更为济阳县人民政府，由济阳县经济和信息化局管理。

2015年5月11日，济阳县经济和信息化局以滕丕焕、郝慎华对外出租没有书面通知机械厂，且该协议书没有约定具体期限和明确租金显失公平为由向滕丕焕、

郝慎华送达解除协议通知书。但滕丕焕、郝慎华认为，该通知书不符合法律规定，租赁协议并未解除。于是济阳县经济和信息化局诉至法院要求判令滕丕焕、郝慎华将济阳县经二路××号原机械厂老厂区全部资产交付济阳县经济和信息化局管理。

本院经开庭审理查明，滕丕焕、郝慎华已经将转租合同交付给机械厂，并且机械厂同意滕丕焕、郝慎华的转租行为。

【案件焦点】

1. 滕丕焕、郝慎华与山东济阳机械厂签订的协议书是否已经解除；2. 滕丕焕、郝慎华是否应当将济阳县经二路××号原机械厂老厂区全部资产交付给济阳县经济和信息化局。

【法院裁判要旨】

山东省济南市济阳县人民法院经审理认为：根据山东济阳机械厂与两被告签订的协议书，山东济阳机械厂是同意两被告继续对外转租的。虽然根据该协议书第二条的约定，两被告对外转租的，必须书面通知机械厂。但两被告将转租合同交付机械厂的行为，应当认定为两被告已经将转租事项告知了机械厂。《中华人民共和国合同法》第二百二十四条第二款规定的是承租人未经出租人同意转租的，出租人可以解除合同。但在本案审理过程中，机械厂明确表示同意两被告的转租行为。因此，原告以两被告对外转租没有书面通知机械厂，没有得到机械厂的认可为由，通知两被告解除其与山东济阳机械厂于2014年7月22日签订的协议书不符合法律规定，其解除理由不能成立。关于原告经信局作出的协议书解除通知中所称的“该协议书没有约定具体期限和明确的租金，致使出租方合法利益无法得到保障，显失公平”的陈述，根据《中华人民共和国合同法》第二百三十二条的规定，当事人对租赁期限没有约定或者约定不明确，依照本法第六十一条的规定仍不能确定的，视为不定期租赁。当事人可以随时解除合同，但出租人解除合同应当在合理期限之前通知承租人。因经信局并未在合理期限前通知两被告，其解除协议书的行为亦不符合法律规定。关于租金问题，两被告在与山东济阳机械厂签订的协议书中已经有明确的约定，即乙方出租租金收入与甲方按照各占有50%的比例分配。因此，经信局于2015年作出协议书解除通知的行为无效，两被告与山东济阳机械厂于2014年7月22日签订的协议书并未解除。

两被告与山东济阳机械厂于2014年7月22日签订的协议书并未解除。根据原告提供的相关证据，本院认定，济阳县土地收储中心是涉案地上附属物的所有者，济阳县财政局是涉案地上附属物的管理者，济阳县财政局已将涉案地上附属物的管理权交付给经信局，因此，经信局是涉案地上附属物的管理者。根据《中华人民共和国合同法》第二百二十九条的规定，租赁物在租赁期间发生所有权变动的，不影响租赁合同的效力。在两被告与山东济阳机械厂签订的协议书并未解除的情况下，经信局应当与两被告继续履行该协议书。因此，原告经信局要求两被告立即将济阳县经二路××号原机械厂老厂区全部资产交付原告管理的诉讼请求没有法律依据，不予支持。

山东省济南市济阳县人民法院依照《中华人民共和国合同法》第八条、第四十四条、第六十条、第一百零七条、第二百二十九条、第二百三十二条，《中华人民共和国民事诉讼法》第六十四条，《最高人民法院关于适用〈中华人民共和国民事诉讼法〉的解释》第九十条之规定，判决如下：

驳回原告济阳县经济和信息化局的诉讼请求。

【法官后语】

《中华人民共和国合同法》第二百二十九条规定，租赁物在租赁期间发生所有权变动的，不影响租赁合同的效力。该条是法理学上“买卖不破租赁原则”的法律规定。事实上，上述法条规定的“所有权变动”不仅指因买卖引起的所有权变动，还当然包括因赠与、继承、互易、合伙投资以及政府行为引起的所有权变动。

具体到本案，济阳县经济和信息化局以滕丕焕和郝慎华对外转租未向其书面告知且租赁合同未约定租赁期限和租金数额为由，主张其享有对该租赁合同的解除权。但其上述解除合同的理由并不成立，原因在法院裁判要旨部分已有详细阐述，在此不再赘述。此外，双方在租赁合同中虽有关于遇政府行为济阳县经济和信息化局享有解除权，滕丕焕和郝慎华不得有任何异议的约定，但济阳县经济和信息化局并未依法行使该项解除权。因此，双方签订的租赁合同并未解除。济阳县经二路××号原机械厂厂区及办公楼虽然因政府行为所有权发生变动，但并不影响先前其上设立之承租权的有效设立和行使。

编写人：山东省济南市济阳县人民法院　石华

34

租赁合同解除后，地上附着物如何补偿

——防城港市中钢仓储有限公司诉广西象州县恒泰矿业有限公司租赁合同案

【案件基本信息】

1. 裁判书字号

广西壮族自治区防城港市中级人民法院（2017）桂06民终897号民事判决书

2. 案由：租赁合同纠纷案

3. 当事人

原告（上诉人）：防城港市中钢仓储有限公司（以下简称中钢公司）

被告（被上诉人）：广西象州县恒泰矿业有限公司（以下简称恒泰公司）

【基本案情】

1996年11月30日，原告（乙方）与发智公司（甲方）签订《国有土地使用权出租协议》，约定甲方将其位于防城港市港口区深港大道吹沙地78930.087平方米的土地使用权（防港国用证字第0116号）出租给乙方做仓储用地，租期为25年，由乙方自筹资金兴建仓储设施，投资建设为三年，1999年11月30日起开始交租金，每年租金为120万元（分三期支付，每期支付40万元）。2002年9月24日，发智公司因清偿到期债务，与恒泰公司签订《抵押土地使用权转让合同》，把出租给原告土地中的63818.79平方米土地转让给被告，被告成为原告所租用土地的新业主。后被告以原告未支付租金为由向法院起诉请求解除与原告的租赁合同，一审法院判决原告支付土地租金给被告，并解除双方的租赁合同。原告不服一审判决，向二审法院提起诉讼。二审法院维持原判。被告向法院申请执行，执行过程中，原告以被告需折价补偿地上附着物150万元及利息为由诉至一审法院。后被告不服一审判决上诉，经评估机构对租赁场地上附着物进行重新评估后，二审法院变更一审判决为：被告折价补偿原告租赁场地上附着物款6629620元及利息。被告申请再审，广西高院裁定该案发回重审。

【案件焦点】

1. 恒泰公司是否应对中钢公司建造的地上附着物进行补偿；2. 如何认定中钢公司的一审诉讼请求范围；3. 如何确定租赁地上附着物价值。

【法院裁判要旨】

广西壮族自治区防城港市港口区人民法院经审理认为：原告请求被告补偿其地上附着物的价值，应参照《最高人民法院关于审理城镇房屋租赁合同纠纷案件具体应用法律若干问题的解释》（以下简称《房屋租赁解释》）第十一条第（二）项的规定。关于涉案地上附着物残值计算，因原告主张鉴定基准日应为2007年但又拒绝鉴定，应承担举证不能的后果，故判决如下：

驳回原告防城港市中钢仓储有限公司的诉讼请求。

广西壮族自治区防城港市中级人民法院经审理认为，土地租赁与房屋租赁存在重大区别，土地承租人可以根据生产用途的不同而在场地上兴建不同的建造物、添附物，投入资金相对较大，土地因建造、添附的附着物而具备使用价值；房屋租赁主要是承租人根据生活需要对租赁房屋所作的装饰，是对房屋小范围的添附，投入资金相对较小，添附价值一般比房屋价值要小得多，房屋是主物，装饰是从物不能独立于房屋而存在。原告根据该块场地的仓储用途性质，采取填土、浇筑水泥地台、建造围墙、大门、后门、二层办公楼、供水系统（总水阀及消防管道）、双线铁路及分岔设备、排水工程量、部分电缆的方式，将荒地变为仓储用地，地上附着物已变为仓储主物，而不是仓储从物，不以附合于其他物为前提，其从兴建完工之日起便变为独立的主物，本案土地租赁合同完全不能等同于房屋租赁合同，不能适用规制房屋租赁关系的法律规定调整土地租赁合同。本案应适用《最高人民法院关于贯彻执行〈中华人民共和国民法通则〉若干问题的意见（试行）》第八十六条之规定进行调整，一审法院适用《房屋租赁解释》第十一条第（二）项之规定，属于适用法律错误。

广西壮族自治区防城港市中级人民法院依照《最高人民法院关于贯彻执行〈中华人民共和国民法通则〉若干问题的意见（试行）第八十六条、《中华人民共和国民事诉讼法》第一百七十条第一款第（二）项的规定，判决如下：

一、撤销防城港市港口区人民法院（2015）港民初字第1925号民事判决；

二、被上诉人广西象州县恒泰矿业有限公司折价补偿上诉人防城港市中钢仓储有限公司位于防城港市港口区疏港大道吹沙地63818.79平方米的土地使用权项下地上附着物款5922140.21元及利息。

【法官后语】

随着农村城镇化建设步伐的加快，许许多多的各类民事主体来到城市周边的农村土地租地建厂办企业的现象十分普遍。当双方当事人的土地租赁合同解除后，承租方在租赁的土地上投资兴建的建筑物、附着物如何处置，法律不作明确的规定，而参照房屋租赁合同的相关法律规定进行处理又频发很多申诉、信访案件。防城港市中院本着具体问题具体分析的办案方法，综合权衡各方利益作出判决，既使出租方及时收回土地进行再生产，又能使承租方收回投资成本，达到案结事了的办案目的。

土地租赁合同解除后，对于地上附着物的归属应该按照双方约定或协商处理。根据《最高人民法院关于贯彻执行〈中华人民共和国民法通则〉若干问题的意见（试行）》第八十六条规定，非产权人在使用他人的财产上增添附属物，财产所有人同意增添，并就财产返还时附属物如何处理有约定的，按约定处理，没有约定又协商不成，能够拆除的，可以责令拆除；不能拆除的，也可以折价归财产所有人。本案的土地租赁合同完全不能等同于房屋租赁合同，不能适用规制房屋租赁关系的法律规定调整土地租赁合同。关于如何确定租赁地上附着物的价值。二审法院在审判过程中已委托评估公司对租赁地上附着物进行重新评估，依据评估报告，扣除铁道、变压器的价值后，中钢公司地上附着物的总价值为6629620元。扣除中钢公司尚欠恒泰公司的租金707479.79元，恒泰公司实应补偿给中钢公司的地上附着物价款为5922140.21元。

编写人：广西壮族自治区防城港市中级人民法院　蒙志相

八、承揽合同

35

承揽合同与建设工程合同的区分

——平利县精诚装饰工程有限公司诉平利县福纳沃种养殖专业合作社等承揽合同案

【案件基本信息】

1. 裁判书字号

陕西省安康市平利县人民法院（2017）陕0926民初700号民事判决书

2. 案由：承揽合同纠纷

3. 当事人

原告：平利县精诚装饰工程有限公司（以下简称精诚公司）

被告：平利县福纳沃种养殖专业合作社（以下简称福纳沃合作社）

【基本案情】

2016年12月26日，原告精诚公司与被告福纳沃合作社签订《工程承包合同》，原告承包被告福纳沃合作社位于平利县老县镇马鞍山生态农业观光园温室大棚基础土建工程，合同对工程概况、承包及计价、付款方式、工期、质量要求等做了约定。2017年7月2日，原告与被告福纳沃合作社对工程量进行了确认。2017年7月13日，原告与被告福纳沃合作社签订工程决算协议，经结算被告福纳沃合作社应给付原告工程款310000元，协议约定被告福纳沃合作社分三期给付原告工程款（2017年8月1日给付100000元，2017年9月1日给付110000元，2017年

11 月 1 日给付 100000 元），决算协议签订后，被告福纳沃合作社的法定代表人孙海艳给原告精诚公司的法定代表人王仁肖出具金额为 310000 元的工程款欠条一张。至今被告福纳沃合作社未给付原告工程款。原告要求二被告连带清偿原告欠款本金 310000 元及利息（利息自 2017 年 8 月 1 日起按年息 24% 计算至清偿之日止）。二被告称，原告并无建设工程资质，因此被告福纳沃合作社与原告签订的《工程承包合同》属无效合同。建设工程尚未竣工，也未进行验收，无效的建设工程合同在工程竣工验收合格前，原告作为承包人无权主张工程价款。工程确认单中约定的付款期限未全部届满，且原告主张 24% 的利息于法无据。被告孙海艳系被告福纳沃合作社的法定代表人，其行为是代表福纳沃合作社，而非个人，因此本案的被告应当是福纳沃合作社，而不是孙海艳。

【案件焦点】

1. 被告福纳沃合作社是否应当给付原告的工程欠款及利息；2. 被告孙海艳是否是本案的适格主体。

【法院裁判要旨】

陕西省安康市平利县人民法院经审理认为：原告精诚公司与被告福纳沃合作社之间的民事法律关系，是以基础开挖、基坑清理、垫层、钢筋制作安装、模板制作安装、混凝土浇筑、拆模、土方回填及测量放线等为主的施工合同，原告按照被告福纳沃合作社的设计、质量及安全要求，包工包料，自行负责工人食宿、材料购买和安全管理，向被告福纳沃合作社交付工程结果，被告福纳沃合作社向原告支付工程价款，《工程承包合同》符合承揽合同的特性，故本案案由确定为承揽合同纠纷。原告与被告福纳沃合作社签订《工程承包合同》《马鞍山生态农业观光园钢构基础工程量确认单》《马鞍山生态农业观光园钢构基础土建工程决算协议》是双方自愿协商的真实意思表示，且不存在合同无效的情形，依法认定合法有效。故对被告福纳沃合作社主张原告未取得建筑施工资质与其签订的承包合同应认定无效的抗辩理由，依法不予支持。被告福纳沃合作社与原告对工程量进行了确认，并签订工程款决算协议，协议约定的给付期限已届满，被告福纳沃合作社至今仍未履行给付义务，故被告福纳沃合作社应当按照协议向原告履行给付工程款 310000 元的合同义务，原告亦应按照合同约定给被告福纳沃合作社出具工程款税票的义务。被告福纳沃合作社主张工程质量存在问题，但未提供证据证实，故对被告福纳沃合作社的抗辩理由，依法不予支持。原告与被告福纳沃合作社签订《工程承包合同》未约定逾期付款的违约责任，双方也未签订补充协议。故原告主张工程欠款按24%的利率计算利息的诉讼请求，于法无据，法院不予支持。

依法登记设立的农民专业合作社具有法人资格，以其成员出资对外承担责任。法定代表人执行职务的行为是法人行为，由法人负责。被告孙海艳是被告福纳沃合作社的法定代表人，其向王仁肖出具工程款欠条属职务行为，且原告也未提供被告孙海艳承诺个人对工程欠款承担连带清偿责任的证据，故被告孙海艳不是本案适格主体。原告与被告福纳沃合作社签订的承揽合同，是当事人的真实意思表示，且不违反法律、法规的强制性规定，内容合法且有效，应受法律保护。被告福纳沃合作社应依约支付工程款，其不予支付的行为已构成违约，应承担违约责任。

陕西省安康市平利县人民法院依照《中华人民共和国民法总则》第六十条、第六十一条，《中华人民共和国合同法》第四十四条、第六十条、第一百零九条、第二百五十一条、第二百六十三条之规定，判决如下：

一、由被告平利县福纳沃种养殖专业合作社于本判决生效之日起十日内给付原告平利县精诚装饰工程有限公司工程款310000元；

二、由原告平利县精诚装饰工程有限公司于本判决生效之日起十日内开具310000元的工程税票给被告平利县福纳沃种养殖专业合作社；

三、驳回原告平利县精诚装饰工程有限公司对被告孙海艳的起诉；

四、驳回原告的其他诉讼请求。

【法官后语】

本案关键在于原、被告签订的《工程承包合同》的性质属于承揽合同还是建设工程合同，既关系到合同效力的认定以及法律的适用，又直接影响实体权利的处理。承揽合同和建设工程合同是建设市场常见的合同模式。二者都以完成一定工作并交付工作成果为给付内容。建设工程合同本质上属于承揽合同，区别在于给付工作内容不同，建设工程合同给付工程建设，承揽合同给付其他内容。因此，区分二者的本质在如何界定建设工程。正确地区分二者，不仅影响案由的确定、法律的适用，更影响当事人权利义务的分配。

建设工程合同和承揽合同都是一方交付工作成果，另一方给付报酬的合同形式，区别在于建设工程合同交付的是建设工程，承揽合同交付的是工程建设以外的其他内容。可以说建设工程合同是特殊的承揽合同，它们本质上是相通的。工程建设关乎国计民生，是经济建设的重要形式。立法者之所以把建设工程合同和承揽合同并列加以规定，并出台司法解释，是为了突出建设工程合同的重要性，进一步规范建设市场，保障建设质量。

建设工程合同与承揽合同的区分标准主要在于如何认定建设工程。《建设工程质量管理条例》第二条及《建设工程安全生产管理条例》第二条第二款均规定，本条例所称建设工程是指土木工程、建筑工程、线路管道和设备安装工程及装修工程，可以看出建设工程形式上包括土木建筑工程、安装工程和装修工程三类工程。《中华人民共和国合同法》第二百六十九条第二款规定建设工程合同包括工程勘察、设计、施工合同，《建设工程质量管理条例》第五条第一款规定，从事建设工程活动，必须严格执行基本建设程序，坚持先勘察、后设计、再施工的原则。可见建设工程内容上包括勘察、设计、施工。建设工程具有规模性和程序性，一般是大型的建设项目，由承包方自主完成勘察、设计和施工。

在审判实务中，也必须考虑到合同法专章规定建设工程合同和司法解释的目的，主要是规范建设市场，解决建设工程质量低劣、建设领域拖欠工程款和农民工工资等问题。因此在界定建设工程时，必须考虑到立法目的。此外，因为建设工程的重要性，国家出台了一系列管理性法规，还应结合相关规定，如《中华人民共和国建筑法》《中华人民共和国城乡规划法》《中华人民共和国招标投标法》《建设工程质量管理条例》《建设工程安全生产管理条例》《建筑业企业资质管理规定》等，从而作出综合判断。

本案认定原告与被告福纳沃合作社签订的《工程承包合同》是承揽合同是正确的，应当适用《中华人民共和国合同法》关于承揽合同的规定，确立原、被告权利义务关系。

编写人：陕西省安康市平利县人民法院　杨尧春

36

承揽人妥善保管义务的判定

——祝家耀诉陈国伟加工合同案

【案件基本信息】

1. 裁判书字号

广东省云浮市中级人民法院（2017）粤53民终882号民事判决书

2. 案由：加工合同纠纷

3. 当事人

原告（上诉人）：祝家耀

被告（被上诉人）：陈国伟

原审第三人：云浮市云城区河口朝阳石材工艺厂（以下简称朝阳石材厂）

【基本案情】

2015年12月，祝家耀将两块编号为GF13和GF17的木化石材荒料交云浮市华宇石材有限公司（以下简称华宇石材公司）进行切割加工。华宇石材公司将石材切割成2.97米×1.55米的板材67块，切割成2.89米×1.41米的板材62块。切割完毕后，祝家耀向华宇石材公司取回了石料板材，并于2016年5月将其送到陈国伟的石材加工厂进行加工。在加工期间，朝阳石材厂派员到陈国伟的加工厂，认为陈国伟加工的上述石材属其所有。双方因发生争议报警，当地派出所民警到场了解情况，并电话通知了祝家耀协助调查，祝家耀以出差在外地为由未到场参与处理此事。之后，祝家耀并没有与朝阳石材厂就石材的处理达成一致的处理意见。

2016年9月，陈国伟的石材加工厂不再经营。陈国伟停止经营后，并没有安排人员看守厂房。朝阳石材厂在未取得陈国伟同意的情况下，自行派车运走了祝家耀交陈国伟加工的石材。祝家耀发现石材不见后，即与陈国伟联系并一同报警。祝家耀与陈国伟及当地派出所民警到朝阳石材厂了解情况，朝阳石材厂认为因上述石材属于其所有才运回自己厂的。派出所民警了解情况后，认为双方对石材的争议属于民事纠纷，没有按刑事案件或治安案件立案。因协商不成，祝家耀遂提起本案诉讼，要求陈国伟赔偿其石材损失 89772 元。

祝家耀在诉讼中认为，涉案的石材是梁颖莉向其赠与的，而梁颖莉是因为对禤俊南享有债权，禤俊南同意以涉案石材抵债而取得石材所有权。朝阳石材厂对祝家耀提出的以石材抵债的主张不予确认。

【案件焦点】

祝家耀将石材交陈国伟加工，石材被朝阳石材厂运走，陈国伟应否向祝家耀赔偿。

【法院裁判要旨】

广东省云浮市云城区人民法院经审理认为：朝阳石材厂因与祝家耀就涉案石材的权属产生争议，在双方均已报警并且公安机关介入的情况下，朝阳石材厂径行取回认为属其所有的石材，现石材由朝阳石材厂占有并存放厂区，并非因陈国伟保管不善而毁损、灭失。祝家耀与陈国伟的加工合同关系因加工标的物存在权属争议且公安机关已介入的情况下，祝家耀依据加工合同要求陈国伟赔偿损失，不予支持。祝家耀失去的石材现由朝阳石材厂占有，其权利指向的对象应为朝阳石材厂。祝家耀向陈国伟或朝阳石材厂主张权利，需首先确定其是否为涉案石材的合法权属人。祝家耀取得涉案石材是梁颖莉赠与而来，当时石材存放在俊国石材公司，梁颖莉应当知晓禤俊南对石材并无处分权，故其通过以物抵债行为获得石材并非善意取得。祝家耀向陈国伟或朝阳石材厂主张权利并无合法依据，不予支持。

广东省云浮市云城区人民法院依照《中华人民共和国物权法》第三十四条、第三十九条、第一百零六条，《中华人民共和国民事诉讼法》第六十四条的规定，判决如下：

驳回祝家耀的诉讼请求。

宣判后，祝家耀不服上诉，认为其与陈国伟之间确立加工合同关系，而陈国伟没有保管好加工的石材违约，应当赔偿。

广东省云浮市中级人民法院经审理认为：祝家耀将涉案石材交陈国伟进行加工，祝家耀与陈国伟之间的加工合同关系确立。一般情况下，在加工合同的履行过程中，定作方将待加工物交承揽方后，该财产的灭失损毁风险发生转移，即由定作方转向加工方。对于加工期间引起该加工物灭失损毁的，由加工方承担责任。本案中，祝家耀将涉案石材交陈国伟后，陈国伟应将石材加工后返还。但是，在加工过程中，发生了朝阳石材厂对涉案石材主张权利的情形。在此情况下，陈国伟配合警方调查。在祝家耀认为出差在外没有到场时，陈国伟依然保管发生产权争议的石材。陈国伟的加工厂停业后，朝阳石材厂将石材运走，被祝家耀发现后，陈国伟能与祝家耀一起报警，并通过警方找到了涉案石材。之后，陈国伟又与祝家耀会同警方到朝阳石材厂了解情况。而对于石材被运走之事，朝阳石材厂并未取得陈国伟的同意。上述一系列的事实反映，陈国伟作为加工合同的加工方，已经尽到了加工人的保管义务。祝家耀以陈国伟未履行加工合同的义务为由，要求其承担赔偿责任，依据不足。

广东省云浮市中级人民法院依照《中华人民共和国民事诉讼法》第一百七十条第一款第（一）项的规定，判决如下：

驳回上诉，维持原判。

【法官后语】

本案是定作人根据加工合同要求承揽人承担违约损害赔偿责任引起的纠纷，对于违约损害赔偿之债，其构成的关键在于当事人是否发生违约的行为。

加工合同是承揽合同的其中一个种类，故规范承揽合同的法律法规，对加工合同当事人的权利义务同样适用。

本案中，祝家耀将涉案石材交陈国伟加工，虽然陈国伟作为承揽人应当对涉案石材尽妥善保管的义务，但祝家耀要求陈国伟承担违约损害赔偿之责并没有依据。一方面，在加工石材过程中，朝阳石材厂已对涉案石材主张权利，陈国伟就此事通知了祝家耀，但祝家耀没有到场处理。朝阳石材厂将涉案石材运走，其行为发生在陈国伟的石材加工厂停业期间，朝阳石材厂是未经陈国伟同意将石材运走的。陈国伟知情后与祝家耀一起报警，通过警方找到了涉案石材，并与祝家耀及警方到朝阳石材厂了解情况。可见，陈国伟已经尽到了承揽人的妥善保管义务。另一方面，祝家耀交付的石材还在朝阳石材厂内存放，并非处于丢失的状态，其使用价值并不因放置地点的不同而降低，石材还未达到法律规定的“毁损”的标准。对于祝家耀以陈国伟未履行妥善保管的合同义务为由要求对方赔偿的主张，应不予支持。

编写人：广东省云浮市中级人民法院　李艳徽

37

是劳务关系，还是承揽关系

——贾正荣诉胡华刚、马玉苍承揽合同案

【案件基本信息】

1. 裁判书字号

新疆维吾尔自治区石河子市人民法院（2017）兵9001民初2358号民事判决书

2. 案由：承揽合同纠纷

3. 当事人

原告：贾正荣

被告：胡华刚、马玉苍

【基本案情】

2016年6月24日，被告马玉苍（甲方）与被告胡华刚（乙方）签订一份合同书，主要内容为："甲方于2016年6月24日与乙方签订该房合同：第一条，砖混结构；第二条，承包方式为单包工，每平方米160元；第三条，施工过程中，甲方只提供该房材料和水电；第四条，乙方在施工中要保证房屋质量、保证人员安全，施工过程中如发生人员伤残、死亡等，由乙方自己承担，甲方不承担责任；第五条，工程完工后，经甲方验收合格工程款一次性付清。甲方：马玉苍；乙方：胡刚。"胡刚实为胡华刚。被告胡华刚为被告马玉苍建造的房屋为二层储藏室。合同签订后，被告胡华刚按照合同的约定进行施工，脚手架全部由被告胡华刚提供。在建工程外围脚手架由被告胡华刚雇用架子工架设，室内安装模板的脚手架由制作模板工自行搭设。2016年7月4日，被告胡华刚找到原告要求为其承包的在建工程支混凝土模板，口头约定，计件制，每平方米40元，原告同意。2016年7月14日，原告前往被告胡华刚承包给被告马玉苍的在建房屋处支混凝土模板。2016年8月14日，原告为被告胡华刚承包的在建工程二楼圈梁模板，脚手架由原告自行搭设，

同日20时50分许，原告站在自己搭设的脚手架上从在脚手架下侧为其传递模板的妻子手中接模板时，不慎从脚手架上摔至二楼地板上，造成原告受伤。原告遂给两被告拨打电话，告知自己从脚手架上摔下受伤。两被告知情后，将原告送至沙湾县石河子老街李宁骨伤科专科医院治疗。经诊断：左股骨颈骨折；左桡骨远端骨折，并行内固定术。2016年9月5日，原告出院。出院医嘱：避风寒、慎起居、调情志、节饮食、勿劳累；绝对卧床休养，半年内勿下床负重活动；定期复查，不适随诊。原告住院22天，花费住院费25019.70元。

2016年9月19日，原告在沙湾县石河子老街李宁骨伤科专科医院门诊检查，花费材料费31元。2016年11月2日至2017年2月7日，原告先后两次前往石河子大学医学院第一附属医院门诊检查，花费门诊检查费75.50元、410元。2016年12月2日，原告前往石河子市人民医院门诊检查，花费门诊检查费158.60元。以上，原告共花费门诊检查费675.10元。

2016年9月29日，被告胡华刚为原告出具欠条一份，内容为："今欠到贾正荣在大庙村马玉苍家跟货人工工资12000元，由胡华刚支付。欠款人：胡华刚。2016.9.29。"

2016年10月15日，被告胡华刚为被告马玉苍出具证明一份，内容为："贾正荣自甲方马玉苍工地上受伤与甲方马玉苍无关，由乙方胡华刚全负责。证明人：胡华刚。2016.10.15。"

2017年3月1日，原告委托新疆天宇司法鉴定所对其伤残等级、误工期、护理期、后续治疗费进行鉴定。2017年3月7日，新疆天宇司法鉴定所作出天宇司鉴(2017)临鉴字第059号鉴定意见书。鉴定意见：被鉴定人贾正容伤残等级程度为九级；误工期为365天；护理期为150天；后续除去内固定需要治疗费8000元。原告花费鉴定费2500元。

【案件焦点】

被告胡华刚、被告马玉苍是否在本案中承担责任。

【法院裁判要旨】

新疆维吾尔自治区石河子市人民法院经审理认为：承揽合同是承揽人按照定作人的要求完成工作，交付工作成果，定作人给付报酬的合同。根据本案查明的事实，结合被告马玉苍与被告胡华刚签订的合同书，被告马玉苍将自己个人欲建设的二层储藏室以单包工的形式承包给被告胡华刚施工，双方之间形成承揽合同关系。被告胡华刚雇佣原告制作混凝土模板，被告胡华刚支付原告劳务费，故被告胡华刚与原告形成雇佣合同关系。《中华人民共和国侵权责任法》第三十五条规定："个人之间形成劳务关系，提供劳务一方因劳务造成他人损害的，由接受劳务一方承担侵权责任。提供劳务一方因劳务自己受到损害的，根据双方各自的过错承担相应的责任。"被告胡华刚作为接受劳务一方，对提供劳务一方在工作过程中负有安全注意和劳动保护的职责和义务，本案被告胡华刚在原告提供劳务过程中未采取安全防范管理措施，没有尽到劳动保护义务的情况下，致使原告在工作过程中受伤的损害后果，被告胡华刚作为雇主具有过错，应当对原告因受伤而造成的损失负50%的赔偿责任，原告在没有确保自身安全的情况下，在受雇于被告胡华刚支混凝土模板过程中，没有注意到自身的安全，致使从架子上摔下致伤，其行为具有一定的过错，应当减轻雇主被告胡华刚的赔偿责任，其对自己的损失应负30%的责任。

根据《最高人民法院关于审理人身损害赔偿案件适用法律若干问题的解释》第十条规定："承揽人在完成工作过程中对第三人造成损害或造成自身损害的，定作人不承担赔偿责任；但定作人对定作、指示或者选任有过失的，应当承担相应的赔偿责任。"本案中，被告马玉苍将其房屋建设交给没有施工资质的被告胡华刚承建，被告马玉苍对选任承揽人被告胡华刚存在一定的过错，因此，被告马玉苍作为定作人，对原告贾正荣因受伤而造成的损失承担20%赔偿责任。

根据本案查明的事实，对原告的损失确定如下：原告住院治疗花费住院费25019.70元，门诊检查费675.10元，合计25694.80元，被告无异议，予以认定；原告住院22天，参照国家机关一般工作人员的出差伙食补助标准，原告主张的住院伙食补助费1100元（22天×50元/天），符合法律规定，予以认定。原告主张的误工费53004元、护理费21782.50元、交通费100元、鉴定费2500元、后续治疗费8000元，各被告均无异议，且符合法律规定，予以认定；关于原告主张的残疾赔偿金问题，因原告经常居住地在第八师石河子总场连队，根据新疆生产建设兵团2015年度兵团连队职工人均可支配性收入，原告的残疾赔偿金为根据原告60212元（15053元/年×20年×20%），原告主张的营养费，根据原告的伤情及受伤部位，原告在住院期间及出院后一定时期内确需加强营养，对原告的营养期确定为90天，每天15元为宜。原告的营养费为1350元（15元/天×90天）。以上9项，合计173744.30元（医疗费25694.80元＋住院伙食补助费1100元＋误工费53004元＋护理费21782.50元＋营养费1350元＋交通费100元＋鉴定费2500元＋后续治疗费8000元＋残疾赔偿金60212元），由被告胡华刚赔偿原告86872.15元（173744.30元×50%），被告马玉苍赔偿原告34748.86元（173744.30元×20%）。

关于原告主张的精神损害抚慰金问题，根据相关法律规定，受害人造成伤残的，赔偿义务人应当赔偿受害人精神损害抚慰金。原告因此次事故造成九级伤残，给原告的身心健康和正常生活带来很大影响，其精神上也遭受了很大的伤害，原告要求被告赔偿精神损害抚慰金的请求符合情理，但具体数额应根据原告的伤情、受伤害程度及加害人的过错、加害行为所造成的后果、本地区平均生活水平等因素综合认定，对原告的精神损害抚慰金综合酌定5000元为宜，该损失应当由被告胡华刚负责赔偿4000元，被告马玉苍负责赔偿1000元。关于原告主张的劳务费12000元，被告胡华刚认可并同意支付，法院无异议。

新疆维吾尔自治区石河子市人民法院依照《中华人民共和国侵权责任法》第六条，第三十五条；《中华人民共和国合同法》第四十四条第一款，第六十条第一款，第二百五十一条；《最高人民法院关于审理人身损害赔偿案件适用法律若干问题的解释》第十七条第一款、第二款，第二十条第一款、第二款、第三款，第二十一条第一款、第二款、第三款，第二十二条，第二十三条第一款、第二款，第二十四条，第二十五条第一款；《最高人民法院关于确定民事侵权精神损害赔偿责任若干问题的解释》第十条第一款，第十一条之规定，判决如下：

一、被告胡华刚赔偿原告贾正荣各项损失86872.15元；

二、被告胡华刚赔偿原告贾正荣精神损害抚慰金4000元；

三、被告胡华刚支付原告贾正荣劳务费12000元；以上三项，合计102872.15元（86872.15元＋4000元＋12000元），被告胡华刚于本判决生效之日起五日内给付原告贾正荣；

四、被告马玉苍赔偿原告贾正荣各项损失34748.86元；

五、被告马玉苍赔偿原告贾正荣精神损害抚慰金1000元；

以上第四至五项，合计35748.86元，被告马玉苍于本判决生效之日起五日内给付原告贾正荣。

【法官后语】

在审判实践中，经常将承揽合同与劳务合同相混淆，那么应如何区分承揽合同与劳务合同呢？

从完成工作内容上进行对比，承揽合同是承揽人独立地提供劳务的合同，其标的具有特定性，且为双务、有偿、诺成和不要式合同。承揽合同是当事人约定一方为他方完成一定工作并向他方交付工作成果，他方接受该工作成果并给付一定报酬的协议。承揽人已供给劳务，如果工作未完成，不得请求报酬。劳务合同为双务、有偿，但须以劳务供给本身为目的，若劳务供给仅为其他约定的附随义务或者为达成其他目的的手段，不成立劳务合同。劳务合同是提供劳务者供给劳务为目的的合同，劳务合同以劳务供给本身为目的。而提供劳务者若已供给劳务，即使未达到接受劳务一方所期望的结果，接受劳务一方仍须支付提供劳务者报酬。承揽合同的承揽人自己承担危险独立完成工作，而劳务合同的危险由接受劳务一方承担，即“劳务契约”，当事人一方向对方提供劳动力以从事某种工作，由对方提供劳动条件和劳动报酬的协议，特点是一方提供劳动力供对方支配，与一方独立完成对方所委托工作的承揽合同和一方向对方提供特定劳务的劳务合同不同。

关于承揽人和提供劳务人造成或者自身遭受伤害的，在承揽合同中，工作人员在工作过程中对第三人或者是承揽人发生的危险和意外由承揽人自己承担，对此定作人不承担责任，其仅对承揽人的选任承担过错责任。在劳务合同中，提供劳务一方因劳务造成他人损害的，由接受劳务一方承担侵权责任，提供劳务一方因劳务自己受到损害的，根据双方各自的过错承担相应的责任。

本案中，马玉苍以包工不包料的形式将房屋修建工程承包给被告胡华刚，胡华刚向马玉苍提交的是修建房屋这一项劳动成果，因此，马玉苍与胡华刚之间形成的为承揽合同关系。之后，胡华刚将制作混凝土模板的部分劳务交给了原告贾正荣，贾正荣在制作混凝土模板过程中需听从被告胡华刚的指示，且是以提供劳务来换取报酬，由胡华刚负责发放贾正荣的劳务费，因此胡华刚与贾正荣之间形成劳务合同关系，贾正荣在工作过程中由于没有注意自身安全，致使自己从高处摔下而受伤。因此，法院从接受劳务者和定作人选任过错的角度，按照过错分摊责任让接受劳务的一方以及定作人和提供劳务者一方各自承担相应的责任。

编写人：新疆维吾尔自治区石河子市人民法院　杜世成

38

展会展位制作须注重诚信

——广州棋鑫展览设计公司诉中山市柏妮达灯饰有限公司承揽合同案

【案件基本信息】

1. 裁判书字号

广东省广州市天河区人民法院（2017）粤0106民初6962号民事判决书

2. 案由：承揽合同纠纷

3. 当事人

原告：广州棋鑫展览设计有限公司（以下简称为棋鑫公司）

被告：中山市柏妮达灯饰有限公司（以下简称为柏妮达公司）

【基本案情】

2016年9月14日，棋鑫公司与柏妮达公司签订了《展位特装工程合同书》，约定柏妮达公司就2016年香港秋季照明展的展位特装工程委托给棋鑫公司制作，该展位长9米、宽3米、面积为27平方米，展位号3B－B01/02/03，布展时间2016年10月25日至26日，展位的使用时间为2016年10月27日至30日，工程总价为71000元，已付21300元（30%），余款49700元（70%）应于2016年10月29日前支付，但柏妮达公司至今未付，棋鑫公司按合同约定对该工程进行了制作和搭建，柏妮达公司在2016年10月27日至30日正常地使用了该展位。本案涉诉的展位布展时间只有2天，开展时间（使用时间）只有4天，在开展结束的2016年10月30日的晚上就完全拆除。在2016年9月14日，柏妮达公司的法人代表王鹰在本合同签名，只在2016年9月19日柏妮达公司通过其股东王颖的账户支付了首期款项21300元。柏妮达公司的违法行为已严重地侵犯了棋鑫公司的合法权益，请求柏妮达公司支付棋鑫公司展位制作费49700元并支付棋鑫公司自2016年10月

30日起至实际还款之日的滞纳金（至立案之日的滞纳金为1352元，以49700元为本金、中国人民银行同期贷款利率的4倍为标准计算）及本案的受理费。柏妮达公司辩称棋鑫公司在开展前没有提供展位总开关导致柏妮达公司临时请香港当地工作人员接电，大会关电源前十分钟柏妮达公司的整个展厅才接好电，由于柏妮达公司参加的是灯饰展，因为棋鑫公司的原因导致展厅没有提供电，且棋鑫公司提供的地毯质量比较差，影响了公司的形象，柏妮达公司的损失非常严重。在参展的最后一天整个展厅没有通电，给柏妮达公司造成了很大的损失。柏妮达公司也从来没有说过不支付款项，只是希望棋鑫公司道歉。

【案件焦点】

1. 棋鑫公司是否已经依约提供合同项下义务；2. 棋鑫公司要求柏妮达公司支付制作费49700元有何依据；3. 被告抗辩原告工作成果存在诸多问题有无相应证据证明。

【法院裁判要旨】

广东省广州市天河区人民法院经审理认为：棋鑫公司与柏妮达公司签订《展位特装工程合同书》，双方之间承揽合同关系成立。棋鑫公司已为柏妮达公司进行工程安装施工，柏妮达公司已经使用，柏妮达公司应按照约定的进度支付款项。合同约定工程总价为71000元，柏妮达公司仅向棋鑫公司支付首期21300元，现棋鑫公司诉请柏妮达公司支付工程余款49700元成立，予以支持。合同约定最后的付款时间为布展结束后三个工作日内，布展完成的时间可确定为2016年10月26日；合同约定被告迟延付款每天需支付5%的滞纳金，现棋鑫公司诉请柏妮达公司支付滞纳金（实为违约金）以49700元为基数按照中国人民银行同期贷款利率的4倍从2016年10月30日起计算至实际还款之日为棋鑫公司合理主张，予以支持。关于柏妮达公司抗辩的棋鑫公司履约问题应承担相关责任，与本案棋鑫公司诉请并无直接关系，柏妮达公司可另寻法律途径解决。

广东省广州市天河区人民法院判决：

一、被告柏妮达公司于本判决发生法律效力之日起十日内向原告棋鑫公司支付49700元；

二、被告柏妮达公司于本判决发生法律效力之日起十日内向原告棋鑫公司支付违约金，违约金以49700元为基数按照中国人民银行同期贷款利率的4倍从2016年10月30日起计算至实际还款之日。

【法官后语】

市场经济须遵守诚实信用原则。本案棋鑫公司与柏妮达公司自愿订立展位合同，约定双方权利义务，则棋鑫公司与柏妮达公司均应遵守诚实信用、全面履行各自义务。棋鑫公司已按合同约定履行布展义务，柏妮达公司也实际使用了展台参展，依约柏妮达公司应按时支付款项给棋鑫公司，这既是合同约定，也是合同法的规定，更是市场活动诚信原则的要求。柏妮达公司逾期未支付款项，棋鑫公司诉请柏妮达公司按约付款合约合法合理，法院理应予以支持。柏妮达公司未按合同约定按时付款，应承担相应违约责任。棋鑫公司与柏妮达公司约定若迟延付款则每天需支付5%的违约金，此为双方所达成的合意，双方理应遵守。棋鑫公司主张按中国人民银行同期贷款利率的4倍计算违约金是棋鑫公司基于合同约定的合理主张，法院对此判决支持亦为对市场诚信原则的保护。

与本案棋鑫公司诉请和判决相反的方向是，棋鑫公司是否对柏妮达公司严格履行了合同义务。柏妮达公司抗辩棋鑫公司未对案涉展台及时通电、棋鑫公司提供的地毯质量差影响形象等问题，棋鑫公司未予确认，法院对此未予认定。从举证责任分配来说，柏妮达公司对此应承担举证责任；柏妮达公司若须完成该举证，必须在合同履行过程中固定和保留证据。另有地毯质量问题，若非质量严重偏离正常的使用标准，柏妮达公司还应在签约时在合同中明确地毯的质量标准。柏妮达公司抗辩的棋鑫公司违约事实是否能得到认定，或直接关系到棋鑫公司诉请的违约金能否成立和违约金计算数额的问题；若柏妮达公司有进一步的证据，甚至可反向主张棋鑫公司承担违约责任或损害赔偿责任。据此，诚信问题不仅是柏妮达公司对棋鑫公司的付款问题，更有可能存在于反向的棋鑫公司对柏妮达公司的合同义务履行过程中。双方的诚信保护问题是经济合同缔约主体应有的法律意识内容，亦为司法不应回避的审查内容。

编写人：广东省广州市天河区人民法院　李江

九、建设工程合同

39

委托他人代办工程承包资质的合同无效

——北京国电杰顺电力工程有限公司诉北京云朗管理咨询有限公司委托合同案

【案件基本信息】

1. 裁判书字号

北京市房山区人民法院（2017）京0111民初12462号民事判决书

2. 案由：委托合同纠纷

3. 当事人

原告（反诉被告）：北京国电杰顺电力工程有限公司

被告（反诉原告）：北京云朗管理咨询有限公司

【基本案情】

2016年3月23日，原告（甲方）与被告（乙方）签订《资质申报代理协议》，协议约定乙方代理甲方申报并获得电力工程施工总承包三级、市政公用工程施工总承包三级、建筑工程总承包三级、地基与基础专业承包三级资质相关事宜。协议签订后，原告于2016年3月24日向被告支付第一笔代理费用10.4万元。2016年6月20日，乙方将全部招聘人员与甲方进行交接，双方签订了人员交接单。交接单载明：乙方招聘之人员仅供甲方申报四项三级资质使用，其他用途无效。交接单载明交接人员共89人，其中，建造师14人，中级职称30人，现场管理人员15人，技术工人30人。交接单还约定了各项人员职称的使用期限，同时约定在申报期间，由甲方自行负责为上述人员缴纳社保，由于甲方未缴纳社保费，造成在申报资质期间受阻，由此直接产生的人才使用期限延续的，由甲方自行承担。2016年6月、7月，上述人员通过原告公司申报参加社保。2017年2月9日，原告取得市政公用工程施工总承包三级、建筑工程总承包三级以及地基与基础专业承包三级资质，电力工程施工总承包三级资质至今尚未取得。2017年7月3日，被告向原告发出《关于终止合同的通告函》，称原告拖欠第二笔代理费导致因缺少公关经费，代办申报事项受阻，致使被告后来再次申报造成严重损失，部分兼职挂靠人员已经到期，故决定于2017年7月3日终止合同，同时要求原告支付剩余代理费用156000元。

本案审理中，原告于2017年11月17日申请撤回起诉，被告于当日申请撤回反诉。2017年11月21日，原、被告签订和解协议书，约定《资质申报代理协议》及相关协议不再履行，被告于协议生效后一次性支付给原告50000元，协议还约定了撤诉后的诉讼费、律师费的负担问题。

法院于2017年11月27日作出不予准许撤回起诉及反诉的民事裁定书。后法院组织双方当事人继续开庭审理，双方当事人均认为本案所涉的委托合同为有效。其中，被告认为：一、双方签订的代理协议是双方真实意思表示且履行完毕，双方签订了和解协议，故从合同履行上来看合同有效。二、代理协议是双方对于委托办理资质事宜的约定，被告受托办理相关事宜收取报酬，这种行为不违反法律法规的规定，且此行为在市场交易中大量存在，故从法律关系看，合同有效。三、双方签订协议没有损害国家利益和公共利益。理由如下：1. 原告是真实存在且合法注册的公司，其主营是进行工程施工，其资质申办与公司经营范围真实一致。2. 被告为原告办理资质提交的所有文件均真实。3. 原告聘用技术工程人员这一事实是真实的，原告与劳动者之间有劳动合同及社保缴纳凭证，技术工程人员接受原告管理。4. 任何机关、个人单位都可依法申请资质，被告只是因为有专业申办经验，加速了事件办理，申办资质过程中不存在任何违法行为。5。原告尚未获得全部资质，尚未进行施工经营，不可能损害国家、社会公共利益。四、虽然双方合同中有挂靠这类字眼，但不能就此认为双方合同无效。理由如下：1. 本案是委托合同纠纷，挂靠是追究原告与其员工之间的法律关系，挂靠不是本案审查范围。2. 原、被告双方不是法律专业人士，用语不准确，合同中的挂靠与法律意义的挂靠不一致，双方表达的是被告为原告寻找技术人员并代发薪酬。3. 事实上不存在挂靠关系，挂靠是指相关工程人员将资质挂在原告名下而不从事实际劳动。本案被告为原告寻找的所有工程技术人员均受原告管理且在原告处干活，与原告签订劳动合同由原告为其缴纳社保。五、本案委托合同没有违反合同法中有关效力的强制性规定，因此合同有效。六、即使法院认定合同效力有瑕疵，我方认为不应按照合同无效相互返还。双方已经和解，本案属于不应返还或者不宜返还的情况，返还会造成更为复杂的法律关系以及纠纷，故即使合同无效也应该维持现状。原告亦认为双方签订了和解协议，且已履行完毕，故不要求被告返还相应款项。

【案件焦点】

建筑行业中委托他人代办工程承包资质的合同是否有效。

【法院裁判要旨】

北京市房山区人民法院经审理认为：根据《中华人民共和国合同法》第五十二条第（四）项的规定，存在损害社会公共利益的情形，合同无效。《中华人民共和国建筑法》第五条第一款规定，从事建筑活动应当遵守法律、法规，不得损害社会公共利益和他人的合法权益。第十二条规定，从事建筑活动的建筑施工企业、勘察单位、设计单位和工程监理单位，应当具备下列条件：……（二）有与其从事的建筑活动相适应的具有法定执业资格的专业技术人员……本案中，依原、被告签订的委托合同内容，原告在不具备法律规定的专业技术人员的情况下，委托被告寻找具有相应资质人员挂靠在原告公司名下，且双方明确约定挂靠人员仅供申报资质使用，并不在原告公司上班，由此可以认定委托内容旨在规避法律关于建筑业从业资格的规定。实行从业资格许可，有利于确保从事建筑活动的单位和个人的专业素质，提高建筑工程的质量，确保建筑工程的安全生产。而本案所涉的委托合同，意在规避建筑业从业资格许可的实质性要求，危害建筑市场秩序，规避对建筑活动的监督管理，其如果实施施工，工程的质量与安全亦无法得到保障，故该委托合同与社会公共利益不符，合同关系无效。合同无效后，因该合同取得的财产，应当予以返还。双方当事人均不要求对方返还相应财产，故法院对此不予处理。

北京市房山区人民法院依照《中华人民共和国合同法》第五十二条第（四）项之规定，作出如下判决：

一、确认原告北京国电杰顺电力工程有限公司与被告北京云朗管理咨询有限公司于2016年3月23日签订的《资质申报代理协议》无效；

二、驳回原告北京国电杰顺电力工程有限公司的全部诉讼请求；

三、驳回被告北京云朗管理咨询有限公司的全部反诉请求。

【法官后语】

在建筑行业中，企业挂靠、证书挂靠、资质代办已经成为行业公开的“秘密”。建筑资质本身的作用和含义，就是区别一个公司施工能力的标准，企业必须满足人员、业绩、施工设备等方面的要求，才能办理下来资质。其中，建筑师、建造师的数量更是衡量建筑企业资质的重要指标，其在一定程度上决定了企业施工的质量和水平。而一些无资质的建筑企业，寻求低成本的资质获取办法，同时，一些有专业知识的技术人员也在利益的驱动下，将证书明码标价以供挂靠，这些挂靠的证书并不能提升建筑企业实际的技术水平，反而形成劣币驱逐良币的情势，即通过挂靠证书取得资质的企业，其人工成本远低于正规建筑企业，进而可以以低价承包工程，甚至有的公司根本不进行施工，只是通过资质承包下来工程后，将工程层层转包赚取差价，这在很大程度上成了推动豆腐渣工程的黑手。

实行从业资格许可，有利于确保从事建筑活动的单位和个人的专业素质，提高建筑工程的质量，确保建筑工程的安全生产。而“挂证”行为，规避了国家对建筑活动的监督管理，危害建筑市场秩序，其工程的质量与安全无法得到保障，损害的是社会公共的安全利益。在建筑行业中，各种挂靠、挂证行为已司空见惯，在本案中，原、被告均不认为其签订的委托合同有何问题，原告竟诉至法院要求被告返还代理费，而被告也反诉原告要求继续支付代理费。对这种已形成灰色利益链的“行业惯例”应予以坚决的否定性评价，本案中，虽原、被告在审理中达成了和解，原告申请撤诉，被告申请撤回反诉，但法院裁定不予准许，而是通过判决确认双方签订的委托合同无效，充分发挥了司法的导向作用，彰显了资格证书挂靠无效的法律规则，有助于规范建筑市场的秩序，改变劣币驱逐良币的情况，进而最终保障建筑企业的真实实力，保障建筑工程的质量安全，维护社会公共利益。

编写人：北京市房山区人民法院　贾茹

40

承包人对附属设施工程价款不享有优先受偿权

——重庆鑫峰园林公司诉双赢集团房地产公司建设工程施工合同案

【案件基本信息】

1. 裁判书字号

重庆市南川区人民法院（2017）渝0119民初4057号民事判决书

2. 案由：建设工程施工合同纠纷

3. 当事人

原告：重庆鑫峰园林绿化有限公司（以下简称鑫峰园林公司）

被告：双赢集团房地产开发有限公司（以下简称双赢集团公司）

【基本案情】

2014年5月5日，鑫峰园林公司与双赢集团公司签订了《双赢·滨江壹号（一期）项目园林景观工程施工承包合同》（以下简称《施工承包合同》），双赢集团公司将双赢·滨江壹号（一期）项目园林景观工程发包给鑫峰园林公司施工。《施工承包合同》对双方的权利义务进行了约定。2015年1月18日，鑫峰园林公司与双赢集团公司又签订《双赢·滨江壹号（一期）项目园林景观工程施工承包合同补充协议》（以下简称《补充协议》），《补充协议》对双方的权利义务作了进一步的细化。施工完工后，在2015年2月至2016年5月期间鑫峰园林公司按照双赢集团公司的验收意见对承建工程进行了整改。2016年5月25日，双赢集团公司工程部杨小兵在《回复竣工验收后参加各方意见表》的批复中签署“已整改，结论合格”。2016年6月28日，鑫峰园林公司与双赢集团公司对工程款进行了结算，确定鑫峰园林公司的工程款总金额为10408635.35元［其中：土建园林（含签证）、安装部分的工程款为5717738.69元，景观绿化（含签证）部分的工程款为4690896.44元］。双赢集团公司支付了部分工程款，尚欠工程款4558635元未支付。

双赢集团公司于2016年6月19日起诉至法院要求被告支付下欠的工程款4558635元和利息，并要求确认鑫峰园林公司就上述应收款对双赢集团公司建设的双赢·滨江壹号（一期）项目变卖、拍卖价款享有工程价款优先受偿权。

【案件焦点】

在部分主体建筑已出售过户给业主后，承包人对附属的园林景观工程折价或者拍卖的价款是否享有优先受偿权。

【法院裁判要旨】

重庆市南川区人民法院经审理认为：根据《中华人民共和国合同法》第二百八十六条之规定，除按照建设工程的性质不宜折价、拍卖的工程以外，建设工程承包人对其勘察、设计、施工的工程折价、变卖的价款享有优先受偿权。本案鑫峰园林公司施工的工程为园林景观部分，即使鑫峰园林公司享有优先受偿权，也仅能对园林景观工程折价或者拍卖的价款享有优先受偿权，而不能对双赢集团建设的双赢·滨江壹号（一期）项目变卖、拍卖的价款享有优先受偿权。同时，园林景观工程系双赢·滨江壹号（一期）项目的附属设施工程，园林景观工程的价值附属于双赢·滨江壹号（一期）项目，在双赢·滨江壹号（一期）部分房屋已出售过户给业主的情况下，园林景观已不属于双赢集团公司专有，不再适合以折价或者拍卖的方式单独加以转让，属于性质上"不宜折价、拍卖的"建设工程。综上，法院对原告鑫峰园林公司要求确认对双赢集团公司建设的双赢·滨江壹号（一期）项目变卖、拍卖价款享有工程价款优先受偿权的诉讼请求依法不予支持。

重庆市南川区人民法院依照《中华人民共和国合同法》第六十条第一款、第九十四条、第九十六条、第九十七条、第一百零七条、第二百八十六条，《最高人民法院关于审理建设工程施工合同纠纷案件适用法律问题的解释》第十七条、第十八条，《中华人民共和国民事诉讼法》第一百四十四条和《最高人民法院关于适用〈中华人民共和国民事诉讼法〉的解释》第九十条之规定，判决：

一、被告双赢集团房地产开发有限公司于本判决生效后十日内向原告重庆鑫峰园林绿化有限公司支付工程款4558635元和利息（其中，以3334569元为基数从2016年6月28日起至该款付清之日止按照中国人民银行发布的同期同类贷款利率计算；以1224066元为基数从2017年5月31日起至该款付清之日止按照中国人民银行发布的同期同类贷款利率计算）；

二、驳回原告重庆鑫峰园林绿化有限公司的其他诉讼请求。

【法官后语】

建设工程价款优先受偿权系法定优先受偿权，是法律基于维护建筑工人权益的需要，在相关权益发生冲突时的价值选择。建筑工程承包人的优先受偿权优于抵押权和其他债权。《中华人民共和国合同法》第二百八十六条从两个方面对建设工程价款优先受偿权的客体进行了限制。

本案中，承包人承包的园林景观工程为滨江壹号项目的附属设施工程部分，因此承包人仅能对其施工的园林景观部分拍卖、变卖的价款享有优先受偿权，而不能对滨江壹号项目拍卖、变卖的价款享有优先受偿权，否则会损害其他工程承包人的权利。同时，园林景观工程在物理结构上虽然独立于主体工程，但其价值附属于主体工程，在滨江壹号小区部分房屋已出售过户给业主的情况下，部分园林景观已属业主所有，而不系发包方单独所有，业主拥有的部分与发包方拥有的部分无法区分，因此其在性质上应属于“不宜折价、拍卖的”建筑工程。另外，依据《最高人民法院关于建设工程价款优先受偿权问题的批复》第二条之规定，承包人享有的工程价款优先受偿权不得对抗买受人，在业主拥有的部分与发包方拥有的部分无法区分时，若将园林景观予以拍卖、变卖，则与该规定相悖有损业主的利益。因此权衡各方利益的平衡，本院认定承包人对园林景观工程不享有工程价款优先受偿权。

近年来，涉及承包人要求对园林景观工程享有优先权的案例频频出现。建设工程价款优先受偿权涉及发包人和承包人、承包人与承包人、承包人与业主、承包人与一般债权人等多种利益关系的平衡问题，如何在掌握大的法律原则基础上，根据具体的个案平衡各方面的利益关系考验着每一个法官。

编写人：重庆市南川区人民法院　何丹

41

总包单位对分包单位拖欠农民工工资应承担先行垫付责任

——李东见诉鸿恒基幕墙装饰工程有限公司、中城投集团第五工程局有限公司劳务合同案

【案件基本信息】

1. 裁判书字号

北京市海淀区人民法院（2017）京 0108 民初 58506 号民事判决书

2. 案由：劳务合同纠纷

3. 当事人

原告：李东见

被告：北京鸿恒基幕墙装饰工程有限公司（以下简称鸿恒基公司）、中城投集团第五工程局有限公司（以下简称中城投五公司）

【基本案情】

北京现代物流商业中心位于北京市海淀区四季青镇东冉北街×号，发包人为北京四季兴海置业有限公司，总承包人为中城建第五工程局集团有限公司（后更名为中城投五公司）。2016 年 8 月 10 日，中城投五公司（承包人）与鸿恒基公司（分包人）签订《北京市建设工程施工专业分包合同》，约定后者分包前者北京现代物流商业中心（原兴海商业物流中心）工程中的石材幕墙工程，合同对工程款的支付时间和额度、完工验收、结算等事项进行了约定。

合同签订后，鸿恒基公司组织劳务人员对分包工程进场施工，李东见为其中劳务人员之一，双方未签订书面的劳务合同。李东见主张其劳务工作已经完成并退场，鸿恒基公司对此予以认可，双方确认尚欠李东见劳务费金额为 4100 元。鸿恒

基公司主张该公司负责的分包工程已经全部完工交付，中城投五公司对此不予认可，其主张涉案工程未达到验收标准且部分工程尚未完工，因此未能进行结算。根据双方签订的合同约定，合同暂估价为1386万元，其中不含税金额为13456310.68元，已付款金额为904万元。鸿恒基公司主张已经按照合同约定向中城投五公司报送结算验收手续，但未提交证据证明，中城投五公司对此不予认可。经确认，就涉案项目鸿恒基公司与中城投五公司尚未办理竣工验收及结算手续。根据现场勘察情况，涉案项目尚未实际投入使用。

【案件焦点】

中城投五公司是否应承担向李东见支付劳务费用的责任，即其作为总包单位是否存在未按合同约定与分包单位结清工程款且导致分包单位拖欠农民工工资的情况。

【法院裁判要旨】

北京市海淀区人民法院经审理认为：李东见为鸿恒基公司分包工程进行劳务作业，鸿恒基公司向其支付了部分劳务费，双方已经形成事实的劳务合同关系。李东见已完成劳务作业，鸿恒基公司应支付李东见欠付的劳务费。

《建设领域农民工工资支付管理暂行办法》规定，工程总承包企业未按合同约定与建设工程承包企业结清工程款，致使建设工程承包企业拖欠农民工工资的，由工程总承包企业先行垫付农民工被拖欠的工资，先行垫付的工资数额以未结清的工程款为限。因此，判断中城投五公司是否负有先行垫付劳务费用的义务，关键在于其作为总包单位是否存在未按合同约定与分包单位结清工程款且导致分包单位拖欠农民工工资的情况。

根据双方合同中关于进度款的约定，中城投五公司已付合同款项超过了60%，已经完成相关进度款支付第三部分的要求，而第四部分80%进度款付款的前提为工程全部完工达到验收标准并经双方结算，依照查明的事实及双方提供的证据，双方并未就工程进行验收和结算，涉案项目亦未实际投入使用，而鸿恒基公司亦无证据证明已依照合同之约定向中城投五公司交付工程且提交了相应的竣工结算资料，因此双方未达到合同约定的进度款支付条件，不能认定中城投五公司未按合同约定结清工程款，故中城投五公司无须承担向李东见先行垫付劳务费用的责任。

北京市海淀区人民法院依照《中华人民共和国合同法》第一百零九条规定，判决如下：

一、北京鸿恒基幕墙装饰工程有限公司于本判决生效后七日内，支付李东见劳务费4100元；

二、驳回李东见的其他诉讼请求。

【法官后语】

首先，在农民工主张劳务费的案件中，基础法律关系为农民工与劳务分包企业形成的劳务合同法律关系，而农民工与总承包企业并无相应的合同关系，因此由总承包企业向与其并无合同关系的农民工承担先行垫付劳务费的法律责任，已经是对合同相对性原则的突破。该观点有相应的法律法规依据且符合各地司法实践的通常做法。《建设领域农民工工资支付管理暂行办法》（以下简称《暂行办法》）第十条规定："业主或工程总承包企业未按合同约定与建设工程承包企业结清工程款，致使建设工程承包企业拖欠农民工工资的，由业主或工程总承包企业先行垫付农民工被拖欠的工资，先行垫付的工资数额以未结清的工程款为限。"《暂行办法》第十二条规定："工程总承包企业不得将工程违反规定发包、分包给不具备用工主体资格的组织或个人，否则应承担清偿拖欠工资连带责任。"而在各地司法实践中，部分地区的高级人民法院的指导意见中，亦明确表明支持该观点。其次，在涉及建设工程款优先受偿权的规定中，农民工工资在受偿顺序上优先于绝大部分债权，亦从侧面体现了司法实践对于该债权的优先保护程度。最后，对于总包单位先行垫付的条件及责任范围有明确的规定，既保证了农民工的相应权益，亦同时不会扩大总包单位的责任。

农民工讨薪案件属于劳务合同纠纷，总包单位及分包单位间的法律关系属于建设工程合同类纠纷，因此审查是否按照合同约定付清工程款，仅应进行形式审查，即按照双方合同约定的付款进度和条件确定应付而未付的工程款数额即可，不宜过度超出劳务合同案件审理范围而同时审理总分包单位之间的建设工程合同法律关系。

第一，从规定的文义解释角度分析，"未按照合同约定"的表述重点为双方之约定，对于约定范围之外的属于建设工程合同案件领域的其他专业性内容与劳务合同属不同的法律关系，不宜超出审理范围；第二，从保护农民工讨薪的角度考虑，若过度审理建设工程合同的内容，会增加诉讼成本和周期，不利于及时保护其相应权益；第三，过度超范围审查，相当于在总分包单位并未行使诉权的情况下，对于总分包单位之间的建设工程合同关系进行实体审理，亦不符合不告不理的基本司法原则。因此，应以第二种观点为宜。

在司法实践中，部分判决书对于农民工与实际施工人身份存在认定混乱的问题，并导致法律关系认定错误。比如在某判决书中，在认定原告农民工的身份并确定法律关系为劳务合同纠纷的情况下，判决书最终引用的法律依据却为《最高人民法院关于审理建设工程施工合同纠纷案件适用法律问题的解释》中第二十六条关于实际施工人的规定，明显混淆了二者之间不同的法律关系。对此笔者认为，若讨薪的为包工头，其所索要的款项为其管理的全部农民工的劳务费用，且从中获取自身劳务工作本身之外的额外利润，比如提成、管理费用等，应向其明确其应为实际施工人的身份，不应以普通劳务合同法律关系主张权利。反之，虽然讨薪的农民工是部分农民工的组织者，但其并未对于其自身劳务合同关系之外享有额外的利益进行主张，而仅要求获得与其劳务对应的相应报酬，不应认定其为建设工程合同领域的实际施工人，而仍应认定为劳务合同关系进行处理。

编写人：北京市海淀区人民法院　唐铸　王子葮

42

提前使用建筑工程，质保期从使用之日起计算

——福建闽安建筑工程有限公司诉福安市潭头中心小学建设工程施工合同案

【案件基本信息】

1. 裁判书字号

福建省福安市人民法院（2016）闽0981民初3755号民事判决书

2. 案由：建设工程施工合同纠纷

3. 当事人

原告：福建闽安建筑工程有限公司（以下简称闽安公司）

被告：福安市潭头中心小学（以下简称潭头小学）

【基本案情】

2006年7月24日，闽安公司与潭头小学签订协议书，约定闽安公司承建潭头小学宿舍楼。闽安公司于2010年完成该工程后，潭头小学于2010年即投入使用该教学楼。2012年5月17日，潭头小学召集了各单位对工程进行验收确认工程质量合格。潭头小学委托宁德市远达工程造价咨询有限公司对工程造价进行审核，确定审定后造价为1793279元。潭头小学支付部分工程款，余款335442元至今未付。闽安公司遂于2016年5月26日诉至本院。潭头小学以厕所存在渗漏问题，要求闽安公司承担保修责任，对渗漏问题进行无偿修复。

【案件焦点】

是否应采纳潭头小学的抗辩主张。

【法院裁判要旨】

福建省福安市人民法院经审理认为：基于保修期设定的目的在于保障建筑物在合理使用年限内不出现质量问题，如果出现质量问题，施工方有义务进行修复。一般来说，建筑工程只有在竣工验收之后，才可以投入使用。如果提前使用，则应该从使用之时开始计算保修期。况且，《最高人民法院关于审理建设工程施工合同纠纷案件适用法律问题的解释》第十四条规定："建设工程未经竣工验收，发包人擅自使用的，以转移占有建设工程之日为竣工日期……"因此，建筑物在未验收即投入使用，则保修期应当从投入使用之日起计算。潭头小学于2010年即投入使用该教学楼，至今已经超过了五年期限。该渗漏问题已经超过了法定的保修期限。闽安公司对渗漏问题无保修义务。因此，闽安公司无义务对厕所渗漏问题承担责任。潭头小学主张闽安公司对厕所渗漏问题进行修复，缺乏依据，不予支持。

福建省福安市人民法院依照《中华人民共和国合同法》第一百零七条，《最高人民法院关于审理建设工程施工合同纠纷案件适用法律问题的解释》第二条、第十四条、第十七条的规定，判决如下：

福安市潭头中心小学于本判决生效之日起五日内向福建闽安建筑工程有限公司支付工程款335442元并支付逾期利息损失（按照中国人民银行同期同类贷款利率标准计算，从2016年5月26日计至付款之日止）。

【法官后语】

建筑工程出现的渗漏质量问题是否属于闽安公司的保修责任。而此问题又涉及该渗漏质量问题是否在保修期内。《房屋建筑工程质量保修办法》第八条规定："房屋建筑工程保修期从工程竣工验收合格之日起计算。"就渗漏问题的保修期，《房屋建筑工程质量保修办法》第七条规定，"屋面防水工程、有防水要求的卫生间、房间和外墙面的防渗漏，为5年"。本案中，从查明的事实可知，该建筑工程实际于2010年春季投入使用，但是闽安公司与潭头小学书面签署的验收文件载明建筑工程于2012年验收合格。因此，认定本案工程竣工验收的具体时间直接决定了渗漏问题的保修期是否已过，渗漏问题是否属于闽安公司的保修责任。如认定保修期从2010年春季起计算，至发生诉讼的2016年5月，已经超过5年的保修期，如以双方书面签署的验收文件的2012年起计算，则渗漏问题仍在福建闽安建筑工程有限公司的保修期内。

保修期的起算时间应该从发包方提前使用建筑工程的时间起算。从使用之日起计算保修期，符合保修制度的设立初衷，保证了使用人对建筑物的合理使用年限，同时又避免了发包人占有使用建筑物又迟迟不予验收，变相延长承包人的保修年限。因此，在发包人擅自提前使用工程的情况下，保修期从使用之日起计算，更加公平合理。

具体到本案，虽然建筑工程在2010年已经投入使用，但因种种原因，导致工程于2012年才验收。在此种情况下，应该以工程实际投入使用的时间起算质量保修期，而不是双方签署书面验收文件的时间。

编写人：福建省福安市人民法院　叶林

十、运输合同

43

保价金额明显高于实际，如何认定赔偿

——北京格瑞纳健峰生物技术有限公司诉北京映急物流有限公司运输合同案

【案件基本信息】

1. 裁判书字号

北京市第四中级人民法院（2018）京04民终73号民事判决书

2. 案由：运输合同纠纷

3. 当事人

原告：北京格瑞纳健峰生物技术有限公司（以下简称格瑞纳公司）

被告：北京映急物流有限公司（以下简称映急物流公司）

【基本案情】

原告委托被告于2016年12月14日到大庆油田总医院提回DEB（24盒）、美敦力（30盒）和微创（6盒）返回北京。城市映急运单显示如下内容：发件人信息：大庆油田总医院。收件人信息：格瑞纳健峰公司。货物信息栏，品名：LB，件数：3，勾选“投保”，货物声明价值882000元。

运单背面运输条款有如下记载：“……7. ……：A、发件人在交件时必须声明物品价值，并按声明价值支付保费，发生保险责任事故，本公司将依据国家运输保险条例，按声明价值金额赔偿货物损失。……”

2016年4月原被告双方签订的《国内快递协议书》有如下内容，甲方（委托方）：格瑞纳公司，乙方（承运方）：映急物流公司。……7. 甲方委托乙方正常运输的情况下，乙方出现货物遗失情况，经责任认定乙方负其主要责任时，根据托寄物品品类，乙方应当承担以下赔偿责任：……2）托寄物品时有确定价值的温控物品，乙方应当承担实际货物损失，最高每票不超过2000元；

第三条费用与结算，……如甲方未在“保险事项”一栏中勾选“保险”项并注明保险金额或未足额支付保险费用，则视为甲方不为此票托寄物投保。如此票托寄物出险，则按本协议第二条第七款执行。

美敦力的温度限制是15℃～30℃，微创的温度限制是10℃～27℃，DEB的温度限制是0℃～25℃。三箱货物的启运温度均符合运输温度要求15℃～25℃之间。到达目的地后，原告立即拆卸温度记录仪，三箱货物的温度报告显示：第一箱的最高温度为23℃，最低温度为－4℃；第二箱的最高温度为24.7℃，最低温度为－2.7℃；第三箱最高温度为24.9℃，最低温度为0℃。原被告双方均不能说明DEB在三箱的分布情况。

原告称DEB目前没有在中国上市，没有市场价格。购买美敦力的价格为每盒13500元，购买贝朗的价格为每盒15200元，参照上述两项同品种医疗器械的价格，原告认为其声明的DEB单价为每盒15000为合理的市场价；购买微创的价格为每盒1170元，原告声明微创的价格每盒2000元，价格合理。

2017年3月30日被告向原告发送催促交纳运费和保险费的邮件，其中，2016年12月对账单中，本案所涉的货物对应的运费及保险费均未填写金额，备注栏记载“低温拒收免运费”，原被告均认可被告发给原告的对账单中2016年12月费用总额41690元不包含运费和保险费。

阳光保险公司因未支付保险费对被保险人（被告）做出拒赔通知。

被告提供2017年6月20日诺思格公司给原告发送的电子邮件，“赵经理，……明确几点如下：1. 有发票的产品，如果直接按发票含税价共412020赔偿，则可以不追究保费退还；或者你们按税前价格赔偿也行……2. 没有发票未上市产品RESTORE DEB……申办方能接受的底线是40倍，即24根RESTORE赔偿105600，请你们和承运商协调吧；……”

【案件焦点】

1. 涉案运输货物是否损坏；2. 涉案运输是否为保价运输，是否需要符合保险赔偿范围；3. 保价金额明显高于实际货值时，如何认定赔偿金额。

【法院裁判要旨】

北京铁路运输法院经审理认为：原被告签订的运输合同不违反法律、行政法规的强制性规定，合法有效，双方应当履行各自义务。本案的争议焦点为以下几点：

一、涉案运输货物是否损坏？本案三箱货物温度记录仪的温度报告显示记录可以证明三箱货物处于长时间低温状态，不符合承运时原告的运输温度要求（15℃～25℃）。另，涉案三种货物分别有不同温度要求，两箱的温度条件不符合涉案三种货物的温度要求，第三箱的温度条件仅符合DEB的温度要求，不符合美敦力、微创的温度要求。现原、被告双方均无法说明三种货物在三箱的分布情况。对此本院认为涉案的货物是医疗器械，对温度有比较特殊的要求，对该类物品是否能继续使用应该本着审慎的态度，超过产品外包装载明的温度要求的货物显然不能继续使用，应当认定为毁损。被告清楚地知道货物的温度要求，未采取合理的措施导致原告货物毁损，应当承担赔偿责任。

二、涉案运输是否为保价运输，是否需要符合保险赔偿范围？对本案运单背面条款"……7. 本公司……货物损失。"庭审中，双方对条款的理解有分歧，原告的理解是：按声明价值支付费用，发生了事故被告就应按照声明价值赔偿；被告的理解是：事故发生后，只要在保险公司的保险责任范围内，通过保险公司理赔来赔偿给原告。对此，本院认为，原、被告双方对条款的争议涉及本案运输的性质是否为保价运输的问题，首先，上述条款用词中提到"国家运输保险条例""发生保险责任事故"，但并不意味着本案需要符合保险责任，本案中原、被告双方均表示没有"国家运输保险条例"这个条例，且原、被告双方是运输合同关系，即使本案投保有保险，保险合同关系与本案分属不同法律关系，在本案中无法厘定保险责任范围，重点是上述条款也明确约定赔偿义务主体是被告，故本案并不需要符合保险责任，亦不应由保险公司赔付原告。其次，本案运单背面条款是格式条款，依据《中华人民共和国合同法》第四十一条的规定，即使上述条款不能作通常理解，也应该作出不利于被告的解释，即按声明价值支付费用，发生了事故被告就应按照声明价值赔偿。最后，保价运输是指承运人与托运人共同确定的以托运人声明货物价值为基础的一种特殊运输方式，保价指的就是托运人向承运人声明其托运货物的实际价值，本案原告在运单上填写了声明价值，条款也可以作出原告按声明价值支付费用，发生事故，被告按声明价值金额赔偿货物损失的理解，故可以认定涉案运输为保价运输。综上，本案原被告双方是运输合同关系，因被告未采取合理的保温措施导致货物损坏，被告理应承担赔偿责任。保险公司是否理赔，与本案分属不同法律关系，本案不予处理。

三、保价金额明显高于实际货值时，如何认定赔偿金额？

第一，对被告提出的因原告没有缴纳保险费而按照协议第三条第二款赔付的意见，本院不予支持。另，保险公司是否理赔被告与本案分属不同法律关系，本案不予考虑。

第二，关于美敦力和微创的价格，被告提交的诺思格公司给原告经理发送的电子邮件可以看出美敦力和微创是有发票的，但原告计算上述两种货物声明价值时适用的单价计算的总额为46.2万元，显然高于依据发票计算的总额40.5万元。关于DEB的价格，被告提交的诺思格公司给原告经理发送的电子邮件可以看出该产品未在中国上市，“没有发票/货值”。对此，DEB与贝朗、美敦力做临床对比试验，三者是同种类的产品，并不能说明其与贝朗、美敦力的价格相近，原告提供的证据不足以证明DEB的价格。依据原告提供的现有证据，原告填报的声明价值822000元明显高于货物实际价格。

第三，依据《中华人民共和国合同法》第三百一十二条规定，原告在运单上填写声明价值，办理保价运输，实际上是对赔偿额的一种约定。但保价运输是民商事活动的意思自治原则与承运人赔偿责任限额制度平衡的产物，目的在于平衡托运人与承运人之间的利益，因此既要保证托运人获得赔偿，同时又不得任意加重承运人责任。本案中原告填写的声明价值明显高于货物实际价格，若要求被告按照声明价值赔偿原告，不利于平衡双方当事人的利益。依据公平原则，酌情确定被告赔付原告的金额为53万元。

北京铁路运输法院依照《中华人民共和国合同法》第三百一十一条、第三百一十二条之规定，判决如下：

一、被告北京映急物流有限公司于本判决生效之日起十日内赔付原告格瑞纳健峰生物技术有限公司人民币53万元；

二、驳回原告格瑞纳健峰生物技术有限公司的其他诉讼请求。

被告不服原审判决，提起上诉。北京市第四中级人民法院同意一审法院裁判意见，判决：

驳回上诉，维持原判。

【法官后语】

本案系第三方物流承运精密医疗器械的货物运输合同纠纷案件，由于没有在国内上市等因素，精密的医疗器械的价值往往不能通过鉴定的方式确定，但由于医疗器械的特殊性，托运人填写的报价金额有时会高于实际价格，此时如果要求承运人依照保价金额赔付托运人，托运人会获益，这样与合同法的公平原则相悖，不利于平衡双方当事人的利益，此时就需要结合货物的实际价值，依据公平原则判定承运人赔付的金额。法院结合保价的设立初衷及目的，依据公平原则，参照货物实际价值，酌定了被告赔付原告的金额。

此外，涉及保价金额明显高于货物实际金额中“明显高于”的认定，承办法官认为高于实际货值30%可以认定为“明显高于”。并且此时法官应该对承运人进行释明。

编写人：北京铁路运输法院　王丹

44

发生货损后，赔偿标准如何认定

——陈永华诉孔繁强公路货物运输合同案

【案件基本信息】

1. 裁判书字号

广州铁路运输第二法院（2017）粤7102民初253号民事判决书

2. 案由：公路货物运输合同纠纷

3. 当事人

原告：陈永华

被告：孔繁强

【基本案情】

2016 年 7 月 11 日，广州耀凯金属制品有限公司（以下简称耀凯金属制品公司）和需方签订《购销合同书》："产品为集装箱淋浴间更衣室 2 套，彩钢铝合金岗亭 3 个，合计价格 61000 元，收货地址为山西朔州市朔城区南榆林乡西村，车费到付。"2016 年 7 月 21 日，广州市林安物流园信息中心出具《派车单》给孔繁强，并写地址一份："山西朔州市朔城区南榆林乡西村，解方毅：13934830 × × ×，3 × 6 ×2.3 白色 2 个，1.2 兰胶小 3 个，装警灯。"同日，孔繁强作为承运人，和华盛联金属制品厂签订《专线货物运输服务合同》一份："左上角标注：3 ×6 ×2.3 白色 2 个，1.2 兰胶小 3 个，装警灯，目的站联系人解方毅，联系电话：13934830 × × ×，地址为山西朔州市朔城区南榆林乡西村。"2016 年 7 月 22 日晚，货车到达山西丹河收费站时因超限被扣并开往超限停车场。因无法及时办理超限证，货车于 2016 年 7 月 30 日开往山西祁县。货物现放置于山西祁县永明租赁服务部，被告提供该货物实际测量视频和照片显示，集装箱淋浴间更衣室长为 6.03 米，宽为 3.03 米，高为 3.06 米，原告对该规格尺寸无相反证据予以反驳，本院对测量视频和照片的真实性、合法性和关联性依法予以确认。被告提供 2016 年 7 月 20 日《山西省高速公路管理局关于汛期暂停超限运输行政审批相关工作的紧急通知》一份，内注明："由于近日全省大部分地区降雨量激增，为配合汛期应急管理，做好高速公路安全防汛工作，……经省局研究决定，近期暂停超限运输行政审批相关工作。"

【案件焦点】

承揽货物具有独特的时效性和功能性，不同于普通货物，承揽货物发生货损的，应如何认定赔偿标准。

【法院裁判要旨】

广州铁路运输第二法院经审理认为：本案系公路货物运输合同纠纷。华盛联金属制品厂和孔繁强签订的《专线货物运输服务合同》为双方真实意思表示，合同当事人应按合同约定履行合同义务。根据《中华人民共和国合同法》第二百九十条规定，承运人应当在约定期间或者合理期间内将旅客、货物安全运输到约定地点。本案中，合同约定的收货地在山西朔州市，现货物放置于山西祁县，被告未按约定如期将货物运送至指定收货地点，已经构成违约，应承担违约责任。

关于本案中原告实际损失的问题。根据《中华人民共和国合同法》第一百一十三条第一款规定，当事人一方不履行合同义务或者履行合同义务不符合约定，给对方造成损失的，损失赔偿额应当相当于因违约所造成的损失，包括合同履行后可以获得的利益，但不得超过违反合同一方订立合同时预见到或者应当预见到的因违反合同可能造成的损失。原告提供的《购销合同书》中所描述的货物名称、规格数量、收货地址和广州市林安物流园信息中心出具给被告的《派车单》及地址，以及《专线货物运输服务合同》中的货物信息能够一一对应，形成完整的证据链，本院依法认定该《购销合同书》货物为本案运输货物，《购销合同书》内注明的61000元为供货价格，本院依法予以确认。虽然涉案货物现存放于山西祁县永明租赁服务部，但因该货物为承揽定制货物，因未如期运送到约定地点并交付给定作人，已经失去了其时效性和功能性，定作人亦拒绝收货，且原告无法再另行出售处理，应推定为本案货物全损，故原告因被告违约行为遭受的实际损失为61000元。

广州铁路运输第二法院依照《中华人民共和国民法通则》第二十九条第一款，《中华人民共和国合同法》第一百一十三条第一款、第二百九十条、第三百零四条之规定，判决：

被告孔繁强于本判决生效之日起十五日内向原告陈永华赔偿货物损失42700元及利息（按中国人民银行同期同类贷款基准利率，从2017年6月29日起计至实际付清之日止）。

【法官后语】

公路货物运输合同纠纷审理实践中，货物的毁损、灭失后如何赔偿是难点之一，本案就是一个典型案件。根据《中华人民共和国合同法》规定，当事人有约定的按约定；没有约定或者约定不明确，可以协议补充；不能达成补充协议的，按照合同有关条款或者交易习惯确定；仍不能确定的，按照交付或者应当交付时货物到达地的市场价格计算；法律、行政法规对赔偿额的计算方法和赔偿限额另有规定的依照其规定，即归纳起来为：合同双方合意——交易习惯——市场价格。

虽然法律有原则性规定，具体司法操作中却碰到各种各样的问题：首先，目前运输行业或物流行业仍然很混乱，从业者如货运部或个体司机法律意识淡薄，大部分运输合同纠纷并无书面运输合同或合同极其简单不规范，关于货损事前事后无法达成双方合意；其次，无法达成合意时市场价格如何确定，法院不是价格部门，无法推定价格多少，这就涉及举证责任分配，以及证据证明力的认定问题；最后，关于货损大小各方当事人往往各执一词，全损或部分损失通常是争议焦点。

本案中，因突发的天气原因，有关部门暂停超限运输行政审批工作，导致货物因超高超限被扣且无法办理放行手续而不能准时到达指定目的地。原告认为，因该货物无法准时送达，买家因已不需要而提出退货要求，且货物为定制货物无法另行销售，故货物全损；被告认为，货物未损坏保存完整，还可另行销售或处理，故未给原告造成损失，最多赔偿运费。在双方各执一词的情形下，我们认为，本案货损应根据实际情况考虑公平原则等因素综合衡量。涉案货物为集装箱式的淋浴间和更衣室，是买家为专门活动特别定制的应急性设备，为承揽货物，具有特殊的时效性和功能性，因此及时运送到现场是本案承运人的主要义务之一。对于买家来说，货物未及时送达，即使未损坏，也不再实际需要，即丧失了实际作用；而对于卖家来说，承揽定制的货物因功能的单一性和独特性，未出售给特定买家也不能再出售给其他人。故本案综合具体案情和公平原则，我们认为承揽货物未及时送达定制人而导致退货，且货物无法再另行出售的，对托运人，即卖方来说，应推定为货物全损，故支持了原告的主张。

编写人：广州铁路运输第二法院　龙浩　曾艳辉

45

货物运输合同中隐名委托人的认定

——美亚财产保险有限公司深圳分公司诉大连海通全球通国际物流有限公司、南京顺锦航运有限责任公司通海水域货物运输合同案

【案件基本信息】

1. 裁判书字号

广东省高级人民法院（2017）粤民终1543号民事判决书

2. 案由：通海水域货物运输合同纠纷

3. 当事人

原告（上诉人）：美亚财产保险有限公司深圳分公司（以下简称美亚公司）

被告（被上诉人）：大连海通全球通国际物流有限公司（以下简称海通公司）

被告：南京顺锦航运有限责任公司（以下简称顺锦公司）

【基本案情】

信义节能玻璃（芜湖）有限公司［以下简称信义（芜湖）公司］与信义环保特种玻璃（江门）有限公司［以下简称信义（江门）公司］签订购销合同，约定内销水运送货，交货地点为江门高新区等。2015年7月14日，信义（芜湖）公司的关联公司芜湖信和物流有限公司（以下简称信和公司）作为托运方，与海通公司作为承运方签订货物运输合同，约定货物为裸包玻璃，由芜湖信义码头至江门信义码头，船名锦海森，以及货物装卸、双方责任等内容。7月16日，海通公司与顺锦公司签订航次租船合同，约定托运人为海通公司，承运人为顺锦公司，船舶为锦海森轮，装货港芜湖，卸货港江门等。7月30日，顺锦公司出具水路货物运单，该运单记载：托运人为信义（芜湖）公司，收货人为广东江门信义玻璃公司，船名为“锦海森”轮，承运人签章处盖顺锦公司“锦海森”的船名章，收货人签章处盖有信义（江门）公司的章，该运单左上角注明：承运人、实际承运人、托运人、收货

人的有关权利、义务，适用《国内水路货物运输规则》。8 月 1 日，“锦海森”轮在芜湖信义码头装货完毕，8 月 6 日航行到浙江温州时为躲避台风抛锚避台，于 8 月 16 日到达江门信义码头，开舱后发现玻璃倒架受损。收货人信义（江门）公司制作了玻璃碎片记录，船方处盖顺锦公司“锦海森”的船名章。信义（江门）公司就受损的玻璃与案外人签订碎玻璃购销合同，并就涉案的货损由信义（芜湖）公司另行向其补货以赔偿损失。

信义集团（玻璃）公司以信义（芜湖）公司等为被保险人向美亚公司投保了年度保单，保险标的物为玻璃及配件，航程为中国大陆（西藏除外）之间的运输。涉案货损事故发生后，美亚公司委托的公估机构出具报告，确认损失理算金额为 259687.26 元。2016 年 4 月 25 日，信义（芜湖）公司、信和公司共同向美亚公司出具了豁免责任和代位求偿书，美亚公司于 4 月 27 日向信义（芜湖）公司支付 259687.26 元。

海通公司以货主为被保险人向太平财产保险有限公司（以下简称太平保险公司）投保了货物运输保险，并签订了货运运输预约保险协议。就涉案货物运输的货物运输保险单约定被保险人为信和公司，投保人为海通公司，运输工具为“锦海森”轮，航程为芜湖至江门信义码头，保险标的物为浮法钢化玻璃等。涉案货损发生后，信和公司、海通公司、太平保险公司大连分公司达成了和解协议，约定太平保险公司大连分公司向信和公司一次性支付 130819.50 元作为本次事故的最终及全部款项，信和公司保证其是被保险人，是目前就货损向海通公司唯一有权提出索赔的一方。收到保险理赔款 130819.50 元后，信和公司向太平保险公司出具收据和解除责任确认书。

美亚公司诉称其是本案货物运输的保险人，信义（芜湖）公司是被保险人，其根据公估报告向信义（芜湖）公司赔付了 259687.26 元，依法取得代位求偿权。海通公司是承运人，顺锦公司是实际承运人，应对以上损失承担连带赔偿责任。请求：海通公司、顺锦公司连带赔偿货物损失 259687.26 元及利息。

海通公司称，1. 海通公司与信义（芜湖）公司没有合同关系，也非实际承运人，海通公司不是适格被告；2. 海通公司不是造成货物损害的责任人，根据海通公司与信和公司之间签订的《货物运输合同》第八条约定，货物装船、绑固由信和公司负责，而本案货损是由于绑固不牢导致，而且海通公司选择顺锦公司作为实际承运人，与顺锦公司签订《航次租船合同》，由顺锦公司实际履行运输；3. 海通公司通过保险公司向《货物运输合同》的托运人履行了保险赔付义务，无须承担任何责任。

【案件焦点】

1. 海通公司与信义（芜湖）公司是否存在货物运输合同关系；2. 海通公司是否应与顺锦公司连带承担美亚公司赔付的涉案保险赔偿金及其利息。

【法院裁判要旨】

广州海事法院以海通公司与信义（芜湖）公司不存在货物运输合同关系为由，驳回美亚公司对海通公司的诉讼请求，以顺锦公司作为实际承运人，未能证明货物的毁损、灭失是因不可抗力、货物本身的自然性质或者合理损耗以及托运人、收货人的过错造成为由，判令顺锦公司对本案货物损失承担赔偿责任。

广东省高级人民法院审理认为：2015年7月14日，信和公司作为托运方与海通公司作为承运方签订货物运输合同，由海通公司将货物裸包玻璃从安徽芜湖信义码头运至广东江门信义码头。7月16日海通公司与顺锦公司签订航次租船合同，海通公司作为托运人将货物交由顺锦公司承运。该两份货物运输合同均合法有效。美亚公司上诉认为信和公司与信义（芜湖）公司间存在委托代理合同关系，依据合同法关于隐名代理的法律规定信义（芜湖）公司可以介入信和公司与海通公司的运输合同，取得信和公司要求海通公司赔偿货损的权利。即使依据美亚公司提交的信和公司出具的情况说明认定信和公司与信义（芜湖）公司间存在委托关系，但在海通公司与信和公司签订货物运输合同时，并无证据证明海通公司知晓信和公司与信义（芜湖）公司间的委托关系，故货物运输合同签订时仅在海通公司与信和公司之间具有约束力。《中华人民共和国合同法》第四百零二条及第四百零三条，规定了委托人的介入权和委托人对第三人的权利及第三人选择相对人的权利。该条款适用于委托人、受托人、第三人之间的法律关系，当受托人因第三人的原因对委托人不履行义务时，受托人应当向委托人披露第三人，委托人因此可以行使受托人对第三人的权利。也即委托人的介入权需在受托人与第三人间产生纠纷，委托人愿意介入受托人与第三人的合同关系时产生。本案信和公司与信义（芜湖）公司不是本案当事人，没有证据证明信和公司向海通公司披露信和公司与信义（芜湖）间的委托关系，信义（芜湖）公司愿意承受信和公司在货物运输合同中的权利义务，而海通公司认为信和公司与信义（芜湖）公司间是运输合同关系并不是委托合同关系。且在信和公司、海通公司、太平财产保险有限公司大连分公司达成的和解协议中，信和公司保证其是被保险人，是目前就货损向海通公司唯一有权提出索赔的一方。也说明信和公司愿意作为《货物运输合同》的相对方，受该合同的约束。在信和公司、信义（芜湖）公司、海通公司间均未主张信义（芜湖）公司应介入海通公司与信和公司所签订的《货物运输合同》情形下，作为非合同当事人的美亚公司上诉认为基于信和公司与信义（芜湖）公司间的委托代理关系，信义（芜湖）公司应受海通公司与信和公司间的《货物运输合同》约束的上诉理由缺乏法律和事实依据，不予支持。

信义集团（玻璃）有限公司以信义（芜湖）公司等为被保险人向美亚公司投保，美亚公司作为信义（芜湖）公司的保险人，在海通公司与信义（芜湖）公司之间不存在货物运输合同关系的情况下，美亚公司根据保险合同向信义（芜湖）公司赔付后，无权代位托运方信和公司向海通公司主张因货物运输合同所产生的权利。美亚公司上诉认为海通公司应与顺锦公司连带承担美亚公司赔付的涉案保险赔偿金及其利息的理由缺乏事实和法律依据，不予支持。

广东省高级人民法院判决：

驳回上诉，维持原判。

【法官后语】

本案系通海水域货物运输合同纠纷，争议实质为合同签订后，第三人主张其为委托人，合同签订人为其受托人，并主张行使委托人介入权时的处理。该案以举证证明在合同签订时已披露该委托关系并取得合同相对方的同意作为委托是否成立的认定标准。案件的处理对平衡合同当事人的权利义务，保障双方当事人的知情权与选择权，促进交易安全与交易效率有积极意义。

原告美亚公司作为保险公司，是本案货物运输的保险人，而信义（芜湖）公司是被保险人，其向信义（芜湖）公司赔付后依法取得代位求偿权，代位信义（芜湖）公司要求货物的承运人海通公司及实际承运人顺锦公司对涉案货损承担连带赔偿责任。但信义（芜湖）公司并未与海通公司签订货物运输合同，与海通公司签订货物运输合同的为信和公司，此时即涉及美亚公司主张的信义（芜湖）公司委托信和公司签订该运输合同是否成立的问题。美亚公司向法院提交了信和公司的情况说明书，载明信和公司是受信义（芜湖）公司签订运输合同。但该证据只是单方陈述，其并无证据证明在签订合同时已向海通公司告知该受托情况。在美亚公司不能举出其他证据证明其主张的情况下，现有证据足以认定其主张的委托关系不能成立。另外，在本案中信和公司、海通公司、太平财产保险有限公司大连分公司（海通公司为涉案货物运输而投保的保险人）签订的和解协议约定信和公司保证其是目前就货损向海通公司唯一有权提出索赔的一方，表明信和公司系以自己名义而非代理信义（芜湖）公司与海通公司签订货物运输合同。该事实更加加强了法官对货物运输合同中是否存在委托的内心判断。

本案原告美亚公司同时向实际承运人顺锦公司主张货损责任，虽然与顺锦公司联系业务，签订航次租船合同的是海通公司，但是因为顺锦公司向信义（芜湖）公司出具了水路货物运单，即顺锦公司与信义（芜湖）公司之间形成了运输合同。此时即不存在隐名委托关系，法院根据运单约定及法律规定，认定顺锦公司作为实际承运人对涉案货损应承担责任。

编写人：广东省高级人民法院　王芳　李俊松

46

公共运输承运人的尽力救助义务

——林成宗、林彩恋诉厦门公交集团集美公共交通有限公司运输合同案

【案件基本信息】

1. 裁判书字号

福建省厦门市中级人民法院（2017）闽02民终1698号民事判决书

2. 案由：运输合同纠纷

3. 当事人

原告：林成宗、林彩恋

被告：厦门公交集团集美公共交通有限公司（以下简称集美公交公司）

【基本案情】

2016年9月14日6时40分许（车载监控录像显示的时间，下同），林小娜在莲花路口东站购票乘坐被告集美公交公司的车牌号为闽DZ37××号950路公交车欲往岛外的工商旅游学校上学。6时40分10秒，林小娜上车后径直走到车厢尾部，与同时上车的两位同学一起坐在后车门另一侧倒数第二排区域的座位；车辆平稳行进中，行驶到高架桥路段，6时41分21秒，林小娜突然发病从座位上滑落，面朝下倒在该公交车后排座位的中间过道上；6时41分44秒，驾驶员知道有人晕倒后，立即停车到后排查看；6时42分30秒，驾驶员驶下高架桥路段；6时43分11秒，驾驶员停车后再次到车尾查看，但没有移动及翻动林小娜；6时43分21秒，驾驶员疏散乘客，但仍有部分乘客滞留车厢；6时43分40秒，驾驶员用手机拨打110报警；6时46分40秒，110联动指令120回拨电话给驾驶员确认所在方位，并询问驾驶员晕倒病人情况，驾驶员回答说不清楚晕倒病人什么情况、不知道怎么处理；在等候120急救车期间，驾驶员一直在林小娜身边查看，但没有移动及翻动林小娜；6时50分03秒，车厢内的其他乘客都已全部下车，仅剩下林小娜及其两个同学；6时50分11秒，林小娜母亲林彩恋到事发现场车上，将林小娜翻转过来，进行吹气、按压；6时55分41秒，旁边的同学翻林小娜书包拿药；6时58分02秒，120急救车到达现场，驾驶员协助医护人员将林小娜抬上急救车，送至厦门市中医院抢救。

7时05分，林小娜到达急诊时呈叹气样呼吸，心率、血压测不出，医院立即予心肺复苏等，其间发作2次室颤，予电除颤处理后转复，于7时50分心跳恢复，意识仍昏迷，初步诊断为心跳骤停、心肺复苏后缺血缺氧性脑病、先天性心脏病、房间隔缺损、室间隔肌缺损、多脏器功能损伤。家属代诉病史为林小娜9年前开始反复出现晕厥，每次发作数分钟后意识转清醒，苏醒后无特殊不适，发作频率为每年1~2次，先后就诊于厦门市中山医院及上海儿童医院，被诊断为“先天性心脏病，房间隔缺损，室间隔肌缺损”。厦门市中医院将林小娜收住ICU予以重症监护，

2016年9月16日，林小娜家属要求放弃一切抢救及治疗措施，包括气管插管、呼吸机、心肺复苏术等，医院反复向患者家属告知其病情，放弃治疗可导致其随时心跳停止，其表示理解，签字要求。医院于11时45分予以撤除一系列治疗措施后，林小娜于12时15分死亡，死亡原因为缺血缺氧性脑病，呼吸循环衰竭，死亡时年满17周岁。林小娜的家属支付了住院医疗费18730.51元（含120急救费422.9元）。林小娜的遗体已于2016年9月18日火化。

另查明，林成宗、林彩恋系夫妻关系，林小娜系二人的婚生女。林小娜户口自2016年5月5日因购房随母亲林彩恋从福建省安溪县官桥镇石林村后林尾××号迁至厦门市同安区新民镇梧侣路247号××室，其在厦门已连续居住超过一年。

还查明，案涉公交车系无人售票公交汽车，车载监控录像上显示时间与北京时间一致，林小娜的e通卡（学生卡）卡号为8012××××，该卡于2016年9月14日6时40分02秒、6时40分03秒分别刷卡消费两次，每次金额为0.5元。该趟车次的驾驶员为许诗展。

【案件焦点】

公交公司是否已履行尽力救助的义务，是否应对林小娜的死亡承担相应责任。

【法院裁判要旨】

福建省厦门市思明区人民法院经审理认为：旅客林小娜购票乘坐集美公交公司950路公交车，双方之间建立了客运合同关系。作为承运人，集美公交公司应将旅客安全运输到约定地点。根据《中华人民共和国合同法》第三百零一条规定，承运人在运输过程中，应当尽力救助患有急病、分娩、遇险的旅客。本案中驾驶员在林小娜发病倒地后，立即停车并在两分多钟的时间内疏散乘客、拨通110报警求助，从车载监控录像显示的时间来看，林小娜从发病倒地到被抬上120急救车送往医院救治，中间仅间隔17分钟，从救助时间上看，承运人集美公交公司已尽到尽力救助的义务。林成宗、林彩恋认为驾驶员应对林小娜采取心肺复苏等急救措施，并应将车直接开往医院，否则就是未尽尽力救助的义务。心肺复苏术系专业的医疗急救人员掌握的一项专业技能，心肺复苏术适用时机、条件、步骤、注意事项都有专业的医学要求，在不清楚林小娜发病原因的情况下，驾驶员未对林小娜采取心肺复苏术不能视为其不履行尽力救助的义务，驾驶员在已经第一时间拨打110求救的情况下，由110统一调度指挥120施救从救助时间上更能保证林小娜及时送医救助，对林成宗、林彩恋认为集美公交公司的驾驶员未将车直接开往医院耽误救助时间的主张，不予采纳。根据《中华人民共和国合同法》第三百零二条第一款规定，承运人应当对运输过程中旅客的伤亡承担损害赔偿责任，但伤亡是旅客自身健康原因造成的或者承运人证明伤亡是旅客故意、重大过失造成的除外。经查明，林小娜9年前被诊断为先天性心脏病，发作频率为每年1～2次，其死亡原因为缺血缺氧性脑病，呼吸循环衰竭，本案中林小娜死亡系其自身健康原因造成的，集美公交公司营运的公交车辆系无人售票公交车，不宜对驾驶员苛以过高的注意义务，故对原告林成宗、林彩恋主张集美公交公司向其赔偿医疗费、住院伙食补助费、营养费、交通费、丧葬费、死亡赔偿金、精神损害抚慰金、受害人亲属办理丧葬事宜支出的交通费、住宿费和误工损失等其他合理费用共计292732.023元的诉讼请求，缺乏事实和法律依据，不予支持。

福建省厦门市思明区人民法院依照《中华人民共和国合同法》第三百零一条、第三百零二条，《中华人民共和国民事诉讼法》第六十四条第一款之规定，判决如下：

驳回原告林成宗、林彩恋的全部诉讼请求。

宣判后，原告林成宗、林彩恋不服一审判决提出上诉。福建省厦门市中级人民法院同意一审裁判意见，依照《中华人民共和国民事诉讼法》第一百七十条第一款第（一）项之规定，判决如下：

驳回上诉，维持原判。

【法官后语】

本案系因乘客自身健康原因导致的客运运输合同纠纷，争议焦点是公交公司是否已履行尽力救助的义务。

《中华人民共和国合同法》第三百零一条的立法本意在于鼓励承运人积极救助旅客，但从法律逻辑来看，其仅规定了行为模式，但并未对救助义务的程度、范围及法律后果作出具体规定。由于产生救助需要的客观形势往往具有突发性、复杂性与紧迫性，合同法所施加的这种救助义务，要求承运人在乘客患病时应当在其能力范围内，根据当时的客观情况尽其所能对乘客予以及时、合理的救助，综合考虑救助的“合理性”与“积极性”，应结合以下几个方面对于尽力救助的标准予以考量。

第一，救助主体救助能力。本案的公交车属于公共交通工具，以较为低廉的价格服务公众，而且本车次为无人售票公交车，对不具有急救能力的驾驶员苛以过高的注意及救助义务显然不切实际，已超过了承运人合理履约能力，并且与其公共运输权利不对等，有违权利与义务对等原则。

第二，救助对象可救助性。本案中心肺复苏救助系专业医疗急救人员掌握的一项专业技能，其适用时机、条件、步骤、注意事项都有专业的医学要求，即使现场抢救，因大多数急救者没有完全掌握正确复苏的要领，其结果使患者得到的可能是无效抢救；本案中乘客具有先天性心脏病，每年发作1～2次，但是家属没有在其书包上进行明显标注，作为普通人确实无法确定疾病的种类及施救的方式。

第三，救助时间及时性。本案中驾驶员在林小娜发病倒地后，立即停车并在两分多钟的时间内疏散乘客、拨通110报警求助，从车载监控录像显示的时间来看，林小娜从发病倒地到被抬上120急救车送往医院救治，中间仅间隔17分钟，从救助时间上看，承运人集美公交公司已尽到尽力救助的义务。

第四，救助措施合理性。本案中的无人售票公交车驾驶员在发现当事人晕倒后及时停车并疏散人群，拨打报警及急救电话，间隔时间较短，同时在不清楚林小娜发病原因的情况下，驾驶员未对林小娜采取心肺复苏术不能视为其不履行尽力救助的义务，司机所采取的一系列措施是其在当时情形下凭其个人之力所能尽到的最大努力，可认为已履行了救助义务。

编写人：福建省厦门市思明区人民法院　陈远治　吴颖

47

国际航空货物运输中的赔偿限额

——深圳德威国际货运代理有限公司诉深圳市欧冠国际物流有限公司国际航空货物运输合同案

【案件基本信息】

1. 裁判书字号

广东省深圳市中级人民法院（2016）粤03民终18378号民事判决书

2. 案由：国际航空货物运输合同纠纷

3. 当事人

原告（反诉被告、上诉人）：深圳德威国际货运代理有限公司（以下简称德威公司）

被告（反诉原告、被上诉人）：深圳市欧冠国际物流有限公司（以下简称欧冠公司）

【基本案情】

德威公司与欧冠公司有长期的业务合作关系。2015年5月，欧冠公司委托德威公司安排了四笔由深圳飞往法国巴黎的货物出口航空运输，分别为UPS运单号406－87687294、406－87687154、406－87687305（退仓）和MU运单号112－08034880。共计发生运费人民币31972.2元。其中UPS运单号为406－87687294的业务共计运输四件货物，在运输途中丢失了三件。该笔货物是深圳迈瑞生物医疗电子股份有限公司（以下简称迈瑞公司）委托欧冠公司从深圳运至法国巴黎。依据欧冠公司提交的迈瑞公司发票显示，丢失的三件货物分别为Bricyte E6附件－自动进样器，价值3000美元；电脑主机，价值1000美元；显示器，价值500美元。诉讼中，德威公司对该发票亦予以认可。另查，德威公司将部分货物的ATA通关单证随货物一并托运，其中有4份ATA单证亦在运输过程中遗失。德威公司向法院起诉请求：1. 欧冠公司支付德威公司运费人民币31972.20元；2. 欧冠公司承担本案全部费用及保全费。欧冠公司反诉请求：1. 德威公司赔偿因货物丢失产生的损失美元4500元

（以原告实际清偿之日的汇率结算）；2. 德威公司赔偿因遗失 ATA 单证册产生的损失欧元 3617.92 元（以德威公司实际清偿之日的汇率结算）及人民币 14662 元；3. 本案诉讼费用由德威公司承担。

【案件焦点】

1. 虽然纠纷当事人均为国内公司或自然人，但法律事实发生在域外，是否需要通过法律冲突规范选择应适用的法律，选择适用的法律是否包括国际条约或域外法；2. 我国作为《蒙特利尔公约》的成员国，是否应履行条约义务；《蒙特利尔公约》成员国之间的国际货物运输合同纠纷，对损害赔偿应如何强制适用《蒙特利尔公约》的规定。

【法院裁判要旨】

广东省深圳市罗湖区人民法院经审理认为：本案为运输合同纠纷。德威公司接受欧冠公司的委托为其安排货物空运并收取运费，双方形成事实上的运输合同关系。双方之间的运输合同关系是双方真实意思表示，没有违反法律和行政法规的强制性规定，合法有效，双方应当遵照履行。德威公司为欧冠公司提供了运输服务，欧冠公司应当履行支付运费的合同义务。故德威公司请求欧冠公司支付拖欠的运费人民币 31972.2 元，合法有理，法院予以支持。德威公司在合同履行过程中遗失欧冠公司托运的货物，依法应当承担赔偿责任。关于赔偿标准，德威公司主张应按照航空公司出具的提单上背面记载的赔偿须知按照每公斤 SDR19 特别提款权的标准进行赔偿，但德威公司所提交的提单为没有提供原件核对的打印件，欧冠公司对该提单的内容也不确认，且德威公司所提交的提单托运人和承运人也并非德威公司与欧冠公司，故德威公司提交的该提单不能证明德威公司与欧冠公司双方约定货损的赔偿标准为每公斤 SDR19 特别提款权，故德威公司应按照货物的实际价值美元 4500 元进行赔偿。关于 ATA 单证遗失的损失问题，因德威公司与欧冠公司双方之间为货物运输合同关系，没有证据显示双方约定 ATA 单证等报关手续随货物由承运人负责运输，欧冠公司也未举证证明 ATA 单证随货是交易惯例，故欧冠公司请求德威公司赔偿因 ATA 单证遗失导致的损失，没有法律依据，法院不予支持。

广东省深圳市中级人民法院经审理认为：本案为国际航空货物运输合同纠纷。因中国和法国均为《统一国际航空运输某些规则的公约》（即 1999 年《蒙特利尔公约》）的当事国，而案涉货物系《蒙特利尔公约》第一条适用范围内的“国际运输”，根据《最高人民法院关于适用〈中华人民共和国涉外民事关系法律适用法〉若干问题的解释》第四条、《中华人民共和国民用航空法》第一百八十四条，应适用《蒙特利尔公约》处理本案。一审法院适用法律错误，二审予以纠正。

德威公司在合同履行过程中遗失欧冠公司托运的货物，依法应当承担赔偿责任。德威公司在承运货物的过程中，部分货物（UPS 运单号 406 – 87687294 项下的三件货物）发生丢失，德威公司应对此承担赔偿责任。如上所述，本案应适用《蒙特利尔公约》，《蒙特利尔公约》第四十九条规定，“运输合同的任何条款和在损失发生以前达成的所有特别协议，其当事人借以违反本公约规则的，无论是选择所适用的法律还是变更有关管辖权的规则，均属无效”，故《蒙特利尔公约》在本案中强制适用，不以当事人是否选择或者约定为前提，因此欧冠公司未对空运单背面条款予以确认并不能排除《蒙特利尔公约》的适用，涉案货损的赔偿标准应适用《蒙特利尔公约》第二十二条第三款责任限额的规定。

根据迈瑞公司出具的商业发票，丢失货物重量为 26.4 公斤，价值为 4500 美元，德威公司确认丢失货物重量为 26.4 公斤，但称欧冠公司以前的电子邮件附件中所显示的货物价值仅为 850 美元，二审认为该邮件仅是欧冠公司办理托运过程中单方所填，未经迈瑞公司确认，不能作为认定货物价值的依据，货物的重量和价值应以迈瑞公司的商业发票为准。丢失货物重量为 26.4 公斤。《蒙特利尔公约》第二十二条第三款的赔偿限额以每公斤 17 个特别提款权为限，2014 年 6 月 11 日国际民航组织第 202 届理事会第 2 次会议审议通过了对《蒙特利尔公约》责任限额的复审，规定的责任限额将维持在 2009 年进行第一次复审后确定的水平，即 19 个特别提款权。故赔偿限额应为 $26.4 \times 19 = 501.6$ 个特别提款权。涉案货物实际价值 4500 美元已超过了《蒙特利尔公约》的赔偿限额，故德威公司应以 501.6 个特别提款权为限向欧冠公司赔偿损失。

广东省深圳市中级人民法院依照《统一国际航空运输某些规则的公约》第二十二条、第二十三条、第二十四条、第四十九条，《中华人民共和国民用航空法》第一百八十四条，《最高人民法院关于适用〈中华人民共和国涉外民事关系法律适用法〉若干问题的解释（一）》第四条，《中华人民共和国民事诉讼法》第一百七十条第一款之规定，如下判决：

一、维持原审判决第一项；

二、撤销原审判决第二项、第三项；

三、德威公司于判决生效之日起十日内赔偿欧冠公司丢失货物产生的损失501.6个特别提款权（按照国际货币基金组织在本判决生效当日公布的1个特别提款权表示的美元价值计算）；

四、驳回欧冠公司的其他反诉请求。

【法官后语】

本案是国际航空货物运输合同纠纷，涉及赔偿责任的问题，中国和法国均参加了统一国际航空运输赔偿限额问题的《蒙特利尔公约》，根据《蒙特利尔公约》第一条（二），就本公约而言，"国际运输"系指根据当事人的约定，不论在运输中有无间断或者转运，其出发点和目的地点是在两个当事国的领土内，或者在一个当事国的领土内，而在另一国的领土内有一个约定的经停地点的任何运输，即使该国为非当事国。就本公约而言，在一个当事国的领土内两个地点之间的运输，而在另一国的领土内没有约定的经停地点的，不是国际运输。本案属于《蒙特利尔公约》的适用范围，应直接适用《蒙特利尔公约》。

《蒙特利尔公约》是调整国际航空运输某些规则的公约，这里的某些规则主要就是损失赔偿方面的规则。《蒙特利尔公约》具有强制适用的性质。《蒙特利尔公约》第四十九条规定，运输合同的任何条款和在损失发生以前达成的所有特别协议，其当事人借以违反本公约规则的，无论是选择所适用的法律还是变更有关管辖权的规则，均属无效。因此，无论欧冠公司是否在空运单背面的合同条款上签字，《蒙特利尔公约》的赔偿限额都应强制适用。

编写人：广东省深圳市中级人民法院　朱萍

48

因故意或者重大过失造成对方财产损失的免责条款无效

——曾韦翔诉顺丰速运有限公司运输合同案

【案件基本信息】

1. 裁判书字号

广东省深圳市中级人民法院（2016）粤03民终12161号民事判决书

2. 案由：运输合同纠纷

3. 当事人

原告（被上诉人）：曾韦翔

被告（上诉人）：顺丰速运有限公司（以下简称顺丰公司）

【基本案情】

2015年1月22日，曾韦翔委托顺丰公司寄送物品至湖北鄂州，收件人为“肖念东”，电话为“0711－325××××，1317737××××”，地址为“湖北省鄂州市鄂城区老邮局对面交警三中队楼下××礼品店”，快递单号为13485186××××，在“托运物内容”处填写的为“工艺品”，此处还有“请确保每票托寄物不超过2万元，超过者请拆分至每票2万元以下分别托运”，该字体为特别标明，与“托运物内容”五个字明显区别。同时曾韦翔在保价栏声明价值1090元，并为此支付了保价费5元，运费22元。曾韦翔在快递单上的寄件人签署处签名，该签名处还有加粗的字体“请仔细阅读背面所载契约条款，签字即同意接受条款的一切内容”。在快递单背面的快件契约条款中约定，“如因本公司原因造成托寄物毁损、灭失的，本公司将免除本次运费，若寄件人已选择保价，则本公司按照投保金额予以赔偿”。

2015年1月24日13时许，曾韦翔收到的来自顺丰速运的短信显示，曾韦翔托寄的单号为13485186××××的快递已经被签收。肖念东同时也收到短信显示单号为13485186××××的快递已经被签收。但肖念东称并未实际收到货物，后肖念东联系顺丰公司，得知其货物已被他人取走，随即向公安机关报警。顺丰公司称，在涉案快件到达湖北鄂州的经营点时，有人到派件营业场所，主动说出运单上的寄件人和收件人信息后领走了快件。顺丰公司称未查看取件人的身份信息。

【案件焦点】

顺丰公司在将涉案快递交付案外人时，其是否存在故意或重大过失。

【法院裁判要旨】

广东省深圳市宝安区人民法院审理认为：曾韦翔、顺丰公司之间的运输合同关系合法有效，受法律保护，各方应当依约履行各自的义务。曾韦翔已将托寄物交付顺丰公司，并支付运费，顺丰公司应当将托寄物送至双方约定的地址并交付收件人，但顺丰公司在未核实取件人身份的情况下就将托寄物在自己的经营场所交付给取件人，致使收件人未能收到托寄物，系重大过失，对曾韦翔构成违约，应当承担相应的违约责任。

曾韦翔托寄货物时在顺丰公司快递单上的寄件人签署处签名，签名处还有加粗的字体“请仔细阅读背面所载契约条款，签字即同意接受条款的一切内容”，在快递单背面的快件契约条款中约定，“如因本公司原因造成托寄物毁损、灭失的，本公司将免除本次运费，若寄件人已选择保价，则本公司按照投保金额予以赔偿”，因此，双方已就托寄物保价后毁损、灭失的赔偿金额进行了约定。但是，此处关于托寄物毁损、灭失的赔偿约定应当只适用于顺丰公司一般过失的情形，而不能适用于顺丰公司故意或重大过失的情形。而本案中顺丰公司在未核实取件人身份的情况下在自己的经营场所将托寄物交付给取件人，致使收件人未能收到托寄物，系重大过失，因此，双方在快递单上关于保价后赔偿金额的约定并不适用于本案。

关于托寄物，曾韦翔提交的证据足以证明其托寄的货物为中华人民共和国成立50周年面值50元的纪念钞100张。关于损失的赔偿金额，应考虑以下几个因素：第一，曾韦翔与肖念东约定的交易价格为37000元；第二，根据《中华人民共和国合同法》第三百零四条第一款的规定，托运人办理货物运输，应当向承运人准确表明货物的名称、性质、数量等有关货物运输的必要情况，曾韦翔在托运时并未如实表明货物的名称，而是将托寄物注明为“工艺品”，存在一定过失；第三，曾韦翔在托运时对托寄物并未如实声明价值，仅仅保价1090元，也存在一定过失，顺丰公司在运输货物时对声明价值为1090元的托寄物和声明价值为37000元的托寄物所尽的注意义务显然并不相同；第四，曾韦翔在“托运物内容”处签名，此处还有“请确保每票托寄物不超过2万元，超过者请拆分至每票2万元以下分别托运”，该字体为特别标明。基于以上考虑，基于公平的原则，该院酌定顺丰公司赔偿曾韦翔20000元。

广东省深圳市宝安区人民法院判决：

一、顺丰公司于判决生效后三日内赔偿曾韦翔损失20000元；

二、驳回曾韦翔的其他诉讼请求。

顺丰公司上诉。广东省深圳市中级人民法院经审理认为：虽然曾韦翔签名确认了同意接受快递单背面条款的一切内容，其中包括“如因本公司原因造成托寄物毁损、灭失的，本公司将免除本次运费，若寄件人已选择保价，则本公司按照投保金额予以赔偿”的内容，但依据《中华人民共和国合同法》第五十三条第（二）项的规定，因故意或者重大过失造成对方损失的，免责条款无效，则本案的争议焦点为顺丰公司在将涉案快递交付案外人时，其是否存在故意或重大过失。顺丰公司未能提交任何证据证明其按照运单上的电话联系了收货人肖念东，亦未能举证证明其已核实取件人身份信息以及由其发送至肖念东手机的通知短信的相关信息，且顺丰公司在一审庭审时称其给肖念东看过当时取件人取走货物的视频，但其却因时间太久无法调到视频为由未能提交法庭，顺丰公司在一、二审期间均未能提交任何证据证明其主张，其应当承担举证不能的不利后果。顺丰公司在未核实取件人身份的情况下就将托寄物在自己的经营场所交付给取件人，致使收件人未能收到托寄物，应认定存在重大过失。原审判决，应予维持。

广东省深圳市中级人民法院判决：

驳回上诉，维持原判。

【法官后语】

保价条款的效力直接影响到托运人能否获得与货损价值接近的赔偿额，所以其效力认定是一个非常重要的问题。

保价条款作为格式条款，其应当符合《中华人民共和国合同法》第三十九条第一款及第四十条的规定。首先，提供方应当采取合理方式提请对方注意免除或者限制其责任条款，按照对方的要求，对该条款予以解释说明；其次，如果提供方免除其责任，加重对方责任，排除对方主要权利的，视为无效条款。对于上述两点要求，尤其应当查明保价条款提供方的快递公司是否采取了合理的方式，尽到提请对方注意该条款的义务。在本案中，托运人曾韦翔在保价栏声明价值1090元，并为此支付了保价费5元，运费22元。曾韦翔在快递单上的寄件人签署处签名，该签名处还有加粗的字体“请仔细阅读背面所载契约条款，签字即同意接受条款的一切内容”。在快递单背面的快件契约条款中约定如因本公司原因造成托寄物毁损、灭失的，本公司将免除本次运费，若寄件人已选择保价，则本公司按照投保金额予以赔偿。因此可以认定顺丰公司就限赔条款向曾韦翔履行了明确说明义务。

由于整个货物运输中，货物完全脱离托运人的监管，而一直处于承运人的控制之下，因此承运人应当对尽到了起码的谨慎和注意义务承担举证责任。本案中，顺丰公司主张其按照电话通知了收件人肖念东，系第三者打着肖念东的名义取走了货物，但其却未能提交任何证据证明其按照运单上的电话联系了收货人肖念东，亦未能举证证明其已核实取件人身份信息以及由其发送至肖念东手机的通知短信的相关信息，且顺丰公司在一审庭审时称其给肖念东看过当时取件人取走货物的视频，但其却因时间太久无法调到视频为由未能提交法庭。核实收件人的身份是承运人极其重要的义务，顺丰公司在没有核实收件人身份的情况下即轻易将货物交付身份不明的第三方，表现出主观上极不谨慎状态，应当认定顺丰公司存在重大过错，更有甚者不排除监守自盗的可能性。不管是重大过失抑或是故意，依据《中华人民共和国合同法》第五十三条的规定，该保价限赔条款的约定不适用本案。

编写人：广东省深圳市中级人民法院　梁晴敏

十一、委托合同

49

法律服务风险代理条款及限制自行和解条款的效力

——广东深金牛律师事务所诉深圳市罗湖建筑安装工程有限公司委托合同案

【案件基本信息】

1. 裁判书字号

广东省深圳市中级人民法院（2017）粤03民终4070号民事判决书

2. 案由：委托合同纠纷

3. 当事人

原告（上诉人）：广东深金牛律师事务所（以下简称深金牛律所）

被告（被上诉人）：深圳市罗湖建筑安装工程有限公司（以下简称罗湖建筑公司）

【基本案情】

罗湖建筑公司申请执行深圳市中嘉麟房地产开发有限公司（以下简称中嘉麟公司）建设工程纠纷一案，执行案号为（2009）深福法执字第1081号。2009年5月11日，因被执行人中嘉麟公司没有可供执行的财产，且罗湖建筑公司不能提供可供执行的财产线索，深圳市福田区人民法院裁定终结本次执行程序。2012年8月6日，深金牛律所与罗湖建筑公司签订（2012）广深金牛民代字第1012018号《委托代理合同》，罗湖建筑公司就上述案件委托深金牛律所代理执行。2012年8月21日，经深金牛律所申请，深圳市福田区人民法院轮候查封了被执行人中嘉麟公司所有的嘉麟豪庭裙楼101、102、201、202、301、302号房产。2013年8月5日，深金牛律所与罗湖建筑公司签订《补充协议》，2014年8月5日，深金牛律所、罗湖建筑公司签订《补充协议》，延长《委托代理合同》期限12个月，至2015年8月5日止。2015年7月15日，深金牛律所请求续签《委托代理合同》，罗湖建筑公司不予理会。经深金牛律所调查，罗湖建筑公司已经私下与被执行人中嘉麟公司达成执行和解，现（2009）深福法执字第1081号案件已经执行结案并归档。

深金牛律所、罗湖建筑公司签订的《委托代理合同》第三条约定：深金牛律所风险代理执行（2009）深福法执字第1081号案件，该执行案件的本金为507124.24元，具体收费标准及方式如下：（1）在深金牛律所代理收回的执行款没有超过507124.24元时，罗湖建筑公司只按照每次到账金额的15%计提律师费给深金牛律所，上述款项在到罗湖建筑公司账户后五天内支付。（2）在深金牛律所代理收回的执行款超过507124.24元时，深金牛律所再补提15%律师费给深金牛律所，如深金牛律所代理收回的款项没有超过507124.24元的，罗湖建筑公司无须补提此15%。（3）超过507124.24元以上的部分，罗湖建筑公司按照40%的比例计提律师费给深金牛律所，每到账一笔提取一笔；上述合同第四条约定：罗湖建筑公司未经深金牛律所同意，擅自与债务人中嘉麟公司和解的，视为罗湖建筑公司已收回全部债权，按协议第三条第1、2项的标准收取律师费。

罗湖建筑公司主张其与深金牛律所签订《委托代理合同》时，深金牛律所未向其告知政府指导价而直接要求实行风险代理。深金牛律所未提供证据证明其已向罗湖建筑公司告知政府指导价标准。

经查《广东省物价局、司法厅律师服务收费管理实施办法》，涉及财产的民事诉讼收费标准为：在收取基础费用1000～8000元的基础上再按其争议标的额分段按比例累加计算收取：5万元（含5万元）以下免加收、5万～10万（含10万元）按8%收取、10万～50万元（含50万元）按5%收取、50万～100万元（含100万元）按4%收取。

在上述《委托代理合同》补充协议约定的代理期限内，罗湖建筑公司在未征求深金牛律所意见的情况下，与（2009）深福法执字第1081号案的被执行人中嘉麟公司达成和解协议，深圳市福田区人民法院于2014年12月9日解除了对案涉房产的轮候查封。罗湖建筑公司主张和解的金额为20万元，并提供了《协议书》《中国建设银行网上银行电子回单》作为证据。《协议书》的签订日期为2014年11月5日，加盖有罗湖建筑公司与中嘉麟公司的印章，载明中嘉麟公司于签订协议次日向罗湖建筑公司支付20万元；罗湖建筑公司收到中嘉麟公司按约定支付的款项后，即确认债权已得到清偿，并应于收到款项后2个工作日内无条件向人民法院申请解除对相关物业的轮候查封并申请结案；《中国建设银行网上银行电子回单》显示罗湖建筑公司于2014年11月5日收到了协议约定的款项20万元。

深金牛律所对上述《协议书》的真实性不予确认，称罗湖建筑公司债权金额总计60余万元，和解协议金额仅为20万元，不合常理。深金牛律所确认《中国建设银行网上银行电子回单》的真实性，但主张该证据不能证明中嘉麟公司未向罗湖建筑公司支付过其他款项。

罗湖建筑公司提交的《不动产权资料电脑查询结果表》《不动产抵押登记查询表》《深圳市不动产登记中心不动产查封（备案）表》显示，在（2009）深福法执字第1081号案中，经罗湖建筑公司申请被轮候查封的房产的查封日期为2014年8月20日，在此之前，上述房产因（2012）深中法执恢字第306号案件于2014年8月4日被查封，且已抵押给中国信达资产管理股份有限公司深圳市分公司并于2014年8月4日办理了抵押登记。迄今为止，上述房产的抵押登记仍未注销，因（2012）深中法执恢字第306号案件而被查封的状态仍未解除。

深金牛律所要求罗湖建筑公司向深金牛律所支付律师费341450元及利息35868元，利息（暂计至2016年11月15日，其后利息按照银行同期贷款利率计算至律师费清偿之日止）。

另，二审期间，深金牛律所提交了如下证据：证据1，2012年8月4日，深金牛律所魏永峰律师发送给罗湖建筑公司邱勋源律师的电子邮件；证据2，2012年8月6日，罗湖建筑公司邱勋源律师发送给深金牛律所魏永峰律师的电子邮件。拟共同证明《委托代理合同》第三条、第四条是邱勋源律师修订的。罗湖建筑公司不同意质证，同时对邮件内容的真实性不予确认，但对双方邮件往来期间邱勋源律师是罗湖建筑公司法律顾问，以及对邱勋源律师的电子邮箱地址予以认可。本院认为，深金牛律所提供的前述证据不属于因故意或者重大过失逾期提供的证据，上述证据与案件基本事实有关，罗湖建筑公司亦对邱勋源律师的电子邮箱地址及其系罗湖建筑公司法律顾问的身份予以认可，本院对前述证据的真实性予以确认。

【案件焦点】

1. 涉案《委托代理合同》第三条风险代理条款的效力；2. 涉案《委托代理合同》第四条限制当事人自行和解条款的效力；3. 罗湖建筑公司应向深金牛律所支付的律师费金额。

【法院裁判要旨】

广东省深圳市中级人民法院经审理认为：关于涉案《委托代理合同》第三条的效力问题。首先，《委托代理合同》第三条约定："深金牛律所风险代理，罗湖建筑公司不支付任何前期费用（包括差旅费、办案费等）。该执行案件的本金为507124.24 元，具体收费标准及方式如下：1. 在深金牛律所代理收回的执行款没有超过 507124.24 元时，罗湖建筑公司只按照每次到账金额的 15% 计提律师费给深金牛律所，上述款项在到罗湖建筑公司账户后五天内支付。2. 在深金牛律所代理收回的执行款超过 507124.24 元时，深金牛律所再补提 15% 律师费给深金牛律所，如深金牛律所代理收回的款项没有超过 507124.24 元的，罗湖建筑公司无须补提此15% 。3. 超过 507124.24 元以上的部分，罗湖建筑公司按照 40% 的比例计提律师费给深金牛律所，每到账一笔提取一笔。"对此条款，根据《律师服务收费管理办法》第十一条、第十二条的规定，对婚姻、继承、请求支付劳动报酬、其他涉及主张生活保障费用等方面的案件及刑事、行政、国家赔偿案件以及群体性诉讼案件不得实行风险代理收费。对于其他律师服务项目，相关法律法规并未作出禁止风险代理收费的规定，因本案所涉事项并不属于上述禁止范畴，故深金牛律所与罗湖建筑公司之间约定实行风险代理收费并无不当。其次，案件风险的存在，是实行风险代理方式的前提。委托人选择风险代理方式的原因是案件存在着败诉风险，或者委托人取得胜诉结果利益的程度存在不确定因素。涉案《委托代理合同》第三条约定："深金牛律所风险代理，罗湖建筑公司不支付任何前期费用（包括差旅费、办案费等）……"第七条约定："……若在一年内深金牛律所已经向法院提供被执行人的财产线索，但因法律规定或法院原因没有变现的，罗湖建筑公司应继续履行。"上述约定表明，在（2009）深福法执字第 1081 号案被执行人中嘉麟公司没有可供执行的财产，深圳市福田区人民法院已裁定终结本次执行程序的情况下，深金牛律所作为合同一方当事人代理该执行案件，需承担被执行人无力清偿的风险，故《委托代理合同》约定实行风险代理未损害罗湖建筑公司的利益，合同并不存在显失公平的情形。再次，涉案《委托代理合同》签订过程中，深金牛律所与罗湖建筑公司法律顾问邱勋源律师就该《委托代理合同》进行了沟通协商，邱勋源作为专职律师应明知《律师服务收费管理办法》关于实行风险代理的相关规定以及《广东省物价局、司法厅律师服务收费管理实施办法》关于涉及财产的民事诉讼收费标准，故应视为罗湖建筑公司亦知晓上述相关规定及收费标准并同意对涉案执行案件实行风险代理。最后，《律师服务收费管理办法》第十一条关于律师事务所“告知政府指导价”的规定，属部门规章，并非属法律、行政法规的强制性规定，即律师事务所是否有履行“告知政府指导价”的义务，并不必然导致风险代理条款无效的结果。鉴于此，综合现有证据，可以认定《委托代理合同》第三条是双方当事人的真实意思表示，合法有效。一审判决认定《委托代理合同》第三条约定的按风险代理收费无效不当，予以纠正。

关于涉案《委托代理合同》第四条的效力问题。《委托代理合同》第四条约定：“罗湖建筑公司未经深金牛律所同意，擅自与债务人中嘉麟公司和解的，视为罗湖建筑公司已收回全部债权，按协议第三条第1、2项的标准收取律师费。”本院认为，当事人在诉讼执行过程中自愿接受调解、和解，是对自身权益的处分，是当事人依法享有的诉讼权利。调解、和解有利于纠纷的迅速解决和彻底解决，有利于减少当事人的诉讼成本，更有利于减少社会矛盾，促进社会和谐。律师事务所及其律师作为法律服务者，在接受当事人委托代理诉讼执行事务中，应当尊重委托人关于接受调解、和解的自主选择，即使认为委托人的选择不妥，也应当出于维护委托人合法权益的考虑提供法律意见，而不能为实现自身利益的最大化，基于多收代理费的目的，通过与委托人约定相关合同条款限制委托人接受调解、和解。上述行为不仅侵犯委托人的诉讼权利，加重委托人的诉讼风险，同时也不利于促进社会和谐，违反社会公共利益。涉案《委托代理合同》第四条约定和解必须经深金牛律所同意，否则视为罗湖建筑公司已收回全部债权，并应按此收取律师费。该条款实际限制了罗湖建筑公司按照自己意愿依法进行和解的权利。深金牛律所代理的涉案执行案件申请轮候查封的被执行人房产因（2012）深中法执恢字第306号案件已抵押给中国信达资产管理股份有限公司深圳市分公司，至今上述房产的抵押登记仍未注销，因（2012）深中法执恢字第306号案件而被查封的状态仍未解除，故深金牛律所代理的涉案执行案件的执行结果仍为未知数，执行到位数额是否多于和解结案的数额并不确定。因此，深金牛律所主张最终执行结果必定优于和解结果并无事实依据。深金牛律所为获取自身利益最大化的可能而限制罗湖建筑公司进行和解，加重了罗湖建筑公司的诉讼风险，侵犯了委托人在诉讼中的自主处分权，不利于促进社会和谐，违反了社会公共利益。根据《中华人民共和国合同法》第五十二条第（四）项的规定，损害社会公共利益的，合同无效。故《委托代理合同》第四条应为无效。

关于罗湖建筑公司应向深金牛律所支付的律师费金额问题。《中华人民共和国合同法》第五十六条规定："……合同部分无效，不影响其他部分效力的，其他部分仍然有效。"涉案《委托代理合同》第四条无效，但不影响该合同其他条款的效力。深金牛律所为代理事务付出了一定的劳务，罗湖建筑公司应支付合理的报酬。根据《委托代理合同》第三条约定，在深金牛律所代理收回的执行款没有超过507124.24元时，罗湖建筑公司按照每次到账金额的15%计提律师费给深金牛律所，上述款项在到罗湖建筑公司账户后五天内支付。罗湖建筑公司与涉案执行案件的被执行人中嘉麟公司自行和解，和解金额为20万元，故应以此为基数计算应付律师费，即律师费应为3万元（20万元×15%）。深金牛律所对和解金额20万元不予认可，但未提供反证予以推翻，深金牛律所应承担举证不能的法律后果。一审判决罗湖建筑公司应向深金牛律所支付律师费36106.6元，并按中国人民银行同期贷款利率计付自2014年11月10日起至款项付清之日止的利息。一审判决中罗湖建筑公司应付律师费金额已超过3万元，罗湖建筑公司未就此提起上诉，视为其对自身权利的处置，对一审判决确定的律师费金额予以确认。

广东省深圳市罗湖区人民法院判决：

一、罗湖建筑公司自判决生效之日起十日内支付律师服务费36106.60元给深金牛律所，并按中国人民银行同期贷款利率计付自2014年11月10日起至款项付清之日止的利息；

二、驳回深金牛律所的其他诉讼请求。

宣判后，深金牛律所提出上诉。广东省深圳市中级人民法院判决：

驳回上诉，维持原判。

【法官后语】

本案争议焦点是律师事务所与委托人签订的委托合同中风险代理条款及限制当事人自行和解条款的效力认定问题。

一、关于风险代理条款的效力认定问题

本案中《委托代理合同》约定的法律服务收费标准属于风险代理，是否有效是审理的重点和难点，直接影响案件的裁判结果。

(一) 风险代理的成立要件。风险代理是法律服务市场发展的必然结果，是按标的额比例、计时、计件等收费方式的有益补充，它使律师与当事人之间的利益密切结合，增进了律师代理案件的积极性。2006 年，国家发展改革委、司法部颁布的《律师服务收费管理办法》第十一条规定，办理涉及财产关系的民事案件时，委托人被告知政府指导价后仍要求实行风险代理的，律师事务所可以实行风险代理收费。但下列情形除外：(1) 婚姻、继承案件；(2) 请求给予社会保险待遇或者最低生活保障待遇的；(3) 请求给付赡养费、抚养费、扶养费、抚恤金、救济金、工伤赔偿的；(4) 请求支付劳动报酬的等。

上述规定包含两层含义：第一，律师必须告知委托人与代理收费有关的事实与法律规定，即律师应履行告知义务。案件风险的存在，是采用风险代理方式的前提。委托人选择此种代理方式是因为案件存在着败诉风险，或者即使胜诉，委托人取得胜诉结果利益的程度也不尽相同，存在不确定因素，如果想要胜诉或者想要取得高比例的回报，必须由代理人也就是律师通过一定的努力来实现。如果律师没有告知政府收费指导价，不管案件的难易程度一律采用风险代理，势必损害委托人的利益。告知义务是签订风险代理协议的必要前提条件。第二，委托人在被告知律师收费政府指导价后，仍坚持选择风险代理的，律师才可与委托人协商确定风险收费的相关条款。如果当事人主张是在不知道、不清楚律师收费政府指导价的情况下提出决定采用风险代理，而律师又无法举证已经告知当事人政府指导价的规定，风险收费条款可能被确认为无效。根据诚实信用原则，律师事务所亦应履行相关的告知义务，保障合同相对人的知情权。

判断告知义务人是否违反如实告知义务，应明确如实告知义务的构成要素：1. 如实告知义务的履行主体。根据合同相对性原则，与委托人缔结合同的一方当事人即律师负有如实告知的义务；2. 如实告知的内容。需告知律师代理收费的政府指导价；3. 告知的方法。《律师服务收费管理办法》对此没有明确规定。如果要将其形成证据予以固定，一般会采用书面询问回答的方式。但在实践中履行告知义务的认定标准往往存在争议，一般情况下以明示的方式，出示政府指导价的相关文件或材料，并形成相关谈话材料，以达到已告知的证明标准。

（二）本案风险代理条款的效力。本案所涉的《委托代理合同》属于风险代理合同，对风险代理合同效力的审查应当适用我国合同法关于合同有效、无效的一般规定。根据合同法及最高人民法院有关司法解释精神，内容违反法律、行政法规强制性规定的合同应当认定为无效。这里所说的法律、行政法规只能是全国人大及其常委会制定的法律和国务院颁行的行政法规，并不包括部门规章。

从本案来看，律师事务所未能提供直接证据证明已履行告知律师收费相关情况的义务。但首先，《委托代理合同》约定实行风险代理未损害罗湖建筑公司的利益，合同并不存在显失公平的情形。在（2009）深福法执字第1081号案被执行人中嘉麟公司没有可供执行的财产，深圳市福田区人民法院已裁定终结本次执行程序的情况下，深金牛律所作为合同一方当事人代理该执行案件，需承担被执行人无力清偿而导致律师事务所无法收取律师费用的风险。其次，《委托代理合同》签订过程中，深金牛律所与罗湖建筑公司法律顾问就该《委托代理合同》进行了多次沟通协商，罗湖建筑公司法律顾问作为专职律师应明知《律师服务收费管理办法》关于实行风险代理的相关规定以及《广东省物价局、司法厅律师服务收费管理实施办法》关于涉及财产的民事诉讼收费标准，应视为罗湖建筑公司亦知晓上述相关规定及收费标准并同意对涉案执行案件实行风险代理。最后，《律师服务收费管理办法》第十一条关于律师事务所“告知政府指导价”的规定，属部门规章，并非属法律、行政法规的强制性规定，即律师事务所是否有履行“告知政府指导价”的义务，并不必然导致风险代理条款无效的结果。

鉴于此，综合本案证据，可以认定本案所涉《委托代理合同》的风险代理条款是双方当事人的真实意思表示，合法有效。

二、关于限制当事人自行和解条款的效力认定问题

本案《委托代理合同》第四条约定：“罗湖建筑公司未经深金牛律所同意，擅自与债务人中嘉麟公司和解的，视为罗湖建筑公司已收回全部债权，按协议第三条第1、2项的标准收取律师费。”该条款对当事人的自行和解行为进行了限制，对此

条款效力的认定，主要考虑了如下四方面的因素：

（一）律师的职业责任是接受当事人的委托，为当事人提供法律服务，维护当事人的合法权益，维护法律的正确实施，维护社会的公平正义。在执业过程中，律师应维护社会秩序、促进纠纷解决、消除社会冲突、促进社会和谐，应在调解、和解中发挥积极作用。律师为当事人提供法律服务，可以收取相应的费用，但律师服务收费应当遵循公开公平、自愿有偿、诚实信用的原则。如律师为获取自身利益的最大化，限制当事人依法享有的诉讼权利，其行为不应受法律保护。

（二）代理的概念系委托人将相关事项授权于代理人，由代理人处理委托事务，代理结果归于委托人。因此，从代理的目的和结果归属而言，委托人对代理人权利的授予并不意味着放弃自己在代理权所涉范围发出或受领意思表示的能力，即委托人对委托事项仍享有自行处分的权利并可以随时终止代理权。代理人的义务为运用法律专业知识搜集、提供证据、参加诉讼、提出法律意见等，其目的是通过律师的服务尽量使当事人增加胜诉概率，以保护当事人的合法权益。

（三）当事人在诉讼过程中自愿接受调解、和解，是对自身权益的处分，是当事人依法享有的诉讼权利。调解、和解有利于纠纷的迅速解决和彻底解决，有利于减少当事人的诉讼成本，更有利于减少社会矛盾，构建和谐社会。律师事务所及其律师作为法律服务者，在接受当事人委托代理诉讼事务中，应当尊重委托人关于接受调解、和解的自主选择，即使认为委托人的选择不妥，也应当出于维护委托人合法权益的考虑提供法律意见，而不能为实现自身利益的最大化，基于多收代理费的目的，通过与委托人约定相关合同条款限制委托人接受调解、和解。上述行为不仅侵犯委托人的诉讼权利，加重委托人的诉讼风险，同时也不利于促进社会和谐，违反社会公共利益。

（四）本案《委托代理合同》第四条约定和解必须经深金牛律所同意，否则视为罗湖建筑公司已收回全部债权，并应按此收取律师费。该条款实际限制了罗湖建筑公司按照自己意愿依法进行和解的权利，加重了委托人的诉讼风险，侵犯了委托人在诉讼中的自主处分权，不利于促进社会和谐。该条款损害社会公共利益，应认定为无效。

编写人：广东省深圳市中级人民法院　王勇

50

公民代理中的有偿法律服务不受保护

——王景春诉谢登瑞、谢陈春美委托合同案

【案件基本信息】

1. 裁判书字号

福建省厦门市中级人民法院（2017）闽02民终5750号民事判决书

2. 案由：委托合同纠纷

3. 当事人

原告（上诉人）：王景春

被告（被上诉人）：谢登瑞、谢陈春美

【基本案情】

2016年9月8日，谢登瑞、谢陈春美（委托人）与王景春（受托人）签订一份《民事诉讼授权委托书》，约定：谢登瑞、谢陈春美委托王景春作为处理谢登瑞、谢陈春美与郭水根、郭耀灯民间借贷纠纷一案的民事诉讼代理人。同时，双方当事人签订一份《法律服务酬劳协议书》，约定：若谢登瑞、谢陈春美收到诉讼中被告返还的借款，不论数额多少，一律由王景春抽成40%；谢登瑞、谢陈春美不得与诉讼案件的被告方私下达成和解或由任何他人作调解达成协议，否则，不论谢登瑞、谢陈春美向诉讼案件的被告方实收多少欠款，必须依讼争标的本金100000元的40%赔偿给王景春作为法律服务酬劳费。上述协议签订后，王景春即作为谢登瑞、谢陈春美的委托诉讼代理人参与谢登瑞、谢陈春美诉郭水根、洪雪勉、郭耀灯民间借贷纠纷案的诉讼活动［案号：（2016）闽0205民初3026号］。

2017年1月22日，福建省厦门市海沧区人民法院作出（2016）闽0205民初3026号民事判决，判决：一、郭水根于本判决生效之日起三十日内向谢登瑞、谢陈春美偿还借款10万元及利息；二、郭耀灯对郭水根的上述债务承担连带清偿责任；

三、驳回谢登瑞、谢陈春美的其他诉讼请求。

郭水根不服该判决向厦门市中级人民法院提起上诉。2017 年 5 月 6 日，谢登瑞、谢陈春美向王景春支付了 2000 元，王景春当即向谢登瑞、谢陈春美出具一份《法律服务酬劳费收条》，确认收到酬劳费 2000 元整，并表示日后不得再有任何请求。2017 年 5 月 11 日，谢登瑞向厦门市中级人民法院递交解除委托通知函，载明：谢登瑞、谢陈春美不再委托王景春代理其处理诉讼案件的任何法律程序及事务，二审程序的委托即告终止。2017 年 5 月 16 日，谢登瑞、谢陈春美与诉讼案件的被告郭水根、郭耀灯等达成调解协议，厦门市中级人民法院作出（2017）闽 02 民终 1729 号民事调解书。

王景春以谢登瑞、谢陈春美此举违反了《法律服务酬劳协议书》第三项不得私下与案外人达成和解的约定为由，向福建省厦门市海沧区人民法院提起诉讼请求：要求谢登瑞和谢陈春美共同承担赔偿 6 万元的违约损害责任。

【案件焦点】

王景春请求谢登瑞、谢陈春美支付 6 万元的违约损害赔偿是否成立。

【法院裁判要旨】

福建省厦门市海沧区人民法院审理认为：谢登瑞、谢陈春美与王景春双方签订的《法律服务酬劳协议书》，实质上是王景春以公民个人身份通过代理诉讼业务收取费用的行为。根据最高人民法院于 2010 年 9 月 16 日对重庆市高级人民法院所作《关于公民代理合同中给付报酬约定的效力问题的请示》答复："未经司法行政机关批准的公民个人与他人签订的有偿法律服务合同，人民法院不予保护；但对于受托人为提供服务实际发生的差旅等合法费用，人民法院可以根据当事人的请求给予支持。"因此，对于案涉的《法律服务酬劳协议书》，不予保护。至于王景春在代理诉讼过程中发生的差旅等合法费用，王景春并未提供其作为谢登瑞、谢陈春美诉讼代理人期间所支出的差旅等合法费用的相关票据，对此王景春应承担举证不能的法律后果。谢登瑞、谢陈春美已经向王景春支付酬劳费 2000 元，该酬劳费可视为谢登瑞、谢陈春美对王景春代理该案期间所支出的差旅等费用的补偿，且王景春也在该酬劳费收条上明确表示"日后不得再有任何请求"，因此，王景春的诉讼请求，于法无据，不予支持。

综上，一审法院据此驳回原告的诉讼请求，二审法院以相同理由驳回王景春的全部诉讼请求。

【法官后语】

本案是公民代理能否收取报酬的典型案例。一直以来，公民代理的现象层出不穷，根据《中华人民共和国民事诉讼法》第五十八条的规定，当事人的近亲属或者工作人员，当事人所在社区、单位以及有关社会团体推荐的公民均可以被委托为诉讼代理人。这些诉讼代理人都是以公民代理的身份参加诉讼，而公民代理最主要的问题是代理人能否收取报酬？

一、如何认定公民代理中有偿法律服务合同的效力

本案中，原告王景春提出的诉讼请求的实质是向被告索要代理诉讼的报酬，因此本案所要解决的争点问题是公民代理能否收取报酬。裁判过程中，遇见的难点是如何认定原告与被告签订的《法律服务酬劳协议书》的效力。

现阶段，针对公民能否以个人身份向社会提供有偿法律服务，虽在有些部门规章和其他规范性文件中有禁止性规定，但未上升至法律或行政法规的层面。由于现行法律规定的缺失，实践中，该问题存在争议。一种观点认为，公民代理不能收费，公民从事有偿代理或辩护业务违反法律的强制性规定，委托代理协议无效，主要依据是司法部门出台的一些部门规章及其他规范性文件；另一种观点则认为，依据《中华人民共和国合同法》第五十二条及《最高人民法院关于适用〈中华人民共和国合同法〉若干问题的解释（一）》（以下简称《合同法解释（一）》）第四条的规定，人民法院不能直接援引部门规章来认定合同无效。

笔者认为，目前法律服务市场出现的“公民职业代理人”等问题突出，都直接或间接与公民代理收取报酬有关，如果允许公民代理收取代理费用或劳务报酬“执业牟利”，随之极可能发生的就是法律服务行业的混乱、公民代理的乱象以及法律服务质量和水准的下降，那么司法行政机关对律师、基层法律工作者等法律从业资格的严格限制又有何必要？从规范公民代理行为的角度出发，应当对公民代理收费进行必要的限制。然而，依据《中华人民共和国合同法》第五十二条及《合同法解释（一）》第四条的规定，无法认定该合同为无效合同。为此，最高人民法院民一庭在2010年9月16日对重庆市高级人民法院《关于公民代理合同中给付报酬约

定的效力问题的请示》答复，“未经司法行政机关批准的公民个人与他人签订的有偿法律服务合同，人民法院不予保护；但对于受托人为提供服务实际发生的差旅等合法费用，人民法院可以根据当事人的请求给予支持。”本案中，原告王景春提出的诉讼请求的实质是向被告索要代理诉讼的报酬，一审法官从规范公民代理行为角度出发，驳回了原告的全部诉讼请求，二审法官同样依据该答复驳回了上诉人的上诉请求，维持原判。

二、代理人是否有权请求差旅等合法费用

笔者认为，公民代理人在提供法律服务过程中也必然产生差旅等合法费用，根据《中华人民共和国合同法》第三百九十八条的规定，受托人为处理委托事务垫付的必要费用，委托人应当偿还该费用及其利息，最高人民法院在对重庆市高级人民法院《关于公民代理合同中给付报酬约定的效力问题的请示》的答复中明确，受托人有权请求该部分费用。因此，公民代理人有权请求委托人支付差旅等合法费用。

编写人：福建省厦门市海沧区人民法院　陈志强　尹志泉

51

单元商铺享有的权利，不能等同于普通独立商铺

——石林双诉贵州鸿通运输开发有限公司购物中心委托合同案

【案件基本信息】

1. 裁判书字号

贵州省贵阳市中级人民法院（2017）黔01民终806号民事判决书

2. 案由：委托合同

3. 当事人

原告（上诉人）：石林双

被告（被上诉人）：贵州鸿通运输开发有限公司购物中心（以下简称鸿通购物中心）

【基本案情】

贵州省贵阳市南明区人民法院经公开审理查明：2009年1月14日，原告石林双向贵阳鸿通运输开发有限公司购买鸿通购物中心B区1层B1－××号铺位。2011年5月30日，石林双（甲方）与被告鸿通购物中心（乙方）签订《鸿通购物中心商铺委托经营合同》（064），约定：甲方自愿将其购买的鸿通购物中心商铺委托出租给乙方，并由乙方负责招商及经营管理。委托出租时间从2011年6月1日起至2015年5月31日止。在委托经营期间，甲方不得以任何理由和形式干涉乙方为完成招商、租赁以及经营管理等事宜而实施的一切行为。乙方有权不经甲方同意从事下列行为：（1）乙方有权以乙方名义与第三人签订“租赁合同”租赁本房产。（2）乙方有权以乙方名义将本房产与相邻商铺共同出租给第三人，第三人有权基于同一商业目的合并使用包括本房产在内的多个商铺。（3）乙方和第三人有权不经甲方同意对本房产进行装修、增设他物，更改本房产的装饰及与相邻商铺的隔断。（4）在委托经营期间，甲方应严格服从乙方对本房产及鸿通购物中心的统一经营管理，关于本房产的营销、规划、经营、管理等与甲方无关。甲方承诺服从乙方制定的经营管理制度。合同第五条约定：1. 由乙方按时向甲方支付自2011年6月1日起至2011年11月30日止的委托租赁收益，每年该收益按47543元（税后）计算。由乙方于2011年6月1日起每三个月的第一个月前5日支付给甲方。2. 2015年6月1日至2018年5月31日为第二承租期，乙方在不低于前四年年平均租金的基础上拥有优先承租权，租金回报另行商议。合同第十二条约定：委托经营期间届满，如甲方、乙方经协商不再续约，本合同自动终止，甲方有权收回商铺，乙方应将本房产恢复至甲方和贵阳鸿通运输开发有限公司在“商品房买卖合同”约定的交房标准交付甲方。如甲方继续委托乙方经营管理的，双方应另行协商签订委托经营合同。合同第十三条第二款约定：乙方未能按本合同规定时间向甲方支付委托经营收益款项的，每逾期一天，按本期应付金额的万分之二计付违约金。2015年5月31日，《鸿通购物中心商品委托经营合同》约定的委托期限届满，原告要求收回鸿通购物中心B区1层B1－××号商铺未果，遂于2015年7月13日诉至本院，提出诉请如前。被告支付原告2015年6月、7月、8月租金（每月3961.92元），此后因原告注销其账户，被告未能付款。另查，原告石林双购买商铺位于鸿通购物中心B区1层B1－××号，该商铺已经被告重新规划整合成为商场通道。

【案件焦点】

1. 石林双与鸿通购物中心签订的《鸿通购物中心商品委托经营合同》终止后，鸿通购物中心是否应当将鸿通购物中心 B 区 1 层 B1 - × × 号商铺返还石林双；2. 被上诉人鸿通购物中心是否应当向上诉人石林双支付房屋占用费，如果需要支付，房屋占用费的标准是多少。

【法院裁判要旨】

贵州省贵阳市南明区人民法院经审理认为：依法成立的合同受法律保护，原、被告于 2011 年 11 月 30 日订立的《鸿通购物中心商铺委托经营合同》系双方当事人真实意思表示，不违反法律法规强制性规定，合法有效，该合同已于 2015 年 5 月 31 日到期，此后双方未续签合同，双方合同关系已经终止，故原告请求确认《鸿通购物中心商铺委托经营合同》已终止符合法律规定，予以支持。但是，从客观情况上来看，虽然 B 区 1 层 B1 - × × 号商铺房屋平面图明确标明了各商铺产权界限，但该商铺的开发商贵阳鸿通运输开发有限公司在出卖 B 区 1 层 B1 - × × 号商铺中并未按平面图标识分割出独立空间。被告鸿通购物中心在与原告签订《鸿通购物中心商品委托经营合同》后，被告鸿通购物中心已经对商场经营场所整体进行了重新规划布局，石林双所购买的商铺已经被鸿通购物中心规划作为整个商场过道使用，商场成为不可分割的部分，原告石林双现在要求被告恢复原状并返还商铺在客观上无法实现。原告石林双虽然拥有商铺的所有权，但商铺面积仅占鸿通购物中心的极小部分，根据《中华人民共和国物权法》第七十一条“……业主行使权利不得危及建筑物的安全，不得损害其他业主的合法权益”，为保证鸿通购物中心整体功能的发挥，其所有权必须受到其他商铺业主整体意志的限制，原告要求分割使用商铺将会对鸿通购物中心的规划及经营产生不利影响，从而损害其他业主的利益，只有统一进行管理、经营，方能体现出商铺的最大商业价值。原告石林双购买商铺的目的是通过使用商铺取得收益，被告鸿通购物中心对商场进行了整体规划装修，通过广告宣传、招商引资、整体经营，已经树立了商业品牌，取得了较好的口碑，目前经营状况良好，之后也需要不断投资维护。目前鸿通购物中心绝大部分业主已经与被告签订了《委托经营合同》（二期），该合同体现了绝大多数业主的利益和意志，使不同区域的业主都能获得收益和实现其投资增值的目的，故对原告石林双要求被告返还商铺的诉请不予支持。至于原告诉请支付从 2015 年 6 月 1 日起至实际将门面恢复原状并归还原告时止的房屋占用费（暂计至2015年6月30日，为人民币8159.2元）问题，因该请求是建立在返还商铺的基础之上，未予支持返还商铺请求，其主张被告按所涉房屋租金指导价235元/平方米/每月支付从2015年6月1日起至实际将门面恢复原状并归还原告时止的房屋占用费，故对该诉请不予支持。鉴于2015年5月31日双方签订的《鸿通购物中心商品委托经营合同》到期后未续签合同，原告就该其商铺的委托经营收益双方仍可另行协商处理。

贵州省贵阳市南明区人民法院依照《中华人民共和国合同法》第八条、第六十条、第七十一条，《中华人民共和国物权法》第三十九条、第七十一条之规定，作出如下判决：

一、确认石林双与贵阳鸿通运输开发有限公司购物中心于2011年5月30日签订的《鸿通购物中心商铺委托经营合同》于2011年5月31日终止；

二、驳回石林双的其他诉讼请求。

石林双不服该判决，提起上诉。

贵州省贵阳市中级人民法院经审理认为：本案的争议焦点有两个：1. 石林双与鸿通购物中心签订的《鸿通购物中心商品委托经营合同》终止后，鸿通购物中心是否应当将鸿通购物中心B区1层B1－××号商铺返还石林双；2. 被上诉人鸿通购物中心是否应当向上诉人石林双支付房屋占用费，如果需要支付，房屋占用费的标准是多少。

关于争议焦点一，上诉人作为诉争商铺所有权人，其对该商铺享有占有、使用、收益和处分的权利，其要求被上诉人返还商铺并无不当。但是，从客观情况来看，讼争商铺是单元商铺而非普通独立商铺（用墙体分隔的商铺），且被上诉人已经对鸿通购物中心整体进行了重新规划，上诉人所有的商铺部分已经被规划为过道，剩余部分通过整合，与其他业主的商铺混成了一个大的商铺，如果被上诉人返还上诉人的商铺，必然会破坏目前鸿通购物中心的规划和功能发挥，影响该购物中心的正常经营，相应的也会影响绝大多数已经与被上诉人签订第二轮委托合同的业主利益，此外，上诉人虽然拥有商铺的所有权，但是其所有的商铺仅为鸿通购物中心的极小一部分，而绝大部分业主已经签订了第二轮的《委托经营合同》。根据《中华人民共和国物权法》第七十一条“……业主行使权利不得危及建筑物的安全，不得损害其他业主的合法权益”，为保证鸿通购物中心整体功能的发挥，其所有权必须受到其他商铺业主整体意志的限制。故对上诉人要求返还商铺的上诉，不予支持。

关于争议焦点二，目前鸿通购物中心绝大部分业主已经与被上诉人签订了《委托经营合同》（二期），该合同体现了绝大多数业主的利益和意志，使不同区域的业主都能获得收益和实现其投资增值的目的，故对上诉人要求被告返还商铺的诉请，法院不予支持。上诉人石林双主张被上诉人按照2014年贵阳市房屋租赁市场租金指导价标准支付2015年8月之后的租金，鉴于保持对上诉人与其他要求返还房屋的其他业主的系列案件以及已经签约的业主保证租金标准的一致性，按照《委托经营合同》（二期）的462户业主的标准支付2015年8月之后的租金，更符合客观实际，故对上诉人主张的租金，法院支持被上诉人自2015年8月1日起，每月支付4135.21元（购房总价499197元÷0.84×8.35%÷12个月）给上诉人石林双至双方签订新的合同时止。上诉人石林双的上诉理由部分成立，予以支持。综上所述，原判认定事实清楚，但适用法律不当，应当予以改判。另外，《鸿通购物中心商铺委托经营合同》是合同到期后终止，一审判决该合同于2011年5月31日终止不当，予以纠正。

贵州省贵阳市中级人民法院依照《中华人民共和国物权法》第七十一条、《中华人民共和国民事诉讼法》第一百七十条第一款第（二）项之规定，作出以下判决：

一、维持贵州省贵阳市南明区人民法院（2015）黔0102民初3820号民事判决第二项，即“二、驳回石林双其余诉讼请求。”；

二、变更贵州省贵阳市南明区人民法院（2015）黔0102民初3820号民事判决第一项为：“一、确认石林双与贵阳鸿通运输开发有限公司购物中心于2011年5月30日签订的《鸿通购物中心商铺委托经营合同》终止。”；

三、贵阳鸿通运输开发有限公司购物中心于本判决生效之日起十日内，按每月4135.21元的标准支付石林双收益金至双方签订新的委托合同时止。

【法官后语】

本案诉讼标的物为单元商铺，与普通独立商铺（用墙体分隔的商铺）相区别，这种商铺只是空间上的一个区域，与周边的单元商铺紧密相连。近年来随着集合式商业体的广泛发展，集商铺、餐饮、电影院等为一体的大型综合体商场应运而生，而其经营管理模式中就往往有“单元商铺”的影子。通常由若干主体购买小面积的单元商铺后再租赁给同一个主体（以下简称承租人），承租人再寻找有经营、管理能力的公司招商，引进符合其要求的店家，炒热整个商场的人气，使商铺价值迅速提升。这种经营模式容易带来的问题显现在：租赁期满后，单元商铺的产权人是否同意继续出租门面。因为在炒热商场后，产权人往往发现承租人给自己的租金价格与其所引进的商家租金相去甚远，于是容易拒绝继续出租，意图自行出租单元商铺，以提高租金。这也是本案引发的利益原因所在。

一方面是单元商铺的产权人合法行使所有权，一方面是其他单元商铺产权人希望承租人继续经营、管理综合体商场的意愿，两者存在冲突时，审理此类案件的法院该如何抉择就摆在面前。在本案中，单元商铺共计628个，其中462个业主已经与鸿通购物中心达成了第二期的委托经营合同，继续将单元商铺交给其经营管理，这是业主与鸿通购物中心磋商近半年时间才艰难达成的成果，且在原租金的基础上提高了租金，也在一定程度上实现了业主的诉求和维护了业主利益。可以想象的是，如果法院同意少数不愿意继续签订委托经营合同的业主的请求，将这些零散分布的单元商铺归还业主，那么这个大型综合体商场中可能因为这些被收回的空间而被划分得支离破碎，而影响整个商场的功能和布局，这对整个商场都是负面的影响，并不利于提高商场的商业价值，甚至可能逐步破坏该商场的正常经营，引发店家退租离场等恶果，整个商场人气下落甚至无法继续经营的最终后果。两害相权取其轻，这种数个小单元商铺捆绑在一起的商场经营模式在经营中，势必出现由于人数众多，业主意见难以完全统一的情形。只有按照少数服从多数的多数决原则，以保障绝大多数业主利益。在单元商铺租金明显低于鸿通购物中心出租给商户租金的价差问题上，应当看到该商场凝聚人气、提高商业价值、商业铺面租金提升与鸿通购物中心合理的经营管理密不可分，是628个业主自行经营无法比拟的，鸿通购物中心在其炒热商场人气中所作出的招商、装修、广告宣传等商业手法确实包含了相当的商业价值和智力成果，其相关付出在收益上有所体现具有合理性，业主不应当将原商铺和现商铺之间不作区分地对待，应当看到商铺商业价值的提升发生的原因。

这个案例显现出司法实践中已经出现“物权相对性”的问题，或者说物权绝对性的例外情形，即《中华人民共和国物权法》第七条“物权的取得和行使，应当遵守法律，尊重社会公德，不得损害公共利益和他人合法权益”、第七十一条“……业主行使权利不得危及建筑物的安全，不得损害其他业主的合法权益”中体现出的对物权的限制。

编写人：贵州省贵阳市中级人民法院 李蓉

52

任意解除合同造成损失的应当赔偿

——北京非同天下文化发展有限公司诉北京天心无限科技有限公司委托合同案

【案件基本信息】

1. 裁判书字号

北京市朝阳区人民法院（2016）第52677号民事判决书

2. 案由：委托合同纠纷

3. 当事人

原告（反诉被告）：北京非同天下文化发展有限公司（以下简称非同天下公司）

被告（反诉原告）：北京天心无限科技有限公司（以下简称天心无限公司）

【基本案情】

2016年1月18日，天心无限公司作为甲方与非同天下公司作为乙方签订《演唱会委托执行协议》，约定：乙方负责执行甲方“心港湾之夜演唱会”，演出活动名称为“心港湾之夜演唱会”，场次1场，时间为2016年9月8日，地点深圳，具体时间、地点甲乙双方于签订本协议后7日内最终确定；一旦确定则任何一方不可随意更改，否则由更改的一方承担因更改时间地点所造成的一切损失。甲方负责当地的演出批文及相关手续的申请；甲方按本协议的约定支付活动委托筹办费用；甲方负责演出活动的艺人、场地租赁、节目内容、舞美、灯光、音响的设计制作及装卸台工人的劳务费；甲方负责演出活动涉及的各项执行工作相关费用支出；甲方作为演出活动主办方，总领导、监督、检查乙方的工作；甲方应按协议约定按时足额向乙方支付演出活动执行费用；其他全部演出制作、落地等各项费用都由甲方承担，甲方直接支付给乙方；甲方按时提供演出活动报批所需资料，并与乙方共同完成举办演出活动的行政报批手续和工作；甲方就乙方提供的服务支付执行费总额185万元；由于本协议签订之日起乙方即开始执行工作的计划、具体执行、前期准备等，故如果甲方取消演出活动亦应按照本条约定向乙方支付本合约全额执行费用。签署合同之日起，若因场地未竣工、场地报批未通过审核等任何甲方原因而造成本合约演唱会未能按期举行，甲方必须负法律及赔偿责任。合同另就双方的其他权利义务进行了约定。

2016年1月22日，天心无限公司分两笔向非同天下公司支付24万元，余款未付。庭审中，双方确认签署协议后未依约在7日内确定具体的演出时间和地点，合同约定的演唱会未依约举办，天心无限公司陈述演唱会未举办的原因是在海上举办演唱会未通过行政审批，双方确认2016年8月天心无限公司通知非同天下公司取消演唱会。非同天下公司主张签订合同后其联系了演唱会艺人并与艺人签署了演出确认函，与拟租赁场地方人员进行了洽商、联系了舞台设备的相关人员、联系了接待艺人的酒店，并向法庭提交了艺人确认函复印件以及相关差旅费票据。天心无限公司不认可非同天下公司主张的前期准备工作。非同天下公司诉至法院，要求天心无限公司继续履行双方于2016年1月18日签订的《演唱会委托执行协议》，要求天心无限公司支付服务费161万元及利息损失，要求天心无限公司支付交通、住宿等费用18260.57元，并承担律师费及本案诉讼费。天心无限公司提出反诉，要求法院确认解除双方签订的《演唱会委托执行协议》，要求非同天下公司返还天心无限公司已付款24万元及利息，并承担本案诉讼费用。

【案件焦点】

1. 天心无限公司是否有权解除双方签订的《演唱会委托执行协议》；2. 非同天下公司可获得赔偿的损失范围。

【法院裁判要旨】

北京市朝阳区人民法院审理认为：非同天下公司与天心无限公司签订的《演唱

会委托执行协议》系双方的真实意思表示，且内容不违反法律、行政法规的强制性规定，应属合法有效。关于《演唱会委托执行协议》的性质，双方协议约定的事项为天心无限公司委托非同天下公司协助执行举办演唱会的具体事宜，双方成立委托合同关系。根据法律规定，委托人可以随时解除委托合同。关于合同解除时间，虽然天心无限公司主张其曾于 2016 年 3 月口头通知过非同天下公司合同无法履行，但未提交证据，非同天下公司也不认可，故本院对天心无限公司的该项主张不予采信。双方确认 2016 年 8 月天心无限公司通过微信方式通知非同天下公司取消演唱会，即天心无限公司明确提出解除双方签订的《演唱会委托执行协议》，一方面双方协议约定的举办演唱会由于地点未定不具备继续履行的条件，另一方面天心无限公司作为委托人有权随时解除协议，故天心无限公司关于要求确认双方签订的《演唱会委托执行协议》于 2016 年 8 月解除的反诉请求，符合法律规定，予以支持。非同天下公司关于继续履行合同的主张，不具有法律依据，不予支持。经过释明，非同天下公司同意在解除合同的条件下，向天心无限公司主张损失赔偿。

根据法律规定，委托人因解除合同给对方造成损失的，除不可归责于该当事人的事由外，应当赔偿损失。本案中，天心无限公司明确协议无法继续履行的原因在于无法获得行政审批，双方在协议中亦明确约定签署合同之日起，若因场地未竣工、场地报批未通过审核等任何甲方原因造成本合约演唱会未能按期举行，甲方必须负法律及赔偿责任，因此天心无限公司应对其解除合同给非同天下公司造成的损失进行赔偿。虽然双方在协议中约定如甲方取消演出活动应按照约定向乙方支付全额执行费用，但根据法律规定，当事人一方不履行合同义务或者履行合同义务不符合约定，给对方造成损失的，损失赔偿额应当相当于因违约所造成的损失。包括合同履行后可以获得的利益，但不得超过违反合同一方订立合同时预见到或者应当预见到的因违反合同可能造成的损失。关于天心无限公司提前解除合同给非同天下公司造成的损失，非同天下公司表示由如下几部分构成：一是非同天下公司前期与第三方灯光、舞美、舞台搭建等签订的合约，非同天下公司支付的定金损失以及违约损失，但非同天下公司明确表示此部分损失其无法提交证据，天心无限公司对非同天下公司的此部分损失亦不予认可，故对非同天下公司的该部分损失不予支持，但本院综合考虑非同天下公司的履约情况进行酌定。二是非同天下公司为履行合同支出的人力成本，天心无限公司不予认可，综合考虑非同天下公司为履行本案合同前期所做工作依法酌定。三是非同天下公司的可得利益损失，本院认为可得利益损失是一方因对方违约而受到的预期纯利润损失，因此对于非同天下公司的可得利益损失，应扣减其为履行合同支出的必要成本。综上，对于天心无限公司提前解除合同给非同天下公司造成的损失，综合考虑双方的履约情况依法酌定为50万元，扣减天心无限公司已经支付的24万元，还应向非同天下公司支付26万元。

北京市朝阳区人民法院依照《中华人民共和国合同法》第四百一十条之规定，作出如下判决：

一、北京天心无限科技有限公司解除合同的行为有效，北京非同天下文化发展有限公司与北京天心无限科技有限公司签订的《演唱会委托执行协议》于2016年8月3日解除；

二、北京天心无限科技有限公司于本判决生效之日起十日内赔偿北京非同天下文化发展有限公司损失26万元；

三、驳回北京非同天下文化发展有限公司的其他诉讼请求；

四、驳回北京天心无限科技有限公司的其他反诉请求。

【法官后语】

《中华人民共和国合同法》第四百一十条规定，委托人或者受托人可以随时解除委托合同。因解除合同给对方造成损失的，除不可归责于该当事人的事由以外，应当赔偿损失。但是对于赔偿损失的范围包括哪些没有规定，因此应当适用《中华人民共和国合同法》总则违约责任中关于损失赔偿的规定。《中华人民共和国合同法》第一百一十四条第一款、第二款规定，当事人可以约定一方违约时应当根据违约情况向对方支付一定数额的违约金，也可以约定因违约产生的损失赔偿额的计算方法。约定的违约金低于造成的损失的，当事人可以请求人民法院或者仲裁机构予以增加；约定的违约金过分高于造成的损失的，当事人可以请求人民法院或者仲裁机构予以适当减少。审判实践中，原告要求被告给付违约金时，被告多以双方约定的违约金过高为由，请求法院减少违约金数额。那么，如何判断违约金是否过分高于造成的损失呢？在司法实践中做法不一。法律规定损失赔偿额应当相当于因违约所造成的损失，包括合同履行后可以获得的利益，但不得超过违反合同一方订立合同时预见到或者应当预见到的因违反合同可能造成的损失。因此，当事人的损失包括直接损失和可得利益损失两部分。直接损失的计算一般争议不大，但是如何计算当事人的可得利益损失则认识不一。笔者认为，可得利益损失是当事人在合同履行后的预期纯利润损失，不包括当事人为取得利润支出的成本。另外，可得利益损失还应当是违约方在缔约时应当预见的因违约所造成的损失，包括合理预见的损失数额和根据对方的身份所能预见到的可得利益损失类型。而守约方因违约行为的发生遭受了哪些损失，则根据“谁主张，谁举证”的规则，应由守约方举证。此外，关于约定违约金过高时，法院应否调整的问题，也存在认识争议。一种观点认为：合同是当事人基于各自利益协商确定的结果，约定高额违约金是为了防止一方任意违约，影响交易的安全和效率，因此应当尊重当事人的约定，法院不能随意调整。另一种观点认为，违约金的性质为损失补偿性为主，因此约定的违约金过分高于损失的，法院应当予以调整。笔者认为，法院是否调整违约金应当区分民事案件和商事案件进行处理，在民事案件中，双方约定的违约金过分高于造成的损失时，法院应当依职权予以调减；但是商事交易的双方都是商事主体，商事合同是双方充分考虑自己的成本，利益基础上讨价还价的结果，当事人在合同中约定高额违约金是为了更好地保护商事交易的安全、高效，因此在商事合同中，应采取不调整为原则，调整为例外。

本案中，当事人约定一方违约时应当给付对方全部的合同金额，该约定的违约金没有扣减守约方履行合同支出的成本，也没有扣减守约方未履行合同义务而减少的支出，此外，还存在守约方对其损失未充分举证的问题。因此，法院在综合双方履约情况和合同约定的情况下，对合同约定的违约金进行了调整。

编写人：北京市朝阳区人民法院　孙国荣

53

纠纷诉至法院，切记明确合同主体

——周金友等诉严瑞灵、柳州市瑞和塑料科技有限责任公司委托合同案

【案件基本信息】

1. 裁判书字号

广西壮族自治区柳州市城中区人民法院（2017）桂0202民初1475号民事判决书

2. 案由：委托合同纠纷

3. 当事人

原告：周金友、罗世全、罗华安

被告：严瑞灵、柳州市瑞和塑料科技有限责任公司（以下简称瑞和公司）

【基本案情】

2008年1月10日，被告瑞和公司出具三份致贵州高速公路开发总公司的授权书，授权原告罗世全作为其代理人，原告罗世全有权在2008年1月10日至2012年12月31日期间，在厦蓉高速公路水口—格龙段和都匀段以及厦蓉高速公路格龙—都匀段预应力塑料波纹管的采购投标活动中，以被告瑞和公司的名义与业主协商、签订合同协议书以及执行一切与此有关的事项。2009年11月1日，被告瑞和公司出具一份致贵州高速公路开发总公司的授权书，授权原告罗世全作为其代理人，原告罗世全有权在2009年11月1日至2010年12月1日期间，在黎洛高速公路预应力塑料波纹管的采购投标活动中，以瑞和公司的名义与业主协商、签订合同协议书以及执行一切与此有关的事项。2014年5月27日，被告瑞和公司出具一份致水电十四局基础事业部凯雷高速项目部的授权书，授权原告罗世全作为其代理人，原告罗世全有权在该事业部预应力塑料波纹管的采购活动中，以被告瑞和公司的名义与业主协商、签订合同协议书以及执行一切与此有关的事项。上述授权书均经过了公证，授权书上盖印了被告瑞和公司的公章，有被告严瑞灵作为被告瑞和公司法定代

表人的签名和原告罗世全的签名。

2009 年 10 月 1 日，被告瑞和公司与买方贵州省公路桥梁工程总公司物资公司签订《供货协议书》，约定被告瑞和公司向该公司出售各种型号的塑料波纹管，其中记载被告瑞和公司的代理人为原告罗世全。2009 年 11 月 10 日，被告瑞和公司与买方中铁二局一公司汕昆高速公路 T1 标合同段签订《塑料波纹管合同》，约定被告瑞和供公司向买方出售各种型号的塑料波纹管，其中记载被告瑞和公司的委托代表是原告罗世全。

2017 年 4 月 28 日，被告瑞和公司出具致贵州省公路工程集团有限公司第四分公司的介绍信，授权原告罗世全等两人前往该公司办理对账收款事宜。

【案件焦点】

涉案委托合同的主体。

【法院裁判要旨】

广西壮族自治区柳州市城中区人民法院经审理认为：关于涉案委托合同的主体问题。从三原告提供的授权书来看，其中记载的委托人是被告瑞和公司，被告严瑞灵是以被告瑞和公司法定代表人的身份签名；从涉案委托合同的履行情况来看，原告罗世全是作为被告瑞和公司的代理人与买方签订买卖合同，三原告代理销售的是被告瑞和公司的货物；从三原告提供的周金友、罗世全、罗华安在贵州销售“波纹管”提成款汇总表来看，其中记载的提成款的计算基数是货款，而该货款指向的是被告瑞和公司的货物，被告严瑞灵作为负责人在提成款汇总表下方签名所确认的应为被告瑞和公司应付给三原告的提成款。综合全案证据和案件事实，应认定与三原告存在委托合同关系的主体是被告瑞和公司，不应将提成款汇总表从全案证据中孤立出来，简单地以被告严瑞灵在提成款汇总表上的签名作为认定被告严瑞灵是委托合同主体的依据。

与三原告存在委托合同关系的主体是被告瑞和公司，三原告的事实主张与本院查明的事实不符，经释明后，三原告仍坚持主张其合同相对方为被告严瑞灵而非被告瑞和公司，仍坚持要求被告瑞和公司承担连带清偿责任。三原告诉请不是合同主体的被告严瑞灵承担给付提成款的责任，诉请作为合同主体的被告瑞和公司承担连带清偿责任，均没有事实依据，不予支持。

广西壮族自治区柳州市城中区人民法院依照《最高人民法院关于适用〈中华人民共和国民事诉讼法〉的解释》第九十条、《最高人民法院关于民事诉讼证据的若干规定》第二条之规定，判决如下：

驳回原告周金友、罗世全、罗华安的全部诉讼请求。

【法官后语】

当发生合同纠纷，当事人诉至法院主张权利时，一定要注意明晰合同主体与案涉法律关系。本案中，三原告主张与其存在委托合同关系的主体是被告严瑞灵，经法官释明后，其仍坚持与其存在委托合同关系的主体是被告严瑞灵而非被告瑞和公司，仍坚持要求被告瑞和公司对被告严瑞灵的债务承担连带清偿责任。

经审理，法官认为，关于涉案委托合同的主体问题。从三原告提供的授权书来看，其中记载的委托人是被告瑞和公司，被告严瑞灵是以被告瑞和公司法定代表人的身份签名；从涉案委托合同的履行情况来看，原告罗世全是作为被告瑞和公司的代理人与买方签订买卖合同，三原告代理销售的是被告瑞和公司的货物；从三原告提供的周金友、罗世全、罗华安在贵州销售"波纹管"提成款汇总表来看，其中记载的提成款的计算基数是货款，而该货款指向的是被告瑞和公司的货物，被告严瑞灵作为负责人在提成款汇总表下方签名所确认的应为被告瑞和公司应付给三原告的提成款。因此，与三原告存在委托合同关系的主体是被告瑞和公司。最终，法院判决驳回原告的诉讼请求。

关于合同主体的认定，不应孤立地从文件的落款签字来判断，而应综合全案证据来进行判断。比如在本案中，就不能将提成款汇总表从全案证据中孤立出来，简单地以被告严瑞灵在提成款汇总表上的签名作为认定被告严瑞灵是委托合同主体的依据。实践中，我们在与公司企业等法人签订合同时，签名的负责人或者法定代表人虽然签的是个人的姓名，但其实际上是代表其所任职的公司来缔结合同，其自然人人格被公司人格吸收，其以法人代表身份进行的民事行为所产生的法律后果由该公司承担。因此，当发生纠纷，合同的当事人诉至法院，其起诉的对象应该是公司而不是那位签字的负责人或者法定代表人。很多时候，合同主体认定的正确与否关系到诉讼成败，大家在打官司时，一定要注意明确谁才是合同主体。

编写人：广西壮族自治区柳州市城中区人民法院　刘海锐

十二、居间合同

54

如何认定居间合同关系的成立

——闽行游（厦门）旅游服务有限公司诉厦门晶邦酒店管理有限公司居间合同案

【案件基本信息】

1. 裁判书字号

福建省厦门市集美区人民法院（2016）闽0211民初4474号民事判决书

2. 案由：居间合同纠纷

3. 当事人

原告：闽行游（厦门）旅游服务有限公司（以下简称闽行游公司）

被告：厦门晶邦酒店管理有限公司（以下简称晶邦酒店）

第三人：中国国旅（厦门）国际旅行社有限公司（以下简称厦门国旅）

【基本案情】

原告闽行游公司法定代表人陈凌于2012年至2013年在被告晶邦酒店任职，并在该期间通过工作关系认识第三人厦门国旅的员工即案外人叶利亚。2015年5月至2015年7月，陈凌又在晶邦酒店短暂任职，担任营销总监。

因2016年全国赛艇锦标赛在厦门举行，厦门国旅承接了赛事接待酒店预订业务。厦门国旅的员工叶利亚以为陈凌仍在晶邦酒店工作，遂通过案外人厦门恩途旅行社有限公司联系陈凌预订晶邦酒店的客房。陈凌遂以闽行游公司的名义向晶邦酒店传真《订房单》，《订房单》载明合作房价为150元/天，不需开票的结算价为180元/天，代收部分价格待客人离店结账后将差价退还闽行游公司指定账户，8%奖励额外支付闽行游公司。晶邦酒店原总经理吴文永出庭确认在接到闽行游公司的订单后有进行确认。之后，叶利亚得知陈凌已不在晶邦酒店工作，遂要求直接与晶邦酒店对接，并根据陈凌提供的联系方式直接与吴文永联系。吴文永于2016年9月初到厦门国旅与相关负责人洽谈，并代表晶邦酒店与厦门国旅签订1份《会议合同》，约定订房及用餐等事宜。该合同已履行。

【案件焦点】

1. 闽行游公司与晶邦酒店、厦门国旅之间存在何种法律关系；2. 晶邦酒店是否应支付闽行游公司居间报酬。

【法院裁判要旨】

福建省厦门市集美区人民法院经审理认为：本案系追讨居间报酬引起的居间合同纠纷。闽行游公司以居间合同法律关系为诉由向晶邦酒店主张居间报酬，应举证证明其与晶邦酒店之间存在合法有效的居间合同法律关系。厦门国旅的员工叶利亚通过陈凌预订晶邦酒店的房间系认为陈凌为晶邦酒店员工，即厦门国旅并没有通过闽行游公司的媒介作用与晶邦酒店建立合同关系的意思，而是意欲直接与晶邦酒店建立合同关系。晶邦酒店接受的《订房单》系以闽行游公司的名义直接制发，即晶邦酒店系直接接受闽行游公司的预订，亦没有通过闽行游公司的媒介作用与厦门国旅建立合同关系的意思。因此，无论是晶邦酒店，还是厦门国旅，均无通过闽行游公司的居间作用而建立合同关系的意思，即均无与闽行游公司建立居间合同关系的意思表示。闽行游公司所主张的代收差价及佣金，均系闽行游公司向晶邦酒店预订房间而约定的款项，并非双方约定的居间报酬。因闽行游公司未提交其他合法有效的证据证明其与晶邦酒店之间存在居间合同关系，故认定闽行游公司与晶邦酒店之间不存在居间合同关系。因厦门国旅系全国赛艇锦标赛接待酒店预订业务的承接商，其并未委托闽行游公司向晶邦酒店预订客房及用餐，而是直接与晶邦酒店签订了有关预订房间的《会议合同》并履行，故应认定闽行游公司与晶邦酒店之间的《订房单》未实际履行且无法履行。因闽行游公司向晶邦酒店制发《订房单》的行为在法律性质上属于以自己名义订立合同的无权代理，厦门国旅未对此予以追认，故应认定《订房单》未实际履行且无法履行的责任在闽行游公司，闽行游公司应自行承担不利后果。因此，闽行游公司向晶邦酒店主张客房差价及佣金36724元的诉讼请求缺乏事实及法律依据，不予支持。

福建省厦门市集美区人民法院依照《中华人民共和国合同法》第四十八条第一款、第四百二十四条，《中华人民共和国民事诉讼法》第六十四条第一款，《最高人民法院关于适用〈中华人民共和国民事诉讼法〉的解释》第九十条之规定，判决：

驳回原告闽行游（厦门）旅游服务有限公司的全部诉讼请求。

【法官后语】

合同的性质应当根据当事人在合同中的真实意思表示确定。

本案中厦门国旅的员工叶利亚通过陈凌预订晶邦酒店的房间系认为陈凌为晶邦酒店员工，即厦门国旅并没有通过闽行游公司的媒介作用与晶邦酒店建立合同关系的意思，而是意欲直接与晶邦酒店建立合同关系。晶邦酒店接受的《订房单》系以闽行游公司的名义直接制发，即晶邦酒店系直接接受闽行游公司的预订，亦没有通过闽行游公司的媒介作用与厦门国旅建立合同关系的意思。因此，无论是晶邦酒店，还是厦门国旅，均无通过闽行游公司的居间作用而建立合同关系的意思，即均无与闽行游公司建立居间合同关系的意思表示。

当事人索要居间报酬应当举证证明居间合同关系的存在。

因闽行游公司未提交其他合法有效的证据证明其与晶邦酒店之间存在居间合同关系，故法院认定闽行游公司与晶邦酒店之间不存在居间合同关系。闽行游公司所主张的代收差价及佣金，均系闽行游公司向晶邦酒店预订房间而约定的款项，并非双方约定的居间报酬。因厦门国旅系全国赛艇锦标赛接待酒店预订业务的承接商，其并未委托闽行游公司向晶邦酒店预订客房及用餐，而是直接与晶邦酒店签订了有关预订房间的《会议合同》并履行，故应认定闽行游公司与晶邦酒店之间的《订房单》未实际履行且无法履行。因闽行游公司向晶邦酒店制发《订房单》的行为在法律性质上属于以自己名义订立合同的无权代理，厦门国旅未对此予以追认，故应认定《订房单》未实际履行且无法履行的责任在闽行游公司，闽行游公司应自行承担不利后果。

编写人：福建省厦门市集美区人民法院　张亚芬

55

中介公司利用网上信息居间服务，选择服务价格低的中介不构成“跳单”

——扬州市嘉信佳房产中介有限公司诉蒋慧居间合同案

【案件基本信息】

1. 裁判书字号

江苏省扬州市中级人民法院（2017）苏1012民初6998号民事判决书

2. 案由：居间合同纠纷

3. 当事人

原告（上诉人）：扬州市嘉信佳房产中介有限公司（以下简称嘉信佳房产中介公司）

被告（被上诉人）：蒋慧

【基本案情】

2017年5月20日，被告蒋慧与嘉信佳房产中介公司签订一份《委托看房确认书》，看房地址及楼层为明珠山庄8幢××室，该确认书承诺：本人及家属若自行或通过其他中介购买下表所列房屋，必须向嘉信佳房产中介公司支付房价2%的补偿金，作为该公司已支付的人力、广告及其他费用的合理补偿。其间，被告在原告公司人员引领下分别看了包括明珠山庄8幢××室在内的六处房产。同年5月31日，被告在扬州市江都区龙城房产中介有限公司（李承美、朱明秀）的居间服务下以133.8万元购买了明珠山庄8幢××室房屋，并支付中介服务费用1万元。

另查明，明珠山庄8幢××室原房主并未委托原告嘉信佳房产中介公司售卖该房产，原告系通过58同城网获知该售房信息。

【案件焦点】

嘉信佳房产中介公司诉求蒋慧给付24000元补偿金有无依据。

【法院裁判要旨】

江苏省扬州市江都区人民法院经审理认为：居间合同是居间人向委托人报告订立合同的机会或者提供订立合同的媒介服务，委托人支付报酬的合同。被告签署的上述《委托看房确认书》，其中承诺的本意是为了防止买方利用中介公司提供的房源信息却“跳”过中介公司购买房屋，使中介公司无法获得佣金。但被告所购房屋原房主并未委托原告售房，该房源信息系通过58同城网获知，且原告未能促成买卖合同成立，故买方有权选择报价低、服务好的中介公司促成房屋买卖合同成立，其行为不构成违约；房屋中介公司居间的主要义务不是引领看房，而是促成房屋买卖合同成立及相应的后续服务，虽然引领看房，但没有谈妥房屋交易的时间、价格等条件，属于居间不成功。居间人未促成合同成立的，不得要求支付报酬，但可以要求委托人支付从事居间活动支出的必要费用。根据实际情况，原告付出前期引领被告多次看房的劳务，故被告应向其支付从事居间活动支出的必要费用，酌定为500元。

江苏省扬州市江都区人民法院依照《中华人民共和国合同法》第四百二十四条、第四百二十七条的规定，作出如下判决：

一、被告蒋慧于本判决生效之日起十日内向原告扬州市嘉信佳房产中介有限公司支付费用500元；

二、驳回原告扬州市嘉信佳房产中介有限公司的其他诉讼请求。

原告扬州市嘉信佳房产中介公司上诉称：原审判决认定事实不清楚，蒋慧签订的《委托看房确认书》已与嘉信佳房产中介公司形成独立的居间合同关系。故请求法院撤销原审判决，改判蒋慧补偿嘉信佳房产中介公司24000元；诉讼费用由蒋慧承担。

江苏省扬州市中级人民法院经审理认为：嘉信佳房产中介公司诉求蒋慧给付24000元补偿金，不应予以支持。理由：嘉信佳房产中介公司确认讼争房屋的售房信息系发布于58同城网，房主并未委托其出售，且其他人员亦能够在58同城网查阅到该售房信息。现蒋慧提供的证据及本院补充调查的相关内容能够证实，蒋慧方确系在其他中介的居间服务下购买了讼争房屋，并非系利用嘉信佳房产中介公司的房源信息“跳单”后私下完成交易。嘉信佳房产中介公司认为其曾带蒋慧看过讼争房屋，蒋慧后在其他中介服务下与房主达成交易即属“跳单”行为，故蒋慧应给予嘉信佳房产中介公司经济补偿，并无法律依据。而一审法院基于嘉信佳房产中介公司付出的劳务酌定蒋慧支付500元的劳务费用，并无不当。至于嘉信佳房产中介公司上诉提及的《委托看房确认书》，因该确认书系嘉信佳房产中介公司自制的格式文本，在嘉信佳房产中介公司并非独家享有讼争房屋出售信息的情形下，该确认书限制了买房人的权利，故而该确认书不应作为裁判依据。

江苏省扬州市中级人民法院依照《中华人民共和国民事诉讼法》第一百七十条第一款第（一）项之规定，判决：

驳回上诉，维持原判。

【法官后语】

本案的争议焦点是嘉信佳房产中介公司的居间报酬请求权能否得到支持?《中华人民共和国合同法》(以下简称《合同法》) 第四百二十四条规定:“居间合同是居间人向委托人报告订立合同的机会或者提供订立合同的媒介服务，委托人支付报酬的合同。”从法律规定来看，我国的居间合同是双务性、诺成性合同，居间人有义务为委托人提供信息与媒介服务，并促成委托人与第三人合同订立，委托人有义务向提供服务的居间人支付报酬。居间合同的诺成性是指只要居间合同的双方当事人意思表示一致，合同即可成立。《合同法》第四百二十七条规定:“居间人未促成合同成立的，不得要求支付报酬，但可以要求委托人支付从事居间活动支出的必要费用。”尽管居间合同的成立不以委托人与第三人之间订立合同为前提，但对于居间合同报酬请求权而言，在居间合同有效成立后委托人与第三人合同缔结之前，居间人的报酬请求权并不具备实现的全部要素，需待居间合同之目的实现后，即委托人因居间人之居间行为而与第三人订立合同后，该报酬请求权成立要素全部具备，居间人才可以向委托人主张支付该报酬。

本案原告嘉信佳房产中介公司与被告蒋慧签订的居间合同系双方真实意思表示且不违反法律法规禁止性规定，因此原、被告之间签订的居间合同依法成立。但原告嘉信佳房产中介公司要求被告蒋慧支付居间报酬没有法律依据，主要理由：其一，嘉信佳房产中介公司确认讼争房屋房主并未委托其出售房屋，原告与讼争房主之间并未签订委托售房合同。其二，由于讼争房屋信息系公开发布在58同城网，其他公众亦可以通过正当途径获得讼争房屋信息，被告并未利用原告提供的房源信息、机会等条件促成房屋买卖合同成立，故被告有权选择报价低、服务好的中介而不构成“跳单”违约。其三，嘉信佳房产中介公司并未促成被告与讼争房屋房主之间的买卖房屋合同成立。《合同法》第四百二十六条第一款规定：“居间人促成合同成立的，委托人应当按照约定支付报酬。对居间人的报酬没有约定或者约定不明确，依照本法第六十一条的规定仍不能确定的，根据居间人的劳务合理确定。因居间人提供订立合同的媒介服务而促成合同成立的，由该合同的当事人平均负担居间人的报酬。”从法律规定来看，居间人能否促成委托人与第三人合同之订立，是其能否获得报酬之唯一依据，本案原告并未促成房屋买卖合同成立。

由于我国房地产行业形势一路走高，二手房买卖成为公众生活中十分常见的交易活动，很多人选择与一些二手房交易的中介机构签订居间合同进行二手房买卖活动，房屋中介的居间合同在当今社会生活中普遍存在。房屋中介机构作为专业机构掌握更多信息和资源，在提供居间服务时应当履行如何告知义务，为促成买房人与第三人的房屋买卖合同提供更加专业、优质的服务。个人也应当恪守诚实信用原则，在接受居间服务后应当按照合同约定支付报酬，规范二手房交易市场秩序。

编写人：江苏省扬州市江都区人民法院　姜俊　梅勇华

56

委托人违约导致房屋转让合同无法订立的，仍应向居间人支付报酬

——唐小云诉信宜有家房地产信息咨询有限公司居间合同案

【案件基本信息】

1. 裁判书字号

广东省茂名市中级人民法院（2016）粤09民终589号民事判决书

2. 案由：居间合同纠纷

3. 当事人

原告（反诉被告、上诉人）：唐小云

被告（反诉原告、被上诉人）：信宜有家房地产信息咨询有限公司（以下简称有家咨询公司）

第三人（被上诉人）：陈达飞、李春燕

【基本案情】

2015年8月3日，李春燕委托有家咨询公司出售自有物业A601房，约定售价50万元（一次性付款），税费买家自理、备注银行按揭52万元、高于成交价部分作为中介费，符合条件时委托有家房地产适当收取客户定金。有家咨询公司在代理期限内协助本人寻找合适的买家。

2015年8月3日，唐小云作为甲方与有家咨询公司作为乙方签订《购房诚意金协议书》一份。约定："甲方同意以530000元购买A601房、付款方式为银行按揭。中介费用为5300元。甲方缴交2万元给乙方作为购房诚意金，若价格达到甲方价位，此诚意金转为购房定金交与业主方，并视为交易成功。"同日，有家咨询公司出具收据一张给唐小云收执，收据写明收到唐小云诚意金2万元，当业主接收后转为定金。

2015年8月4日，有家咨询公司将诚意金中的10000元通过转账方式支付给李春燕。

2015年8月24日，唐小云在未表明身份的情况下电话联系李春燕了解涉案房产的出售情况，李春燕在通话中表示有人有意向购买涉案房产，但未作最后答复，亦未收到他人定金。

2015年9月1日，唐小云委托广东泰的律师事务所向有家咨询公司发出律师函，要求有家咨询公司退回购房诚意金20000元。有家咨询公司回函称诚意金20000元已作定金转交给业主，唐小云在收到本函后应当于2015年9月15日前及时履行合同，否则应承担定金罚则和支付中介费用。

唐小云于2015年9月22日向信宜法院提起诉讼，请求：一、被告立即退还20000元给原告。二、被告承担本案的诉讼费用。而有家咨询公司也向原审法院提起反诉，请求：判令被反诉人支付居间服务报酬合计15300元给反诉人。

另查明，A601房属陈达飞与李春燕共有。一审庭审中，李春燕称其在收到

10000 元定金后一直与有家咨询公司联系要求与买受人签订转让合同，但买受人一直未与其签订合同，对此有家咨询公司予以确认。唐小云称由于没有筹够房款，至今唐小云与李春燕就涉案的 A601 房没有签订转让合同，并且也不再同意按涉案《诚意金协议书》中约定的条件与李春燕就涉案的 A601 房签订转让合同。李春燕则表示由于唐小云不同意与其就涉案 A601 房签订转让合同，已于 2015 年 11 月 28 日将 A601 房出售给案外人。同时唐小云与有家咨询公司在一审庭审中表示，由于涉案的《诚意金协议书》已经不可能再履行，双方同意解除该《诚意金协议书》。唐小云与有家咨询公司确认是在有家咨询公司带唐小云两次到涉案 A601 房看过后双方才签订《诚意金协议书》。

再查明，有家咨询公司提供该公司员工张树祥 2015 年 6 月至 8 月的工资申报情况，证明张树祥为唐小云提供居间服务期间的薪酬费用。

【案件焦点】

1. 本案的定金合同是否成立生效；2. 本案的居间报酬条款是否生效。

【法院裁判要旨】

广东省信宜市人民法院审理认为：唐小云同意在 A601 房以银行按揭方式付款、转让价格为 53 万元的情况下，将其交给有家咨询公司诚意金 20000 元转为定金并交与李春燕、陈达飞。有家咨询公司在符合双方条件情况下，为了确保转让合同顺利签订，而将定金交与李春燕、陈达飞符合有家咨询公司与唐小云在协议书中的约定。李春燕也收到有家咨询公司转交来的定金 10000 元，因此，唐小云与李春燕、陈达飞之间的定金合同是成立并且生效的。虽然唐小云在《购房诚意金协议书》中承诺在符合约定的条件下，其所交的诚意金 20000 元均转为定金交与涉案 A601 房的业主，但由于李春燕实际接收的定金为 10000 元，并且唐小云与李春燕、陈达飞之间的定金合同的定金数额应为 10000 元，也就是说唐小云交给有家咨询公司保管的诚意金 20000 元中只有 10000 元转变为定金。

关于有家咨询公司反诉要求唐小云支付居间服务报酬 15300 元，有家咨询公司已按约定履行了居间人的义务，唐小云与李春燕、陈达飞就涉案的 A601 房没有签订转让合同的根本原因是唐小云单方违约行为所导致的，因此有家咨询公司反诉要求唐小云支付居间服务报酬有理有据，予以支持。唐小云与有家咨询公司在《购房诚意金协议书》中约定中介费用为5300元，因此确定居间服务报酬为5300元。

广东省信宜市人民法院判决：

一、信宜有家房地产信息咨询有限公司于本判决发生法律效力后十日内退还诚意金人民币10000元给唐小云；

二、限唐小云于本判决发生法律效力后十日内支付报酬5300元给信宜有家房地产信息咨询有限公司；

三、驳回唐小云的其他诉讼请求；

四、驳回信宜有家房地产信息咨询有限公司的其他反诉请求。

广东省茂名市中级人民法院经审理认为：本案涉案房屋的出售价格已符合唐小云提出的价位，有家咨询公司支付10000元购房诚意金给李春燕，应认定该款为双方在《购房诚意金协议书》中约定的定金。唐小云向有家咨询公司发函要求退还20000元诚意金的理由为"客观原因"，但唐小云未能举证证明。唐小云主张李春燕提供的信息不实存在欺诈的行为，李春燕作为财产所有权人，唐小云在未表明身份的情况下与李春燕电话聊天记录不足以证明李春燕对其存在欺诈，李春燕对自己的财产隐私作出的解释是对其自身财产的保护，不构成欺诈。最后，唐小云在一审庭审中自认未能签订转让合同的原因是因为其未筹够房款，其对自己不利的事实陈述，构成自认，法院确认唐小云自认的事实，认定未能签订转让合同是由于唐小云的自身原因造成的。综上，定金合同为实践性合同，以定金实际交付的数额为准，原审法院认定本案定金的数额为10000元正确，予以维持。关于居间报酬条款是否生效问题。茂名中院二审认为，当事人为自己的利益不正当地阻止条件成就的，视为条件已成就，唐小云为自己的利益阻止房屋转让合同的订立，即阻止居间报酬条款的生效，那么在本案中应视为居间报酬条款已生效。因此，原审法院判决唐小云支付居间费给有家咨询公司正确，法院予以维持。广东省茂名市中级人民法院判决：

驳回上诉，维持原判。

【法官后语】

《最高人民法院关于适用〈中华人民共和国担保法〉若干问题的解释》第一百一十五条规定了立约定金的适用原则："当事人约定以交付定金作为订立主合同担保的，给付定金的一方拒绝订立主合同的，无权要求返还定金；收受定金的一方拒绝订立合同的，应当双倍返还定金。”本案中，唐小云与有家咨询公司在《购房诚意金协议书》中约定“甲方同意购买此房价格为人民币530000元及付款方式为银行按揭”及“甲方（即唐小云）与有家房地产协商同意此诚意金作为购房诚意金，有权督促有家房地产与业主谈判磋商价格，若价格达到甲方价位，此诚意金将转为购房定金交与业主方，并视为交易成功。若谈判磋商价格未达到甲方价位，此购房诚意金无息全款退还给甲方”，根据第三人李春燕出具给有家咨询公司的委托书可知，本案涉案房屋的出售价格已符合唐小云提出的价位。在此情况下有家咨询公司支付了10000元购房诚意金给李春燕，应认定该款为双方在《购房诚意金协议书》中约定的购房定金。唐小云在一审庭审中自认未能签订转让合同的原因是因为其未筹够房款。当事人在法庭上所作的对自己不利的事实陈述，当构成自认，属于无须证明的事实，法院确认唐小云自认的事实，认定未能签订转让合同是由于唐小云的自身原因造成的。根据《最高人民法院关于审理商品房买卖合同纠纷案件适用法律若干问题的解释》第四条关于“出卖人通过认购、订购、预订等方式向买受人收受定金作为订立商品房买卖合同担保的，如果因当事人一方原因未能订立商品房买卖合同，应当按照法律关于定金的规定处理”的规定，法院认定实际交付的10000元为本案定金金额，判决有家咨询公司退还尚未支付给业主的10000元诚意金给唐小云。

居间合同是居间人向委托人报告订立合同的机会或者提供订立合同的媒介服务，委托人支付报酬的合同。本案中，唐小云与有家咨询公司签订的《购房诚意金协议书》实际属于居间合同，居间报酬条款的生效及成立是附条件的，即所签订房屋转让合同成立才生效。因本案中唐小云与业主尚未签订房屋转让合同，所以唐小云认为居间报酬条款尚未生效，居间人不应因此索取报酬。法院审理后认为，本案中是由于唐小云的原因导致房屋转让合同无法订立，根据《中华人民共和国合同法》第四十五条“当事人对合同的效力可以约定附条件。附生效条件的合同，自条件成就时生效。附解除条件的合同，自条件成就时失效。当事人为自己的利益不正当地阻止条件成就的，视为条件已成就；不正当地促成条件成就的，视为条件不成就”的规定，唐小云为自己的利益阻止房屋转让合同的订立，即阻止居间报酬条款的生效，在本案中应视为居间报酬条款已生效。因此，法院判决唐小云须按约定支付居间报酬5300元给有家咨询公司。

编写人：广东省信宜市人民法院　彭秋香

57

目标合同的效力及履行对居间报酬请求权的影响

——新疆天山畜牧生物工程股份有限公司诉北京天牧达进出口有限公司居间合同案

【案件基本信息】

1. 裁判书字号

北京市第三中级人民法院（2017）京03民终2939号民事判决书

2. 案由：居间合同纠纷

3. 当事人

原告（被上诉人）：新疆天山畜牧生物工程股份有限公司（以下简称天山畜牧公司）

被告（上诉人）：北京天牧达进出口有限公司（以下简称天牧达公司）

【基本案情】

2015年4月14日，禾牧公司作为委托方与受托方天牧达公司签订《代理合同》约定：代理进口澳大利亚肉用牛为黑安格斯青年母牛，数量6000头，单价16000元，金额9600万元。协议签订三个工作日内，委托方以电汇方式预付受托方100万元，十五个工作日内，委托方再以电汇方式预付受托方200万元；种牛运抵中国港口，经官方检疫合格后，委托方以电汇方式预付委托方9000万元；剩余款项根据到达委托方指定交货地点后确认的种牛数量进行结算，牛运至交货地点后三个工作日内，委托方以电汇方式支付剩余款项，多退少补。受托方根据本协议以受托方自己的名义与澳大利亚维州牧业出口商签订合同；受托方有义务保证进口合同条款符合我国现行有关法律、法规及国际惯例，并保证尽到最大诚实信用义务维护委托方的利益。

2015年4月20日，天牧达公司出具《承诺书》，承诺：2015年4月14日天牧达公司与禾牧公司达成6000头安格斯肉牛的采购事宜，由于在此义务交易过程中，天牧达公司是通过天山畜牧公司实现业务的达成，故天牧达公司承诺每头牛按1320元（已扣除6%的税费）向天山畜牧公司支付佣金。支付时间约定为禾牧公司付清80%的货款时支付60%的佣金，全部货款付清后支付剩余的40%。支付方式约定为汇入天山畜牧公司的指定的其他账户。

2015年9月28日，禾牧公司（甲方）与天牧达公司（乙方）、维州牧业（丙方）签订《补充协议》，协议载明：甲乙双方于2015年4月14日签订的《代理合同》约定由甲方委托乙方代理进口安格斯种牛；乙方遂与丙方洽商，向其进口安格斯种牛并于2015年4月28日签订编号为TM－151008的外贸合同。现甲乙丙三方就合同履行中的相关事宜达成如下补充协议：一、甲乙双方委托内容：黑安格斯种牛的数量变更为4660头，总金额变更为7456万元，单价不变即16000元/头，性别不变即青年母牛。二、甲方通过电汇及委托海尔公司向乙方支付合同款60648000，尚欠乙方合同款13912000元。第二条第一款所述的13912000元合同余款，甲方应于安格斯种牛在隔离场检疫合格放行前一日即2015年10月15日向乙方支付6956000元，剩余的6956000元不得迟于2015年12月15日支付。各方同意，在甲方未向乙方支付《代理合同》项下的余款时，乙方有权向丙方拒付TM－151008外贸合同项下的余款，并不承担任何违约责任。乙方向甲方交付黑安格斯种牛的时间为2015年10月20日之前，各方同意甲方如未按本协议第二条第二款要求按时向乙方支付余款，乙方仍在种牛隔离检疫结束后将全部种牛交付甲方。在甲方未履行与乙方签订合同项下的全部付款义务时，未付货款部分的种牛所有权仍属丙方，甲方收到该部分种牛后，应承担本部分种牛受到任何损害的风险责任，同时丙方有权直接向甲方追偿债务或以甲方相应股权抵偿。

2015年10月31日，禾牧公司出具《签收单》，内容为：2015年10月26日，禾牧公司共收到天牧达公司澳洲进口安格斯青年母牛4660头。

2015年4月17日，禾牧公司向天牧达公司汇款100万元。2015年9月22日，禾牧公司委托海尔公司向天牧达公司汇款59648000元。2015年10月13日，禾牧公司再次向天牧达公司汇款6956000。上述付款总额为67604000元。

【案件焦点】

目标合同的效力、履行情况对居间报酬请求权的影响。

【法院裁判要旨】

北京市朝阳区人民法院经审理判决：

一、天牧达公司于本判决生效之日起十日内向天山畜牧公司支付居间报酬3690720元；

二、天牧达公司于本判决生效之日起十日内向天山畜牧公司支付利息损失（以3690720元为基数，自2015年9月23日起实际给付之日止，按照中国人民银行同期贷款利率计算）；

三、驳回天山畜牧公司的其他诉讼请求。

宣判后，天牧达公司提出上诉。北京市第三中级人民法院经审理认为：本案的争议焦点是，《承诺书》承诺的支付佣金的条件是否已经成就。天牧达公司上诉认为，《补充协议》不是天山畜牧公司居间的结果，天牧达公司未就这一新的法律关系向天山畜牧公司出具支付佣金的承诺，目前天牧达公司获得的货款不足6000头牛价款的80%，付款条件未成就，故不应支付佣金。根据《代理合同》第十一条，以及《补充协议》"禾牧公司与天牧达公司于2015年4月14日签署编号为YGCG-2015001号《安格斯种牛委托代理合同》……天牧达公司遂与维州牧业洽商，向其进口安格斯种牛并于2015年4月28日签订编号为TM-151008的外贸合同。现禾牧公司、天牧达公司、维州牧业三方就合同履行中的相关事宜达成如下补充协议"的约定，结合天牧达公司在一审庭审中有关《补充协议》的交易来源之一是《代理合同》的陈述，本院认为，《补充协议》系对作为天山畜牧公司居间结果的《代理合同》在履行中对数量、单价、付款方式的变更，《补充协议》中禾牧公司与天牧达公司的法律关系与《代理合同》中禾牧公司与天牧达公司的法律关系系同一合同法律关系。天牧达公司应当根据《承诺书》支付天山畜牧公司佣金。《补充协议》约定合同总价款为74560000元，现禾牧公司已向天牧达公司支付货款67604000元，禾牧公司支付的货款金额已经超过总金额的80%，故天牧达公司应当按照其在《承诺书》中所承诺的佣金支付标准，在其收到80%的货款时向天山畜牧公司支付60%的佣金3690720元。禾牧公司委托海尔公司在2015年9月22日向天牧达公司支付59648000元时，其支付货款的金额就已经超过80%，故天牧达公司应于当日向天山畜牧公司支付居间报酬，但天牧达公司并未实际支付，因此天山畜牧公司主张从2015年9月23日开始计算利息，于法有据，法院予以支持。

北京市第三中级人民法院判决：

驳回上诉，维持原判。

【法官后语】

本案中涉及的问题是目标合同与居间报酬之间的关系。

一、居间报酬请求权的成立要件

依照《中华人民共和国合同法》（以下简称《合同法》）第四百二十四条的规定，居间人的居间报酬请求权成立要件有三：第一，目标合同合法成立；第二，目标合同的缔结须与居间人的居间行为有因果关系；第三，目标合同当事人缔结的业务须与居间人居间介绍的业务大体一致。

（一）目标合同合法成立。居间人取得居间报酬的首要前提应当是达到了预期的法律结果。但对于该种“预期的法律结果”具体有何指，理论界存在争议。依照《合同法》第四百二十六条“居间人促成合同成立的，委托人应当按照约定支付报酬”的规定，居间报酬请求权自合同成立时即产生，故居间人请求委托人支付居间报酬的首要条件是目标合同合法成立。

（二）目标合同的缔结须与居间人的居间行为有因果关系。居间合同作为双务合同，居间人应报告订约机会或提供订立合同的媒介服务，即提供居间服务；委托人应给付居间报酬。根据权利义务相对等的原则，委托人给付居间报酬一定是居间成果是在居间人的居间活动下达成的。我们认为，此处居间行为与目标合同成立之间的因果关系应当为直接因果关系。

（三）目标合同当事人缔结的业务须与居间人居间介绍的业务大体一致。所谓“大体一致”，当然不苛求数目的完全相等，只要相差不大，委托人均应支付相应的居间报酬。如果数量相差过大，则需要审查居间人是否对于多出来的数量履行了居间义务。本要件的实质意义是，在司法审查中，应当围绕居间人是否对目标合同的缔结尽到居间义务展开调查，对于其居间行为与目标合同缔结不具有直接因果关系的，居间人对该部分业务不享有居间报酬请求权。

二、目标合同的效力、履行情况对居间报酬请求权的影响

上文已经提到目标合同生效与否对居间报酬请求权的影响，我国合同法采用成立说。

依照《合同法》第四百二十六条的规定，在目标合同合法成立后，委托人与第

三人在履行合同期间，对目标合同协商变更的，居间人仍然有权按照原居间合同请求给付居间报酬。本案中，经法院审查，《补充协议》“鉴于条款”表明其仅系双方对《代理合同》约定的变更，故不能认定《补充协议》是新的合同。

如果目标合同无效、被撤销、被变更或被解除，居间人是否享有居间报酬请求权呢？需要根据不同情况判定。依照《合同法》第四百二十五条第二款，如果居间人故意隐瞒与订立合同有关的重要事实或者提供虚假情况，损害委托人利益的，则不享有居间报酬请求权并且应当承担相应的损害赔偿责任。本案中，即使《补充协议》并非天山畜牧公司居间促成，由于《代理合同》合法成立，天牧达公司仍然应当按照《承诺书》的约定给付居间报酬。

三、警惕居间合同中委托人的道德风险

居间市场因商业社会的信息不对称现象而产生，居间人在进行居间活动时，属于信息优势方，故我们长久以来更加关注居间人是否恰当履行居间义务，对居间市场进行了规范。但是在合同履行过程中，在报告居间中，甚至在委托人与第三人缔约期间，居间人由于难以了解合同缔约进程和合同履行情况，成为信息弱势方，此时应当警惕委托人存在的道德风险问题。

在目标合同成立后，目标合同的履行情况无须向居间人报告，如果目标合同履行中发生的问题甚至效力瑕疵都由居间人承担责任，对居间人有失公平。

编写人：北京市第三中级人民法院　张印龙　赵凯

58

股权转让居间合同的效力

——唐建春诉曾宣飞、无锡耐博机器人科技有限公司居间合同案

【案件基本信息】

1. 裁判书字号

江苏省无锡市中级人民法院（2017）苏02民终3999号民事判决书

2. 案由：居间合同纠纷

3. 当事人

原告（被上诉人）：唐建春

被告（上诉人）：曾宣飞、无锡耐博机器人科技有限公司（以下简称耐博公司）

【基本案情】

2015 年 9 月，唐建春与曾宣飞约定由其为曾宣飞提供引进投资人、协助进行股权转让交易、耐博公司增资等服务。同月，经过唐建春做工作、曾宣飞的同意，曾宣飞与投资人签订了股权转让协议，引进了投资人唐建春、于振华、朱陈 3 人，其帮助曾宣飞融得股权转让资金 132 万元；次月，以同样的方式引进投资人陶庆、孙仲伟、曾定杰，帮助曾宣飞融得股权转资金 190.08 万元；2016 年 1 月底 2 月初，经过唐建春做工作、曾宣飞同意，签订了相应的借款协议，帮助曾宣飞融得借款 140 万元；2016 年 3 月，经过唐建春做工作、曾宣飞同意，与曾定杰二次签订了股权转让协议，帮助曾宣飞融得股权转让资金 39.6 万元；同月，经过唐建春做工作、曾宣飞同意，曾宣飞与投资人签订股权转让协议，引进了投资人周翠英，帮助曾宣飞融得股权转让资金 400 万元；同月，又引进了投资人上海千唐氏王投资合伙企业（有限合伙）（以下简称千唐企业），帮助曾宣飞融得增资资金 1000 万元（后由于曾宣飞的违约实际到位资金 250 万元）。2016 年 6 月 13 日，唐建春与曾宣飞签订了《耐博公司股权转让协议》（股权回购协议）1 份，约定曾宣飞若在 2016 年 12 月 31 日前未完成受让第三人曾定杰、周翠英［或上海日赢投资管理有限公司（以下简称日赢公司）］、千唐企业所持耐博公司的全部股权，曾宣飞将无条件向其支付融资服务费 139 万元。同时，耐博公司为上述协议项下曾宣飞的债务提供连带保证责任。截至 2016 年 12 月 31 日，曾宣飞未完成受让第三人曾定杰、周翠英（日赢公司）、千唐企业所持耐博公司的全部股权。故曾宣飞应按协议约定向其支付融资服务费 139 万元。

2016 年 6 月 13 日，曾宣飞与唐建春签订《股权转让协议》1 份，约定：一、曾宣飞受让唐建春所持有的耐博公司的全部 7% 的股权；二、双方签订协议当日，曾宣飞应向唐建春支付上述股权转让款 77 万元；三、唐建春在本协议签订当日与曾宣飞共同完成工商变更登记、退出公司股东会、退出公司董事会等必要法律文件签字手续，工商变更登记完成后，唐建春不再享受及承担股东的任何权利及义务。该协议除曾宣飞、唐建春签字外，“保证人”处还加盖了耐博公司公章。

此外，耐博公司与江苏天乙金谷新兴产业投资股份有限公司（以下简称天乙公司）于2015年9月29日签订《财务顾问协议》1份，载明：耐博公司聘请天乙公司担任财务顾问，耐博公司应向天乙公司支付财务顾问费包括但不限于：1. 融资顾问费用。耐博公司获得由天乙公司主导进行的融资资金（包括股权融资资金和债权融资资金），耐博公司在融资资金到位后的5个工作日内，按照投资总金额的3.5%向天乙公司指定账户支付融资顾问费用；2. 挂牌顾问费用。天乙公司负责协调券商、律所、会所各方费用事宜。该协议天乙公司盖章处还有“唐建刚”字样的签名。

【案件焦点】

1. 唐建春与曾宣飞、耐博公司于2016年6月13日签订的《股权转让协议》是否有效；2. 曾宣飞应否向唐建春支付融资顾问报酬，数额如何确定；3. 耐博公司对曾宣飞的付款义务是否应承担连带保证责任。

【法院裁判要旨】

江苏省无锡市惠山区人民法院审理认为：虽然耐博公司与天乙公司签订的《财务顾问协议》约定由天乙公司为耐博公司引进投资人，但在后续过程中，除千唐企业外，并未有其他投资人以对耐博公司增资扩股的形式投资，实质是曾宣飞通过出让自己股权获取股权转让款或者借款的形式来使自己获得资金，至于获取的股权转让款如何使用，本质上与耐博公司无关。故唐建春与曾宣飞之间应属于居间合同关系，在曾宣飞未将已转让的股权回购回来之前，曾宣飞实际占有、使用所谓的融资即股权转让款，故一旦曾宣飞转让了耐博公司股权，而他人也支付了股权转让款后，唐建春居间介绍的义务就已履行。

唐建春与曾宣飞之间签订的《股权转让协议》真实有效，双方均应按照该协议的约定履行相应的义务。上述协议约定如曾宣飞未在2016年12月31日前完成受让曾定杰、周翠英、千唐企业的股权，曾宣飞应向唐建春支付融资报酬139万元。现曾宣飞认可曾定杰、周翠英尚持有耐博公司股权，也就是并未完成股权受让的义务。关于融资报酬的数额，曾宣飞、耐博公司称应按照《财务顾问协议》约定的

3.5%计算，但该《财务顾问协议》系天乙公司与耐博公司签订，不能直接约束唐建春和曾宣飞。曾宣飞虽然也向唐建春支付了43.842万元，但唐建春已经明确该款项系其他费用，也并未有其他证据证明该笔费用为诉争的《股权转让协议》中约定的融资报酬。故曾宣飞还是应该按照上述协议中约定的数额支付融资报酬。

案涉《股权转让协议》系曾宣飞与唐建春签订，曾宣飞是付款义务人，虽然在上述协议中并没有保证条款，但耐博公司在保证人处盖章，应认定保证合同成立。因该协议并未约定担保的形式，应认定系连带保证责任。关于耐博公司的对外担保问题，虽然我国公司法规定公司对外担保应经过股东会决议，但该规定系管理性规范而非效力性规范，有无经过股东会决议系其耐博公司内部管理问题，不能以此约束第三人。故耐博公司的保证有效，该公司应对曾宣飞的付款义务承担连带保证责任。

江苏省无锡市惠山区人民法院依照《中华人民共和国合同法》第八条、第六十条、第四百二十四条、第四百二十六条，《中华人民共和国担保法》第十九条，《最高人民法院关于适用〈中华人民共和国担保法〉若干问题的解释》第二十二条第二款，《最高人民法院关于民事诉讼证据的若干问题》第二条之规定，作出如下判决：

一、曾宣飞于本判决生效之日起十日内向唐建春支付139万元并承担该款自2017年4月21日起至实际给付之日止按中国人民银行同期贷款利率计算的利息；

二、耐博公司对曾宣飞的上述第一项付款义务承担连带保证责任；

三、驳回唐建春的其他诉讼请求。

曾宣飞、耐博公司不服一审判决，提出上诉。江苏省无锡市中级人民法院同意一审法院裁判意见，依照《中华人民共和国民事诉讼法》第一百七十条第一款第（一）项之规定，判决如下：

驳回上诉，维持原判。

【法官后语】

居间合同是独立的合同，与目的合同之间并不具备当然的从属性，目的合同的有效性并不影响居间合同的有效性，即使在目的合同部分无效的情况下，居间合同是否有效应当严格按照《中华人民共和国合同法》第五十二条之规定进行独立判断。

本案中，唐建春与曾宣飞之间应属于居间合同关系，如唐建春履行了居间义务，曾宣飞应支付相应的居间报酬。在曾宣飞未将已转让的股权回购回来之前，曾宣飞实际占有、使用所谓的融资即股权转让款，故一旦曾宣飞转让了耐博公司股权，而他人也支付了股权转让款后，唐建春居间介绍的义务就已履行，所以曾宣飞支付报酬的条件业已成就。理由如下：首先，《股权转让协议》系唐建春与曾宣飞个人之间签订的，该协议中约定也是对曾宣飞与唐建春的个人权利义务进行了约定，耐博公司只是作为保证人盖章，并未涉及天乙公司，因此该协议应对唐建春与曾宣飞个人以及耐博公司具有约束力；其次，《股权转让协议》中关于融资报酬的约定，根据该条款所表述的意思来看，并非为案外人曾定杰、周翠英设定义务，只是将曾宣飞是否能在2016年12月31日之前受让曾定杰、周翠英的全部股权作为曾宣飞支付唐建春融资报酬的条件；再次，耐博公司虽在2015年9月29日与天乙公司签订《财务顾问协议》，该协议对融资以及报酬事项作出了约定，但根据本案现有证据以及当事人的陈述，案涉融资工作实际上是唐建春所为，而且也已成功引进投资人，并为曾宣飞的耐博公司融资到位，依据居间合同的法律规定，唐建春已完成了居间工作，理应获得相应的居间报酬；最后，对于曾宣飞支付给唐建春的43.842万元款项，因在唐建春出具的收条中仅写明为其他费用，且唐建春对该款项的性质也作出了解释，而曾宣飞未能举证证明该款项系《股权转让协议》中约定的融资报酬，故曾宣飞、耐博公司主张该款项系融资报酬的依据不足。综上，《股权转让协议》中关于融资报酬的约定合法有效，且该协议是在《财务顾问协议》之后订立，曾宣飞作为《股权转让协议》的签订一方，应当按约履行其付款义务，耐博公司对此承担连带保证责任。

编写人：江苏省无锡市惠山区人民法院　孙庭玉

59

该案系居间合同，还是担保合同

——深圳普惠快捷金融服务有限公司诉丁淮淮居间合同案

【案件基本信息】

1. 裁判书字号

新疆维吾尔自治区石河子市人民法院（2018）兵9001民初6888号民事判决书

2. 案由：居间合同纠纷

3. 当事人

原告：深圳普惠快捷金融服务有限公司

被告：丁淮淮

【基本案情】

2016年8月10日，被告丁淮淮欲购买华为P9 64G金色手机一部，价格为3550元。被告因无钱购买，经石河子市翔州通信店业务员介绍有可以分期付款购买手机的业务，被告与作为客户服务供应商与被告协商购买手机贷款事宜，被告在知情后在原告提供的《个人借款申请表》中签上了自己的名字。个人借款申请表主要内容为："被告购买石河子市翔州通信店华为P9 64G金色手机一部，价格为3550元，首付金额为400元，借款金额为3150元，分18期还清，月还款金额为321元，首次还款日为2016年9月10日，指定的还款账户户名为挖财公司。销售商：石河子市翔州通信店。"同日，被告还签署了由原告提供的还款提示书一份，主要内容为："丁淮淮购买的华为P9 64G金色手机一部，价格为3550元，首付金额为400元，借款金额为3150元，分18期还清，月还款金额为321元，指定的还款账户户名为挖财公司。计划借款日期为2016年9月10日至2018年2月10日。收款人账户名称为：挖财公司。收款人账号：3300××××。并由丁淮淮亲笔签署的：我已仔细阅读上述所有内容，且对其完全理解并同意。丁淮淮。2016.8.10。"同日，原告又与被告签订《个人借款合同条款及条件》一份。主要内容为：鉴于深圳普惠快捷金融服务有限公司作为客户服务供应商与杭州挖财互联网金融服务有限公司建立有合作关系，负责审核并向杭州挖财互联网金融服务有限公司平台推荐借款人，借款人拟通过客户服务供应商及挖财平台向挖财提供注册投资用户（出借人），申请一笔《个人借款申请表》和《个人借款合同》中所列明的借款，用于从个人借款表所列的商家购买个人借款申请表上所列的货物或者服务，并且有客户服务供应商向借款人提供与该借款相关的客户服务，客户服务供应商与借款人现就借款共同确认以下条款：被告签订的《个人借款合同》，向杭州挖财互联网金融服务有限公司借款3150元，用于购买上述手机一部，合同约定时主要内容为：二、客户服务：1. 客户服务供应商向本合同借款人提供以下服务：（1）分期服务质询；（2）咨询、销售及服务点维护；（3）客户咨询服务；（4）个人信息及联系/通讯信息更改管理；（5）客户纸质文档保管及调阅服务；（6）客户合同付清证明文件服务；（7）客户还款渠道维护服务；（8）客户还款信息查询服务；（9）还款结算及错误还款后续跟进服务；（10）溢交款处理；2. 就上述服务客户服务供应商向借款人收取客户服务费和借款管理费，客户服务费的收取方式为借款期间按月收取并包含第一期期款中，借款管理费的收取方式为在借款发放时一次性收取，收取金额为商品借款金额的63%，其中，一部分作为风险备付金，注：客户服务供应商有权对前述费用收取时间进行调整，并调整相应的借款金额，但不改变借款人每月还款金额、还款时间及年化费用成本……四、借款、费用的偿还及支付：……11. 借款人同意并确认，在借款人逾期履行本合同约定的还款义务时，由客户服务供应商代借款人偿还借款本金、利息及其他费用，具体数额由挖财平台出具的证明为准，客户服务供应商代偿后有权通过诉讼或者其他方式向借款人进行追偿……八、3. 若借款人在某一笔期款的还款到期日90天之后仍没有归还该笔借款，则本合同将提前终止，借款人应立即一次性偿还本合同下全部款项。深圳普惠快捷金融服务有限公司（盖章）。丁淮淮（签字）。2016年8月10日。”合同签订后，原告向被告出示一份《商品交付确认书》，并由石河子市翔州通信店提供华为P9 64G金色手机一部，并将涉案手机交给了被告。原告负责将杭州挖财互联网金融服务有限公司为被告提供的贷款3150元打入石河子市翔州通讯店的银行账户中。

被告未按约定偿还借款，原告于2017年6月6日代被告偿还挖财公司借款本金3150元、利息252.87元、借款管理费1995.49元。同时查明，被告按月付的321元中，包含有本金、利息、管理费、手续费。

【案件焦点】

被告丁淮淮在本案中承担何种责任。

【法院裁判要旨】

新疆维吾尔自治区石河子市人民法院认为：原告与被告丁淮淮所签订的《个人借款申请表》与《个人借款合同条款与条件》是双方当事人的真实意思表示，本院予以确认。原告已按照合同约定给被告提供了服务，并联系“挖财平台”和商户，按约定提供华为P9 64G金色手机一部给被告，原告已完全履行了自己的义务，但被告未按约定履行还款义务，致使原告代其偿还本金3150元，原告对被告享有追偿权。根据《最高人民法院关于审理民间借贷案件适用法律若干问题的规定》第三十条规定：“出借人与借款人既约定了逾期利率，又约定了违约金或者其他费用，出借人可以选择主张逾期利息、违约金或者其他费用，也可以一并主张，但总计超过年利率24%的部分，人民法院不予支持。”因此，原告主张自2016年8月10日至2017年3月7日期间10个月的损失为630元（3150元×月利率2%×10个月）。

新疆维吾尔自治区石河子市人民法院依照《中华人民共和国合同法》第四十四条、第六十条、第一百零七条、第四百二十四条，《中华人民共和国民事诉讼法》第一百四十四条，《中华人民共和国民事诉讼法》第一百四十四条，《最高人民法院关于审理民间借贷案件适用法律若干问题的规定》第三十条的规定，判决如下：

一、被告丁淮淮在判决生效后三日内偿还原告深圳普惠快捷金融服务有限公司借款本息3150元；

二、被告丁淮淮于判决生效后三日内向原告深圳普惠快捷金融服务有限公司支付损失630元。

【法官后语】

本案系一起以集销售货物、金融借贷、居间合同为一体的新类型案件。

该案件的主要特点是由销售货物特别是手机等商品的销售商或代销零售店为了销售自己的产品而与金融小贷公司合作，由产品的销售者以购买商品零首付或者预先支付少量货款的方式将自己的产品推销给买受人，同时买受人与小额贷款企业签订一份《个人借款合同》，并由小额贷款企业将《个人借款合同》中约定的借款金额打入产品销售者账户中，买受人依照《个人借款合同》的约定向小额贷款企业支付本金和利息及其他费用。但是《个人借款合同》中约定的违约金和其他费用，并不是按照合同法和民间借贷纠纷司法解释所规定的进行约定，而是比合同法及现行的民间借贷纠纷司法解释高出很多倍的方式对违约金或者利息和其他管理费等费用进行了约定。很显然这种约定违反法律及司法解释的规定，是无效的，也侵害了消费者的合法权益，但是为了买到自己心爱的手机，通常在18岁至22岁之间的年轻人由于对法律知识欠缺了解，与金融小额贷款公司签订了《个人借款合同》，《个人借款合同》中约定的收取管理费为借款金额的63%很显然是加重借款人责任的条款，应为无效条款。

本案中，作为深圳快捷金融服务有限公司以作为潜在的客户服务供应商身份出现在销售货物的卖场，在遇到买受人需要短期贷款需求时，为其具有合作关系的合作人杭州挖财互联网金融服务有限公司平台推荐借款人，并介绍需要借款购物的买受人通过与其签订《个人借款合同条款与条件》方式，对借款购物人进行资格审查，对于符合购物借款条件的借款购物买受人，再由深圳快捷金融服务有限公司作为代理人，拟通过杭州挖财互联网金融服务有限公司与借款购物人签订《个人借款合同》，由杭州挖财互联网金融服务有限公司提供出借资金并将出借资金提供给深圳快捷金融服务有限公司再由该公司将借款打给货物销售商，当借款购物人违反合同约定没有按期足额归还借款时，由深圳快捷金融服务有限公司将该笔借款支付给杭州挖财互联网金融服务有限公司，深圳快捷金融服务有限公司依照合同的约定向借款购物买受人主张归还借款的权利，该案的关系很复杂，笔者在审理过程中，综合全案考虑，将该案由确定为居间合同为宜。通过本案的审理，笔者认为，随着我国经济的飞速发展，多样化购物和借款方式层出不穷，应通过对本案案件的审理赶上时代的发展和变革，要做到法律、理论与实际相结合，保证每一起新类型案件都得到公平公正的审理。

编写人：新疆维吾尔自治区石河子市人民法院　杜世成

十三、服务合同

60

不以真实名称提供服务是否属于欺诈行为

——赵睿诉平顶山市新华区黄金时代健身中心和平路店服务合同案

【案件基本信息】

1. 裁判书字号

河南省平顶山市新华区人民法院（2017）豫0402民初1161号民事判决书

2. 案由：服务合同纠纷

3. 当事人

原告：赵睿

被告：平顶山市新华区黄金时代健身中心和平路店（以下简称黄金时代和平路店）

【基本案情】

2013年12月31日，黄金时代和平路店以“黄金时代健身俱乐部平顶山店”名义和赵睿签订《会员入会协议书》，会员类别为“双人五年卡”，赵睿于当日缴纳了会员费2500元整。2016年8月左右，赵睿事前未接到黄金时代和平路店的任何通知，黄金时代和平路店事后也未向赵睿说明任何缘由，突然关门。后赵睿委托代理人查询得知：黄金时代和平路店的实际名称为“平顶山市新华区黄金时代和平路店”，根本不是《会员入会协议书》和收据上加盖的“黄金时代健身俱乐部平顶山店”。黄金时代和平路店作为服务的提供者，以“黄金时代健身俱乐部平顶山店”名义销售和提供相关服务，属于不以真实名称为消费者提供服务的欺诈行为。原告要求：1. 解除赵睿、黄金时代和平路店订立的《会员入会协议书》，黄金时代和平路店退还赵睿缴纳的会员费2500元及相应利息；2. 判令黄金时代和平路店向赵睿赔偿3倍会员费计7500元；3. 本案的诉讼费用由黄金时代和平路店承担。

黄金时代和平路店营业执照是2015年下半年办理的，赵睿是在营业执照办理之前办的卡，之前的黄金时代和平路店和赵睿没有关系。

经审理查明，赵睿与黄金时代和平路店于2013年12月31日在和平路店签订了《会员入会协议书》，约定赵睿成为黄金时代和平路店的会员，会籍类别为双人五年卡，赵睿当日即向黄金时代和平路店缴纳会籍费2500元，会员期间为2014年5月1日到2019年4月30日。此后《会员入会协议书》中所称的“黄金时代健身俱乐部平顶山店”自2016年8月起突然关门，赵睿事前未接到黄金时代和平路店的任何通知，黄金时代和平路店事后也未向赵睿说明任何缘由，双方遂形成纠纷。

另查明，“黄金时代健身俱乐部平顶山店”的实际主体为本案的被告黄金时代和平路店，赵阳是实际负责人。

【案件焦点】

消费合同的服务提供者，不以真实的名称销售和提供相关服务，是否属于欺诈行为。

【法院裁判要旨】

河南省平顶山市新华区人民法院审理认为：经营者与消费者进行交易，应当遵循自愿、平等、公平、诚实信用原则。本案中，黄金时代和平路店与赵睿签订健身服务合同，由赵睿向其交纳服务费用，黄金时代和平路店向其提供场所及服务。而黄金时代和平路店于2016年8月在未向赵睿说明任何情况的情形下关门停业，导致双方签订的服务合同不能继续履行，合同的目的不能实现，违反了合同约定及法律规定，故针对赵睿诉请解除与黄金时代和平路店签订的《会员入会协议书》、退还赵睿的2500元会员费的诉讼请求，予以支持。

庭审中赵睿诉称黄金时代和平路店作为服务的提供者，以“黄金时代健身俱乐部平顶山店”的名义销售和提供相关服务，属于不以真实名称为消费者提供服务的欺诈行为。根据《最高人民法院关于适用〈中华人民共和国民法通则〉若干问题的意见（试行）》第六十八条之规定：“一方当事人故意告知对方虚假情况，或者故意隐瞒真实情况，诱使对方当事人作出错误意思表示的，可以认定为欺诈行为。”但赵睿并未提供充分证据证明黄金时代和平路店未向赵睿告知其真实经营名称的行为使其陷入了错误认识，即双方均认可签订的是健身服务合同，且合同签订后赵睿亦在一段时间内享受了健身的权利，故赵睿诉称黄金时代和平路店的此种不告知行为已构成欺诈、应当赔偿三倍服务费7500元的诉讼请求，于法无据，不予支持。针对赵睿诉请的利息部分，因于法无据，不予支持。

河南省平顶山市新华区人民法院依照《最高人民法院关于适用〈中华人民共和国民法通则〉若干问题的意见（试行）》第六十八条，《中华人民共和国合同法》第九十四条第（四）项，《中华人民共和国民事诉讼法》第六十四条之规定，判决如下：

一、解除原告赵睿与被告平顶山市新华区黄金时代健身中心和平路店于2013年12月31日签订的《会员入会协议书》；

二、被告平顶山市新华区黄金时代健身中心和平路店于本判决生效之日起十日内一次性退还原告赵睿会员费2500元；

三、驳回原告赵睿的其他诉讼请求。

【法官后语】

该案例涉及消费者消费时商家涉及欺诈后的三倍惩罚性赔偿问题，《中华人民共和国消费者权益保护法》第五十五条规定：“经营者提供商品或者服务有欺诈行为的，应当按照消费者的要求增加赔偿其受到的损失，增加赔偿的金额为消费者购买商品的价款或者接受服务的费用的三倍；增加赔偿的金额不足五百元的，为五百元。法律另有规定的，依照其规定。”该案的关键在于认定商家是否存在欺诈行为。

欺诈，根据新华字典的解释是：“用狡诈的手段骗人。”在法律术语中是指以使人发生错误认识为目的的故意行为。当事人由于他人的故意的错误陈述，发生认识上的错误而为意思表示，即构成因受欺诈而为的民事行为。为了保护受欺诈的当事人的合法利益，使其不受因欺诈而为的意思表示的约束，在法律中损害国家利益的欺诈也是致使民事行为无效或可撤销的行为。本案中，被告以“黄金时代健身俱乐部平顶山店”名义销售和提供相关服务，与其真实登记名称“黄金时代和平路店”

不一致，此种隐瞒真实情况的行为是否构成欺诈为此案的关键。根据《最高人民法院关于适用〈中华人民共和国民法通则〉若干问题的意见（试行）》第六十八条之规定：“一方当事人故意告知对方虚假情况，或者故意隐瞒真实情况，诱使对方当事人作出错误意思表示的，可以认定为欺诈行为。”本案中，一是赵睿并未提供充分证据证明黄金时代和平路店未向赵睿告知其真实经营名称的行为使其陷入了错误认识，即双方均认可签订的是健身服务合同，且合同签订后赵睿亦在一段时间内享受了健身的权利。二是赵睿入会过程中，并没有因为名称的不一致导致其接受服务品质和地点的改变和下降，此名称不一致并未给赵睿的签订合同带来误导和欺骗。故不支持赵睿三倍赔偿的请求。

编写人：河南省平顶山市新华区人民法院　杨红卫　付康生

61

网络交易平台如明知或应知信息不符需承担连带责任

——樵彬诉北京趣拿信息技术有限公司、北京中贸国际商务旅行社有限责任公司服务合同案

【案件基本信息】

1. 裁判书字号

北京市海淀区人民法院（2017）京0108民初42515号民事判决书

2. 案由：服务合同纠纷

3. 当事人

原告：樵彬

被告：北京趣拿信息技术有限公司（以下简称趣拿公司）、北京中贸国际商务旅行社有限责任公司（以下简称商务公司）

【基本案情】

商务公司通过趣拿公司的网站发行产品广告，该公司提供“三亚三大海湾六大

五星豪华酒店任选2~4天奢华游”的旅游服务产品，在介绍该产品的网页中注明了所提供的6家酒店中的每家酒店均为五星级。樵彬通过上述网站于2016年4月23日购买了2份该产品、5月17日购买了2份该产品、5月18日购买了4份该产品，并通过该网站在线支付了22152元。商务公司向樵彬开具了相关发票。樵彬购买上述产品后分别于2016年5月9日（消费5592元）、2016年7月8日（消费5520元）、2016年7月11日（消费2760元）、2016年9月2日（消费8280元）入住了“三亚香格里拉度假酒店”“三亚华宇亚龙湾迎宾馆”两个酒店并接受了相应服务。上述二家酒店不在国家旅游局公布的五星级酒店名录中。趣拿公司因上述信息发布行为被消费者举报，北京市工商行政管理局海淀分局认为趣拿公司的上述行为构成骗取消费者价款或者费用而不提供或者不按照约定商品或者服务的违约行为，对该公司罚款10000元。

另查，商务公司提供的“三亚三大海湾六大五星豪华酒店任选2~4天奢华游”旅游服务产品中的六家酒店中除“三亚维景国际度假酒店”“三亚海棠湾喜来登度假酒店”是五星级酒店外，其余酒店均不是五星级酒店。樵彬为保全互联网的网页证据在深圳市深圳公证处办理了公证，为此支付了公证费1200元。

【案件焦点】

1. 旅游公司是否构成欺诈行为；2. 涉案网站是否承担连带责任；3. 如何确定消费者损失赔偿范围。

【法院裁判要旨】

北京市海淀区人民法院经审理认为：消费者享有知悉其购买、使用的商品或者接受服务的真实情况的权利。消费者通过网络交易平台购买商品或者接受服务，其合法权益受到损害的，可以向销售者或者服务者要求赔偿。经营者提供商品或者服务有欺诈行为的，应当按照消费者的要求增加赔偿其受到的损失，增加赔偿的金额为消费者购买商品的价款或者接受服务的费用的三倍。

本案中，商务公司称自己宣传的标题为“三亚六大五星豪华酒店任选”，并没有写五星级酒店，是因为趣拿公司的过错将六家酒店标注为五星级，自身并未欺骗消费者。但根据平时人们的日常生活经验与约定俗成的判断标准，所谓的“五星豪华酒店”即应是五星级酒店，商务公司的上述用语显然会误导消费者，使消费者认为其所提供的酒店均为五星级酒店，故该公司的行为构成对消费者的欺诈。现商务公司因此获益，故该公司除应退还相关费用外还应依法承担增加赔偿三倍费用。

樵彬在 2016 年 4 月 23 日通过趣拿公司的网站购买了商务公司提供的旅游服务产品，并在同年 5 月 9 日接受了相应服务，此时樵彬即发现其所接受的服务与“趣拿”网站的宣件不符，其所入住酒店不是五星级酒店。樵彬在了解到商务公司提供的服务与其宣传内容不符后，仍继续购买上述服务并选定在非五星级酒店消费，其行为属于意识到上述服务瑕疵后主动接受并选择该服务，故樵彬在 2016 年 5 月 17 日及以后的购买与消费行为不属于受到经营者欺诈而产生的消费，商务公司对此没有过错，其因此产生的消费金额商务公司不必返还。

网络交易平台提供者明知或者应知销售者或者服务者利用其平台侵害消费者合法权益而未采取必要措施的，依法与该销售者或者服务者承担连带责任。本案中，趣拿公司作为网站平台的运营管理者，没有能力判断商务公司提供服务的具体内容是否侵害消费者合法权益，也没有逐一核实全部信息真实性的能力，故对樵彬因此产生的损失没有过错，不应承担责任。

现樵彬要求返还的消费金额及赔偿金过高，具体的数额依法判定。其所主张的证据保全公证费，符合相关的法律规定，予以支持。综上所述，依据《中华人民共和国消费者权益保护法》第八条、第四十四条、第五十五条之规定，判决如下：

一、北京中贸国际商务旅行社有限责任公司于本判决生效后七日内退还樵彬 5592 元，赔偿 16776 元；

二、北京中贸国际商务旅行社有限责任公司于本判决生效后七日内给付樵彬公证费 1200 元；

三、驳回樵彬对北京趣拿信息技术有限公司的各项诉讼请求；

四、驳回樵彬的其他诉讼请求。

【法官后语】

在本案中需要明确以下三个问题：

（一）旅游公司行为是否构成欺诈

在本案中，旅游公司在度假产品中宣传的“五星豪华酒店”是否为“五星级酒店”，与判断经营者是否构成欺诈行为直接相关。根据行业相关标准，酒店的星级评定具有较为统一的标准，一般需根据建筑设备、酒店规模、服务质量、管理水平等综合判定，现在通行的酒店等级共分五等，从一星级到五星级。从日常生活经验来看，“五星”即为“五星级”，代表了最高标准的酒店等级，旅游公司提出的“五星”并非“五星级”，明显违背日常经验法则和社会约定俗称的标准，主观欺诈故意十分明显。在旅游公司提供的相应酒店硬件设施和服务水平均达不到五星级酒店标准的情况下，仍作“五星”宣传，导致樵先生误认为酒店星级服务达到相应标准而购买消费，符合欺诈的主客观要件。

（二）网络交易平台是否承担连带责任

本案网络交易平台是否承担责任，主要考察其是否“明知”或“应知”欺诈行为。作为网站平台的运营管理者，该网站仅提供中介平台服务，并没有能力对旅游公司提供酒店服务的具体内容是否会侵害消费者合法权益进行实质性判断，也没有逐一核实全部信息真实性的能力，故对原告樵先生由此产生的损失没有过错，不应承担责任。

（三）损失赔偿的范围是什么

对于樵先生提出的全部赔偿请求，法官仅对其第一次入住宾馆后产生的费用及惩罚性赔偿予以支持，对后续消费行为的赔偿请求并未支持。因为樵先生在第一次入住后即发现其所接受的服务并不符合相关星级标准，即已经认识到受欺诈之状况，但其仍继续通过涉案网站再次购买了旅游公司的上述服务，并选定在非五星级酒店消费，故后续消费行为并非因旅游公司欺诈行为导致错误认识而产生，不符合欺诈赔偿的主观要件，此部分消费行为不属于赔偿范围。

编写人：北京市海淀区人民法院　曹力

62

律所失职违约行为的界定

——北京市安衡律师事务所诉北京科华丰园微电子科技有限公司法律服务合同案

【案件基本信息】

1. 裁判书字号

北京市第二中级人民法院（2018）京02民终649号民事判决书

2. 案由：法律服务纠纷

3. 当事人

原告（反诉被告、被上诉人）：北京市安衡律师事务所（以下简称安衡律所）

被告（反诉原告、上诉人）：北京科华丰园微电子科技有限公司（以下简称科华丰园公司）

【基本案情】

2016年5月3日，科华丰园公司（甲方）与安衡律所（乙方）签订《民事委托代理合同》，约定：甲方聘请乙方的律师担任其与迪源光电公司买卖合同纠纷一案一审阶段、二审阶段和执行阶段的诉讼代理人；第二条乙方义务……2. 乙方律师应当勤勉、尽责地完成委托代理事项；3. 乙方律师应当以其依据法律作出的判断，向甲方进行法律风险提示，尽最大努力维护甲方利益；4. 乙方律师应当根据审理机关的要求，及时提交证据，按时出庭，并应甲方要求通报案件进展情况……第三条甲方义务……2. 甲方应积极、主动地配合乙方律师的工作，甲方对乙方律师提出的要求应当明确、合理……第五条律师代理费，甲、乙双方经协商同意，自本协议签订之日起三日内支付前期律师费3.5万元……已收取的前期律师费3.5万元在执行回款律师费中相应扣减……第七条合同的解除，乙方有下列情形之一的，甲方有权解除合同：……2. 因乙方律师工作延误、失职、失误导致甲方蒙受损失的；3. 违反第二条第（五）项至第（七）项规定的义务之一的……第八条违约责任，乙方无正当理由不提供第一条规定的法律服务或违反第二条规定的义务，甲方有权要求乙方退还部分或者全部已付的律师代理费。乙方律师因工作延误、失职、失误导致甲方蒙受损失，或者违反第二条第（五）项至第（七）项规定的义务之一的，乙方应当通过其所投保的执业保险向甲方承担赔偿责任。合同签订后，安衡律所指派魏鹏律师处理科华丰园公司诉迪源光电公司之间的诉讼。

2016 年 5 月 16 日，北京市丰台区人民法院受理科华丰园公司诉迪源光电公司买卖合同纠纷一案。6 月 22 日，魏鹏律师通过邮件告知科华丰园公司谢春希申请保全需提供担保。谢春希邮件答复向公司汇报后回复。8 月 18 日，魏鹏律师通过邮件联系科华丰园公司副总经理李冰洋，称由于迪源光电公司财产状况不明，银行账户难有可供执行资金，仪器设备等动产保全工作现实中难以实现，故财产保全工作尚未开始，还请贵司进一步提供可供保全的财产线索。8 月 31 日，李冰洋通过邮件告知魏鹏律师，要求2 周内办理财产保全事宜。9 月 2 日，魏鹏律师答复，考虑去武汉调查迪源光电公司的财产状况便于财产保全。同年 9 月 19 日，科华丰园公司向法院申请财产保全，要求冻结迪源光电公司的银行存款或等值财产。9 月 26 日，科华丰园公司变更财产保全的事项，要求冻结迪源光电公司或两台“全自动曝光机”。10 月 13 日，在魏鹏律师与科华丰园公司李欣烨的微信沟通中，李欣烨提到保全事宜，魏鹏律师答复做保全需提供担保。10 月 19 日，科华丰园公司撤回保全申请。关于财产保全的争议，科华丰园公司证人李冰洋到庭陈述，称魏鹏律师提到了几种担保方式，公司回复均可以满足。由魏鹏律师操作公司配合，但魏鹏律师始终没有实施。安衡律所不认可证人证言。科华丰园公司主张魏鹏律师未经向其公司汇报擅自撤回保全，安衡律所称撤回保全的原因是科华丰园公司未提供担保。就撤回保全事宜，魏鹏律师曾与李欣烨、李冰洋沟通。科华丰园公司对此不予认可。

2016 年 10 月 18 日，法院判决迪源光电公司给付科华丰园公司货款 783890 元及违约金。2016 年 12 月 6 日，科华丰园公司向法院申请强制执行。卷宗资料显示：2016 年 11 月 30 日，科华丰园公司向魏鹏律师出具授权委托书。12 月 6 日，科华丰园公司出具法定代表人身份证明书。安衡律所称，立案后数次来法院了解执行进展情况。在此期间，安衡律所查到迪源光电公司的不动产线索。2017 年 5 月 8 日，科华丰园公司向法院提交查封冻结财产申请书。5 月 9 日，依据科华丰园公司的申请，法院出具调查令。5月16日，武汉不动产登记中心向本院出具迪源光电公司的不动产信息（共涉及9个房屋所有权证），查询结果显示迪源光电公司的房产均已被查封。5月22日，科华丰园公司依据查询到的迪源光电公司的不动产线索再次向法院提交查封冻结财产申请书。随后法院轮候查封上述房屋。

2017年6月1日，科华丰园公司向安衡律所发出《解除〈委托代理合同〉通知》，称由于魏鹏律师代理本案过程中，未能勤勉尽责，时至今日未按我公司要求代理我公司申请对迪源光电股份有限公司名下财产采取保全措施，给我公司造成损失。现我公司依据与你公司签署的《委托代理合同》第七条之约定，决定解除该合同，并要求承担违约责任，同时要求你公司将本案全部案卷材料交还与我公司。2017年6月8日，安衡律所收到该通知。

另查，科华丰园公司主张安衡律所丢失原件，提交双方微信记录和证人证言为证明。2016年6月在魏鹏律师与科华丰园公司李欣烨的微信往来中提到，“坏消息是，我和李总都找不到证据原件了”。证人李冰洋到庭陈述，证据原件在科华丰园公司诉迪源光电公司买卖合同纠纷一案开庭前交给魏鹏律师。安衡律所不认可收到证据原件。

【案件焦点】

1. 双方委托代理合同是否解除；2. 安衡律所是否存在违约失职行为。

【法院裁判要旨】

北京市丰台区人民法院经审理认为：委托人或受托人可以随时解除委托合同。法律规定之理由是因委托合同是以双方信任为基础，如果互相没有信任，已无继续履行合同之可能，故委托人或受托人无须表明任何理由，即可单方解除合同。在《解除〈委托代理合同〉通知》中，虽科华丰园公司主张解除依据系《民事委托代理合同》第七条，但其公司最终目的旨在解除合同，至于解除合同的原因能否成立并不影响其目的的实现。因此，认定双方签订的《民事委托代理合同》于安衡律所收到解除通知之日解除。安衡律所要求继续履行合同，于法无据，不予支持。双方可以协商或另案解决费用问题。科华丰园公司主张安衡律所违约行为有未做财产保全、未及时申请执行以及丢失原件，等等。从合同整体履行过程来看，2016年5月3日双方签订合同，同月16日安衡律所到本院办理起诉事宜，不宜认定未尽勤勉义务。关于财产保全的问题，安衡律所数次提示需提供担保，虽科华丰园公司主张已同意提供担保，但未提交证据，且安衡律所亦不予认可，故不能认定未进行财产保全系安衡律所之失职所致。关于执行的问题，科华丰园公司于 2016 年 12 月 6 日出具立案所需的法定代表人身份证明书，安衡律所于当日即向本院申请强制执行。在执行过程中，安衡律所在查找到迪源光电公司不动产线索后，申请本院查询了迪源光电公司的房产情况，后法院查封上述房产。现科华丰园公司主张安衡律所存在执行迟延，事实不足，不予采信。综上，科华丰园公司主张安衡律所的违约事实不能成立，故对科华丰园公司要求退回律师费、赔偿损失的主张，不予支持。

北京市丰台区人民法院判决：

一、确认北京市安衡律师事务所与北京科华丰园微电子科技有限公司于 2016 年 5 月 3 日签订的《民事委托代理合同》于 2017 年 6 月 8 日解除；

二、驳回北京市安衡律师事务所的全部诉讼请求；

三、驳回北京科华丰园微电子科技有限公司的其他诉讼请求。

科华丰园公司不服一审判决，提出上诉。北京市第二中级人民法院经审理认为：科华丰园公司与安衡律所签订的《民事委托代理合同》，是当事人的真实意思表示，内容不违反法律、行政法规的强制性规定，为有效合同，当事人应当按照约定全面履行各自的合同义务。根据《中华人民共和国合同法》规定，委托合同是委托人和受托人约定，由受托人处理委托人事务的合同。委托人或者受托人可以随时解除委托合同。在合同履行过程中，科华丰园公司曾于 2017 年 6 月 1 日向安衡律所发出《解除〈委托代理合同〉通知》，2017 年 6 月 8 日安衡律所收到该通知。在本院审理中科华丰园公司与安衡律所对于双方签订的委托合同于 2017 年 6 月 8 日解除并无异议。依法确认双方签订的《民事委托代理合同》予以解除。

关于科华丰园公司所提因安衡律所工作延误、失职导致其蒙受损失，因此应当退还代理费并赔偿损失的上诉主张，根据《中华人民共和国合同法》规定，有偿的委托合同，因受托人的过错给委托人造成损失的，委托人可以要求赔偿损失。根据已查明的事实，2016 年 5 月 3 日科华丰园公司与安衡律师事务所签订委托代理合同，同月 16 日安衡律所到法院办理起诉事宜，不宜认定未尽勤勉义务。关于财产保全的问题，安衡律所数次提示需提供担保，虽科华丰园公司主张已同意提供担保，但未提交证据，且安衡律所亦不予认可，故不能认定未进行财产保全系安衡律所之失职所致。关于执行的问题，科华丰园公司于2016年12月6日出具立案所需的法定代表人身份证明书，安衡律所于当日即向法院申请强制执行。在执行过程中，安衡律所在查找到迪源光电公司不动产线索后，申请法院查询了迪源光电公司的房产情况，后法院查封上述房产。关于科华丰园公司主张安衡律所丢失原件问题，现安衡律所不认可收到证据原件，且科华丰园公司与迪源光电公司买卖合同一案，未能执行亦与证据原件无关。现科华丰园公司主张安衡律所存在工作延误、失职依据不足，故对科华丰园公司上诉主张不予支持。

北京市第二中级人民法院依照《中华人民共和国民事诉讼法》第一百七十条第一款第（一）项之规定，判决：

驳回上诉，维持原判。

【法官后语】

法律服务合同纠纷案件起因多为委托人起诉律师、律所要求解除合同、退还律师费、赔偿损失，常见事由即认为律所违约，主要分为两类：一是律所、律师未尽到诚实勤勉尽责义务，如丢失文件、未能如期出庭、超越代理权限、拖延懈怠等；二是委托人认为律所未尽到提供专业规范的法律服务义务，如未能提供正确的代理意见、未能尽到相应的风险提示义务等。

因法律服务合同的特殊性，一方面是其本质是委托合同，是建立在信赖这一基础上的，另一方面是法律服务合同的标的为律师提供法律专业知识服务，人和性较强，智力付出难以具体衡量和评估。法律服务合同的特殊性贯穿了该类纠纷审理始末，裁判思路应围绕该类纠纷的特殊性展开。

首先，因委托合同的本质，一般来说，委托人对法律服务合同享有任意解除权。合同解除后，是否退律师费、是否承担损害赔偿责任，要基于律所是否尽职尽责、是否存在违约、是否因过错造成委托人损失来判断。

其次，因法律服务的智力性、人和性，法院在审理律所是否尽职尽责、是否存在违约以及违约程度时，离不开对具体法律服务合同履行过程中所涉及的事实和法律问题进行分析、判断，既有事实判断、又有价值判断，其中给予法官较大自由裁量权。自由裁量应注意权衡以下几个方面：一是律师是专业的法律服务提供者，高度职业化要求律师对受托人的事项保持高度注意义务，所以在认定受托人义务范围时不仅限于双方委托代理合同中的约定，还要结合相关职业义务、诚实信用原则等来认定，最大限度地认定受托人的合同义务；二是法院在审理中既要注意裁判的统一性，又要维护个案的妥当性。

最后，是否退还律师费、赔偿损失，以双方合意为基础，合同没有约定的，法官根据法律服务履行情况来判定，这仍然要站在法律服务是专业、智力服务的角度，根据经验和一般法律服务标准来判定。律所是否承担损害赔偿责任的前提是律师在执业中存在过错，且因该过错造成了损失。委托人应当就该两项内容举证证明其主张。

编写人：北京市第二中级人民法院　孟龙　董红

63

物业服务合同关系的解析

——江海地诉广东客都物业管理有限公司物业服务合同案

【案件基本信息】

1. 裁判书字号

广东省梅州市中级人民法院（2017）粤14民终22号民事判决书

2. 案由：物业服务合同纠纷

3. 当事人

原告（反诉被告、被上诉人）：广东客都物业管理有限公司

被告（反诉原告、上诉人）：江海地

【基本案情】

广东客都物业管理有限公司系依法成立的经营房地产租赁、管理、园林绿化服务的物业管理公司。江海地系陶然居D22栋1407房业主。2008年6月23日，江海地与梅县客都物业管理有限公司签订《客都新村陶然居高层物业管理协议书》，协议书约定2007年1月1日至2009年12月31日领取钥匙后，每月缴交物业服务费

0.8元/平方米。在合同中还约定如下条款:“三、违约责任……5. 房屋产权人、使用人不按期交纳服务费和其他应缴纳费用,每天按应交额的2%~3%向物业公司缴纳滞纳金。六、其他事项……4. 在产生业主委员会后,业主委员会制定的物业管理规约生效后本规约即自然失效”。此后,广东客都物业管理有限公司依照规约对陶然居小区提供物业服务,江海地亦按0.8元/平方米按时缴交了物业管理费。2015年1月1日,梅州市客都新村陶然居业主委员会与梅州客都物业管理有限公司签订《续约陶然居物业管理服务合同》(以下简称续约合同),合同约定如下条款:“一、物业基本情况……5. 物业服务管理区域:D22栋至D35栋。四、合同期限。本合同期限从2015年1月1日起至2015年12月31日止。五、物业服务费用……2. 套房每月物业服务费为0.90元/平方米。八、其他……9. 业主欠交物业服务费,经多次催收,在甲乙双方协调后仍不缴交者,乙方可根据国家物业管理有关规定向梅县区人民法院提出诉讼,欠交业主应承担乙方诉讼费和聘请律师等相关费用”。合同签订后,江海地按0.9元/平方米的标准缴了2015年1月物业管理费116元。后未缴纳2015年2~12月物业服务费,广东客都物业管理有限公司催缴未果诉至一审法院,提出前述诉讼请求,江海地则提出答辩意见。江海地提出前述反诉请求,广东客都物业管理有限公司则提出反诉答辩意见。

一审法院依法向梅州市梅江区三角镇政府调取了陶然居业委会的相关材料,根据调取的《关于客都新村陶然居物业收费问题答复》(梅价〔2011〕23号)显示,陶然居业委会于2011年1月24日成立,并向梅州市住房和城乡建设局登记备案。另根据2013年8月10日通过的《梅州市客都新村陶然居业主委员会章程》第七条第二款与物业管理单位议定管理服务等费用的收取标准及使用办法;以及第三款:采取招标或其他方式,聘请物业管理单位对本物业进行管理,并与其签订物业管理合同。对于物业费的缴交,广东客都物业管理有限公司表示可以由业主自由选择按月、按季度或按年的缴交方式。陶然居小区93%以上业主已经缴交物业费。梅县客都物业管理有限公司于2014年10月16日变更名称为梅州客都物业管理有限公司,2015年8月6日变更名称为广东客都物业管理有限公司,2015年9月30日变更名称为广东客都物业管理股份有限公司,2016年1月12日变更为广东客都物业管理有限公司。江海地系梅州市南堤客都新村陶然居D22栋吉发楼1407房业主,该房面积为128.82平方米。

【案件焦点】

1. 续约的物业服务合同是否有效；2. 江海地应否按0.9元/平方米的标准缴交物业费。

【法院裁判要旨】

广东省梅州市梅县区人民法院经审理认为：广东客都物业管理有限公司与江海地签订的《客都新村陶然居电梯房物业管理规约》系双方意思自治的表现，双方均无异议，为有效合同。陶然居业委会是经依法成立的业主自治机构，《梅州市物业服务收费管理办法》（梅市价〔2014〕45号）第七条规定，别墅、业主大会（业主委员会）成立之后的住宅（含业主自有产权或取得使用权的车位、车库）及其他非住宅物业服务收费实行市场调节价。其收费项目和标准由业主大会（业主委员会）与物业服务企业共同协商约定，并签订物业服务合同。《物业管理条例》第十五条规定："业主委员会执行业主大会的决定事项，履行下列职责：……（二）代表业主与业主大会选聘的物业服务企业签订物业服务合同……"而通过的《梅州市客都新村陶然居业主委员会章程》第七条第二款、第三款亦规定业委会有权与物业管理单位议定管理服务等费用的收取标准及使用办法，并签订物业服务合同。因此，陶然居业委会依法可以与广东客都物业管理有限公司签订续约合同，该合同签订后对全体业主均发生法律效力。江海地的合同无效抗辩不予采纳。作为陶然居业委会负责人的宋畅欣，其在合同中的签名，应为代表业委会行使职责的行为，该行为的一切法律后果均由业委会承担。江海地应该按续约合同约定以0.9元/平方米为标准缴交物业服务费，现江海地拖欠广东客都物业管理有限公司2015年2～12月物业服务费1275.3元（$128.82m^2 \times 0.9$元/$m^2 \times 11$月$=1275.3$元）未付，构成违约，广东客都物业管理有限公司有权向人民法院提起诉讼要求江海地支付所欠物业服务费。故广东客都物业管理有限公司物业服务费请求应予以支持，江海地的抗辩不予采纳。江海地的退还多收13元、承担律师费1500元和承担反诉费用请求应予以驳回。

关于广东客都物业管理有限公司的滞纳金请求，《客都新村陶然居电梯房物业管理规约》第六条第三款已经约定，在产生业主委员会后，业主委员会制定的物业管理规约生效后本规约即自然失效。因此，广东客都物业管理有限公司不能以管理规约来请求滞纳金，但江海地的滞纳金请求应属于逾期付款违约金请求，江海地欠缴物业服务费事实存在，江海地应承担逾期付款的违约金，由于广东客都物业管理有限公司表示江海地可选择按月、季、年方式缴交，逾期付款违约金应从2016年1月1日起算，该违约金的计算依据参照中国人民银行同期同类贷款利率计算。至于江海地要求宋畅欣承担责任及要求广东客都物业管理有限公司书面道歉的反诉请求，不属于反诉范围，不予受理，江海地可另行寻求解决途径。

广东省梅州市梅县区人民法院依照《中华人民共和国合同法》第四十四条、第六十条、第一百零七条，《物业管理条例》第七条、第十五条、第四十一条、第六十五条，《梅州市物业服务收费管理办法》第七条，《中华人民共和国民事诉讼法》第一百四十四条之规定，判决：

一、江海地应支付所欠广东客都物业管理有限公司2015年2～12月的物业服务费1275.3元及自2016年1月1日起至付清欠款止的逾期付款违约金（按中国人民银行同期同类贷款利率计算），限于自判决生效之日五日内付清；

二、驳回江海地的反诉请求。

广东省梅州市中级人民法院经审理认为：关于江海地应否按0.9元/平方米的标准支付物业服务费问题。根据《最高人民法院关于适用〈中华人民共和国民事诉讼法〉的解释》第九十三条的规定，已为人民法院发生法律效力的裁判所确认的事实，当事人无须举证证明。根据本院（2016）粤14民终1022号上诉人杨才珍与被上诉人广东客都物业管理有限公司物业服务合同纠纷一案生效民事判决认定的事实，涉案梅州市客都新村陶然居业主委员会与梅州客都物业管理有限公司（广东客都物业管理有限公司的前称）签订的《续约陶然居物业管理服务合同》合法有效。宋畅欣作为梅州市客都新村陶然居业主委员会的负责人，其在续约合同上的签名，是代表该业委会行使权利义务，所产生的法律后果应由业委会承担。故，《续约陶然居物业管理服务合同》对包括江海地在内所有业主均具有约束力。一审认定江海地应根据合同约定按0.9元/平方米的标准向广东客都物业管理有限公司支付物业服务费并无不当。江海地的上诉主张，依据不充分，不予支持。

广东省梅州市中级人民法院依照《中华人民共和国民事诉讼法》第一百七十条第一款第（一）项之规定，判决：

驳回上诉，维持原判。

【法官后语】

物业服务合同以其专属性法律体系，较之其他与民法相关或者是行为相类似的法律，存在着较大的差别。正因为以物业管理活动与物业服务合同在整个民法调整方面存在着明显的差异性，世界各国民法均对物业服务合同基于法律规制层面，开展更为概括、一般化及个性化的调整与规制。物业服务合同的法律适用首先需遵照有名合同对其的法律适用，并基于此，将其划定为基础依据与原则基础，也就是在所签订合同当中，针对当事人有明文约定的内容，即为当事人适用的相关约定与条款。另外，对于当事人来讲，在所签订合同中，对于某事项未有约定时，则准允当事人，实时补充相关内容，若所补充的协议未予以达成，则对于此相关事项来讲，在内容上便能够适用。如若对于当事人，不愿或无法有效达成具体要求或者补充协议的，则依据合同条款，对其进行司法解释，另外，对物业服务合同，同样需进行体系化解释。如若合同经体系解释仍然难以得出结论，则需能够与当事人之间，在具体的交易习惯方面相适应。

本案中，上诉人（原审被告、反诉原告）江海地主张“第二届”陶然居业主委员会换届不符合相关法规，并依此主张该业委会与广东客都物业管理有限公司签订的物业服务合同无效。但依据《梅州市物业服务收费管理办法》（梅市价〔2014〕45号）第七条规定，别墅、业主大会（业主委员会）成立之后的住宅（含业主自有产权或取得使用权的车位、车库）及其他非住宅物业服务收费实行市场调节价。其收费项目和标准由业主大会（业主委员会）与物业服务企业共同协商约定，并签订物业服务合同。《物业管理条例》第十五条：“业主委员会执行业主大会的决定事项，履行下列职责：……（二）代表业主与业主大会选聘的物业服务企业签订物业服务合同……”《梅州市客都新村陶然居业主委员会章程》第七条第二款、第三款可知业委会有权与物业管理单位议定管理服务等费用的收取标准及使用办法，并签订物业服务合同。《客都新村陶然居电梯房物业管理规约》系双方意思自治的表现，双方均无异议，为有效合同。江海地应该按续约合同约定以 0.9 元/平方米为标准缴交物业服务费，现江海地拖欠广东客都物业管理有限公司 2015 年 2～12 月物业服务费 1275.3 元（$128.82m^2 \times 0.9$ 元/$m^2 \times 11$ 月 $= 1275.3$ 元）未付，构成违约，广东客都物业管理有限公司有权向人民法院提起诉讼要求江海地支付所欠物业服务费。

编写人：广东省梅州市中级人民法院　苏建东

64

医疗服务提供者向赡养义务人主张医疗费的请求权基础

——天台县人民医院诉胡芝红等医疗服务合同案

【案件基本信息】

1. 裁判书字号

浙江省台州市中级人民法院(2017)浙10民终1093号民事判决书

2. 案由：医疗服务合同纠纷

3. 当事人

原告：天台县人民医院

被告：胡芝红、胡志良、胡宝珠、胡宝兰

【基本案情】

2014年8月24日，被告胡芝红、胡志良、胡宝珠、胡宝兰的母亲叶桂庆因“摔伤致胸痛9小时”到原告天台县人民医院就诊，被诊断为“两侧多肋骨骨折、两肺挫伤、左侧胸腔积液，基底节脑梗塞等”，入心胸外科治疗，并建议MRI检查。2014年8月25日中午，叶桂庆在做头颅MRI检查时，突发意识不清，心跳呼吸骤停，入ICU抢救治疗。2014年9月23日，叶桂庆转入神经内科治疗，2014年12月2日，转入康复治疗，直至叶桂庆2015年7月18日病故。叶桂庆住院期间产生的医疗费有250536.91元，除预交3000元的费用外，剩余费用至今未付。同时查明，被告方母亲叶桂庆住院期间，原告天台县人民医院又为其垫付了陪人护理费22950元。2015年4月3日，原告查房时发现叶桂庆右肩部肿胀、疼痛，经检查发现右侧肱骨近端骨折，并将相关情况书面告知胡芝红、胡志良等人。此外查明，叶桂庆做头颅MRI检查突发病情时，操作室的值班医生未在场。监控视频显示：叶桂庆外甥女陈静在当天中午 11 时 36 分 20 秒往核磁共振室方向跑，11 时 37 分 36 秒，陈静往急诊方向跑，11 时 38 分 39 秒急诊护士到核磁共振室外，11 时 38 分 54 秒急诊医生、护士推车到达，11 时 39 分 40 秒转走病人并继续抢救。

【案件焦点】

被赡养人丧失劳动能力又无其他财产，医院能否向承担赡养义务的赡养人主张拖欠的医疗费。

【法院裁判要旨】

浙江省台州市天台县人民法院经审理判决：限被告胡芝红、胡志良、胡宝珠、胡宝兰在本判决生效之日起十日内支付原告天台县人民医院因叶桂庆住院期间产生的医疗费、陪护费合计人民币 218789.5 元。

浙江省台州市中级人民法院经审理认为：本案被上诉人以四上诉人的母亲叶桂庆在被上诉人天台县人民医院处住院接受医疗服务直至病故要求四上诉人支付叶桂庆住院就诊期间产生的医疗费以及其他费用，从被上诉人的诉意来看，其认为上述费用应当由叶桂庆的法定赡养义务人即本案的四上诉人承担，而非明确仅依据医疗服务合同关系法律主张相关费用。综合考虑被上诉人起诉的依据与理由，本案的案由应定为不当得利纠纷。本案的基本事实清楚，各方争议的主要焦点在于四上诉人是否应当偿付其母叶桂庆在被上诉人处就医期间所产生的各项费用。叶桂庆于 2014 年 8 月 24 日因摔伤致胸痛到被上诉人处就医，双方形成医疗服务合同法律关系，及至叶桂庆病故，其尚欠被上诉人包括医疗费在内的各项费用 270881.91 元。因叶桂庆病故，且无其他遗产，被上诉人基于医疗服务合同关系所享有的债权实际已经无法实现，客观上受到损失。根据《中华人民共和国老年人权益保障法》第十四条、第十五条之规定，四上诉人作为叶桂庆的子女，在叶桂庆生前对其负有法定赡养义务。而叶桂庆被送医就诊时年届八十，既无财产，也缺乏其他收入来源，四上诉人应当在叶桂庆患病时保证其及时得到治疗和护理，并支付相应医疗费用。但四上诉人在叶桂庆住院就诊期间疏于照顾，且怠于支付相关费用，与法有违，与人伦相悖。赡养义务人的赡养义务因被赡养人的死亡而归于消灭，赡养义务人客观上由此获益。从本案来看，四上诉人为本案讼争费用的法定承担主体，若其依法履行赡养义务，被上诉人基于医疗服务合同所享有的债权即得以实现。现四上诉人的支付义务因叶桂庆的死亡而归于消灭，被上诉人的债权亦因叶桂庆的死亡而无法实现，应当认定被上诉人所受的损失与四上诉人所取得的利益存在因果关系，且四上诉人缺乏保有上述利益的合法依据，故其应当向被上诉人返还不当得利。至于四上诉人认为被上诉人在诊疗过程中存在重大医疗过错致叶桂庆死亡，于本案的实体处理无涉，其可另案主张。综上所述，胡芝红、胡志良、胡宝珠、胡宝兰的上诉请求不能成立，一审判决认定事实清楚，实体处理得当。

浙江省台州市中级人民法院依照《中华人民共和国民事诉讼法》第一百七十条第一款第（一）项之规定，判决如下：

驳回上诉，维持原判。

【法官后语】

在医院主张医疗费的案件中，绝大多数为医院基于医疗服务合同关系直接向患者主张医疗费，在中国裁判文书网中搜索，此类情形占据多数，但实务中尚存在其他几类情形，其中一类便是同本案争议焦点直接相关的患者（被赡养人）丧失劳动能力又无其他财产，医院能否向承担赡养义务的赡养人主张拖欠的医疗费。

从本案例一、二审的判决来看，二审维持了一审的判决事项，但在说理时对医院的请求权进行了更为充分的解析，并变更案由为不当得利，而一审判决所采用的案由为医疗服务合同纠纷。医院与患者存在医疗服务合同关系，患者（被赡养人）与子女（赡养义务人）存在赡养关系，如患者及时支付医疗费或者子女主动履行赡养义务的情况下，医院主张医疗费的纠纷便不会发生。本案例恰是子女不愿意履行赡养义务，患者死亡后又无相应遗产，医院只与患者本人存在服务合同关系，而此种关系在法律上并不存在周延问题，即受合同相对性约束，故该关系无法扩展至医院与患者子女之间，二审法院从医院的诉意本质，将医院的请求权基础认定为不当得利请求权，笔者赞同二审法院的意见。

实务中还有一种意见认为医院可基于代位权向患者子女（赡养义务人）主张医疗费，该意见主要根据2012年颁布的《最高人民法院关于审理道路交通事故损害赔偿案件适用法律若干问题的解释》第二十六条第三款的规定。该条规定：被侵权人因道路交通事故死亡，无近亲属或者近亲属不明，支付被侵权人医疗费、丧葬费等合理费用的单位或者个人，请求保险公司在交强险责任限额范围内予以赔偿的，人民法院应予支持。该条规定为医院向患者以外的人主张医疗费提供了法律支撑，进一步讲，该条规定实则是代位权制度突破人身专属性而在医疗服务合同纠纷案件中予以适用的特别规定。但本案例中，患者（被赡养人）与子女（赡养义务人）之间的赡养关系具有严格的人身依附性，笔者认为《最高人民法院关于审理道路交通事故损害赔偿案件适用法律若干问题的解释》关于单位代位权的特别规定不能任意扩大作为本案中医院向患者子女主张医疗费的合法依据，前述关于不当得利请求权的判定更具有说服力。

综上，对于医疗服务提供者因患者丧失劳动能力又无其他财产可实现债权时，可从不当得利的角度要求赡养义务人承担给付义务，此类案件作此认定一则在不当得利的构成上不存在法律阻碍，二则亦合乎社会公序良俗之要求，能够实现法律与道德的相融合。

编写人：浙江省台州市天台县人民法院　林娴　陈中云

十四、保管、仓储合同

65

以放货惯例推断被告违反合同义务的需对该惯例予以充分的举证、说明

——中铝佛山国际贸易有限公司诉爱凯尔（贵港）港务有限公司港口货物堆存、保管、仓储合同案

【案件基本信息】

1. 裁判书字号

广西壮族自治区高级人民法院（2016）桂民终336号民事判决书

2. 案由：港口货物堆存、保管、仓储合同纠纷

3. 当事人

原告：中铝佛山国际贸易有限公司（以下简称中铝公司）

被告：爱凯尔（贵港）港务有限公司（以下简称贵港公司）

第三人：梧州市一大矿业有限公司（以下简称矿业公司）、金猴国际控股有限公司（以下简称金猴公司）

【基本案情】

自2013年3月起，原、被告双方已存在煤炭装卸、堆存作业关系。原告已有煤炭堆存在被告港口78库。原、被告于2014年2月28日签订编号为2014－001《港口货物委托作业合同》，合同约定原告委托被告对其运达被告港区的煤炭负责装卸、堆存作业，被告仅按原告指令才办理煤炭出库。后原告与矿业公司签订《港

口货物委托作业合同补充合同》，约定由矿业公司向被告支付合同项下的煤炭在被告港口产生的费用。原告分别于2013年11月1日、12月27日和2014年5月2日与金猴公司签订三份《煤炭买卖合同》，向其购买朝鲜无烟煤58000吨。该合同已实际履行完毕。金猴公司在山东威海港将煤炭装船交付原告并由“恒顺达9”轮、“运舟7”轮和“澳利达”轮运往广东龙沙港，然后由“贵港七司6689”号等40艘内河货船过驳将煤炭运达被告港区交付被告装卸、堆存作业，堆存。该批煤炭入库过磅数量约52524.11吨。被告将其堆存于港口78库中的江1区、江4区。上述煤炭后由矿业公司于2014年1月6日至2015年4月30日分6次提货，共提52345.417吨。原、被告于2015年6月30日盖章确认的煤炭进出货明细表的备注中记明，原告堆存于被告处的煤炭（进货104768.93吨，出货52345.417吨，尚存52423.513吨），上述煤炭适用编号为2014－001《港口货物委托作业合同》。原告诉称其向金猴公司采购的煤炭在被告港区发生灭失，要求被告赔偿经济损失人民币34090928.78元。

【案件焦点】

被告贵港公司在履行涉案批次煤炭的堆存、放货义务过程中是否存在违约。

【法院裁判要旨】

北海海事法院经审理认为：被告贵港公司在履行涉案批次煤炭的堆存、放货义务过程中不存在违约。

原告诉称涉案批次的煤炭已经由其指定提货人矿业公司提取了，并没有灭失。根据本院查明的事实证实，涉案批次煤炭从2013年11月28日起至2014年5月30日止，确实交付了被告并堆存于被告港口煤场78库的江1场地和江4场地，在该煤炭进港堆存期间和期后，从2014年1月起至2015年4月止，被告凭原告出具的《货物出库通知单》及放货指示，原告指定的提货人矿业公司分6批次提取了煤炭共52345.417吨，所提煤炭正是被告港口煤场78库中的江1区和江4区的煤炭，该煤炭已经提货完毕。

关于原告主张“先进先出，后进后出”的涉案煤炭放货惯例是否存在的问题，被告对此予以否定，双方各有主张，意见不一，原告主张的放货惯例证据不足，该放货惯例不能确认；原告以此推断现存于被告的煤炭应为其诉称灭失批次的煤炭错误并由此推断被告没有按进货先后顺序放货导致涉案批次煤炭灭失，从而构成违约的理由不成立。

被告在履行涉案批次煤炭堆存、放货义务过程中不存在违约。根据原、被告签订的《港口货物委托作业合同》并没有对煤炭质量的检验进行约定，被告仅负责原来、原转、原交的办法进行中转，对货物的溢短不负任何责任；原告对被告交付的煤炭均按其要求堆存，按其指示办理提货手续，原告的指示和相关《货物出库通知单》并没有明确向被告指示被告该放港口煤场78库中的具体哪个堆号、哪批次的煤炭，更没有明确指示不能出货78库的江1场地和江4场地的涉案煤炭。根据合同约定，被告只有义务按原告指示的煤炭数量放货，至于提货人提取原告哪个批次、哪些堆场的煤炭被告无权干涉，被告无权审查提货人提取哪个堆场、批次的煤炭是否符合原告的意思表示，即使提货人提取的煤炭不符合原告的意愿，产生的相关后果也不能由被告承担，被告在履行合同义务过程中没有违约。

北海海事法院判决：

驳回原告中铝公司的诉讼请求。

【法官后语】

这是一起典型的港口货物堆存、保管、仓储合同案。本案的争议焦点在于被告是否在履行煤炭堆存、办理出货手续、放货等合同义务过程中存在违约行为。原、被告双方是否约定按“先进先出、后进后出”方式放货。

原、被告之间自2013年3月起，存在煤炭装卸、堆存作业业务，原告此时已有煤炭堆存在被告港口78库。后原告向金猴公司采购朝鲜无烟煤58000吨，该煤炭同样堆存于被告港区78库。因此，在本案中，需要先固定原告诉讼请求的内容：其所诉称灭失的是哪一批煤炭。在确定原告诉称灭失的煤炭是指其向金猴公司购买的该批次煤炭后，通过核对煤炭进出货明细表等证据，可知原告所诉称的煤炭并未灭失，而是在不违背原告的批示下放货，从而确定被告并不存在违约的事实。

那么，针对本案中原告提到的“先进先出、后进后出”的煤炭放货惯例问题，案中存在两种不同观点：第一种观点认为本案可以运用该惯例，对被告是否违反放货义务进行审查；第二种观点则认为原告不能证实有该惯例，也没有证据证实原、被告双方有约定按“先进先出、后进后出”的方式放货。

在港口货物堆存、保管、仓储合同纠纷中，多有当事人主张惯例存在的问题。一般而言，对于惯例的运用，法院需尽到审查义务。当中包括但不限于对惯例是否存在、是否合法、是否存在违背公序良俗等原则的情形的审查。本案中原告以“先进先出、后进后出”的惯例推断被告违反合同义务，其首先需对该惯例予以充分的举证、说明。然则，其一，该惯例并未写进原、被告之间签订的《港口货物委托作业合同》中；其二，原、被告对该惯例的存在也各持主张；其三，原告通过煤炭买卖合同、价格确认单、收货确认函、金猴国际控股有限公司结算单等证据来反映该惯例的存在，这显然也是不充分的。因此，本案并未确认“先进先出、后进后出”的港口作业惯例，也未支持原告以此去判断被告的放货违约的主张。

编写人：北海海事法院　梁向明

66

对要约内容作出实质性变更构成新要约

——无锡超祥货运有限公司诉江苏明德立达作物科技有限公司仓储合同案

【案件基本信息】

1. 裁判书字号

江苏省无锡市中级人民法院（2017）苏02民终2820号民事判决书

2. 案由：仓储合同纠纷

3. 当事人

原告：无锡超祥货运有限公司（以下简称超祥公司）

被告：江苏明德立达作物科技有限公司（以下简称明德公司）

【基本案情】

2016年8月，被告明德公司欲承租原告超祥公司的仓库，双方协商洽谈了承租仓库的相关事宜，并拟定《仓储协议书》（以下简称合同），主要内容有仓库位置及面积、储存期限、仓储费、结算方式与时间等。8月29日，明德公司经办人在合同上盖章后交付超祥公司员工，由超祥公司带回盖章。8月31日，超祥公司经办人又通过微信向明德公司员工提出合同五点修改意见（其中包括价格调高、保险承担等），明德公司员工回复称，需向领导汇报才能决定。9月7日8时15分，明德公司员工通过微信向超祥公司经办人答复，关于承租仓库问题以及超祥公司提出的合同修改意见，还需要再沟通，之前盖章的合同请寄回。超祥公司未回复。同日16时许，超祥公司在之前明德公司已经盖章的合同上加盖了自己公司的公章，并交快递寄送明德公司。9月9日10时许，明德公司收到该合同。同日16时59分，明德公司再次向超祥公司发送电子邮件，明确之前盖章的合同已作废。

后因明德公司一直未履行合同，超祥公司依据合同的违约条款的约定要求明德公司赔偿违约金等损失49万元。

【案件焦点】

《仓储协议书》是否成立。

【法院裁判要旨】

江苏省无锡市梁溪区人民法院经审理认为：当事人订立合同，采取要约、承诺方式，受要约人对要约的内容作出实质性变更的，要约失效。明德公司在双方协商拟定的合同上盖章是要约行为，超祥公司对包括价格等重要条款要求进行修改时，系对要约的内容作出实质性变更的，构成新要约，故明德公司加盖公章的《仓储协议书》作为原要约未得到超祥公司的承诺，已经失效。要约可以撤销。即使超祥公司认为其在明德公司已盖章的合同上加盖公章构成承诺，也得在该承诺到达明德公司之时，合同才成立。而明德公司于2016年9月7日8时15分明确向超祥公司表示，关于合同内容还需要再沟通，要求寄回此前的合同，此为撤销要约的意思表示。9月7日16时超祥公司盖章的合同才寄出、9月9日明德公司才收到，明德公司撤销要约的通知已经在超祥公司发出承诺通知之前到达，要约已经撤销。双方关于承租仓库尚处于合同的磋商洽谈中，并未达成明确一致的意思表示，合同未成立。超祥公司无权依据合同来主张违约赔偿。

江苏省无锡市梁溪区人民法院判决：

驳回超祥公司的诉讼请求。

一审判决后，超祥公司不服，提出上诉。江苏省无锡市中级人民法院经审理作出判决：

驳回上诉，维持原判。

【法官后语】

合同能否成立并生效，决定了当事人能否适用合同中违约责任的条款主张违约损害赔偿。以下是本案总结的两条裁判规则：

第一，对要约的内容作出实质性变更构成新要约，原要约失效，在新要约未得到对方承诺前，合同未成立。合同的标的、数量、价格等作出变更，因该类事项属于合同的重要要素和重大事项，此类变更属于实质性变更。新要约必须得到对方的承诺，否则新的合同不能成立。

第二，要约可以撤销，撤销的意思表示须在对方承诺到达要约方之前作出，要约方能有效撤销。合同法规定了撤销和撤回制度，以便当事人更自由地表达意思。在要约或承诺的意思表示到达对方之前，以一个新的意思否定原来的意思表示的，即为撤回。撤销则是要约或承诺的意思表示已经到达对方，此时，法律还给予一次“反悔”的机会，即在对方做出承诺的意思表示到达己方之前，己方可以发出撤销的意思表示。事实上，在合同订立过程中，难免有各类讨价还价，在未达成正式的、一致的意见之前，双方均有磋商谈判的权利，磋商中可以随着当时的情境改变自己的报价。一旦双方达成一致意见，合同成立并生效后，有约必守的契约精神就约束着各方，此时，再作变更必须征求对方的同意。

本案判决将合同订立过程中的关键时间、事件节点，进行法律化分析，最终确定要约发出后进行重大事项变更构成新要约、要约在承诺前可以撤销的裁判规则，具有较强的类案指导效果。

编写人：江苏省无锡市梁溪区人民法院　姜海

67

员工代发工资与公司形成的关系

——广州市林华园林建设工程有限公司诉蔡少山保管合同案

【案件基本信息】

1. 裁判书字号

广东省揭阳市中级人民法院(2016)粤52民终70号民事判决书

2. 案由:保管合同纠纷

3. 当事人

原告(被上诉人):广州市林华园林建设工程有限公司(以下简称林华公司)

被告(上诉人):蔡少山

【基本案情】

蔡少山于2011年6月中旬应聘到林华公司位于广州的总部工作,后被安排到林华西安分公司工作,到2014年7月中旬被调回林华公司位于广州的公司总部。蔡少山从事出纳工作,主要负责公司日常费用及员工工资支付的事务。具体操作流程:蔡少山通过“借支”的方式将林华公司的款项存放于名下的个人账户,待公司发放员工工资或一些日常开支后再向公司结算予以报销或抵销。蔡少山每次需要付款时,报经公司负责人或财务负责人审批同意后通过该银行账户提取现金支付或转账两种方式进行。公司负责人和财务负责人从未通过QQ聊天工具指示蔡少山支付公司款项。2015年1月15日10时30分左右,蔡少山收到陌生QQ号发来的一条笑脸表情信息,误认为对方系公司的财务副经理吴平。蔡少山在未向林华公司汇报核实和审批同意的情况下,擅自将其个人银行账户内公司存放的款项中的49万元通过网上银行转账至对方银行账户。后蔡少山怀疑被诈骗,于当日下午到派出所报案,该案至今尚未侦查完毕。蔡少山至今尚有478600元没有归还公司。

林华公司认为蔡少山受林华公司委托保管公司的资金,却不按林华公司的委托支付公司员工工资及日常开支，又寻找借口拒不归还林华公司财产的行为，已造成林华公司的损失，请求判令蔡少山立即归还林华公司款项478600元及利息。蔡少山答辩称：1. 林华公司以不当得利纠纷案由起诉，缺乏事实和法律依据。本案完全不符合不当得利的构成要件。2. 林华公司寄存于蔡少山个人银行账户的资金被犯罪分子诈骗，应通过刑事追赃程序解决。3. 若林华公司被骗资金最终无法追回，并认为由此造成损失应由蔡少山赔偿的，林华公司依法应先行向其住所地劳动争议仲裁机关申请劳动仲裁。

【案件焦点】

如何认定蔡少山与林华公司双方之间的法律关系。

【法院裁判要旨】

广东省揭阳市榕城区人民法院经审理认为：蔡少山在林华公司处从事出纳工作，其通过“借支”的方式将林华公司的款项存放于蔡少山个人账户，待发放员工工资或一些日常开支后再向公司结算予以报销或抵销。蔡少山没有得到公司同意或指示，擅自将公司存放在其个人账户款项中的49万元划转给他人，造成公司的巨大损失，其行为已侵犯了公司财产权益，构成财产损害侵权法律关系。本案案由应调整为财产损害赔偿纠纷。林华公司要求蔡少山承担还款义务，合理合法，应予支持。

判决：

一、蔡少山应于本判决生效之日起十日内通过法院专户付还林华公司款项478600元及利息；

二、驳回林华公司的其他诉讼请求。

蔡少山持原审答辩意见提起上诉。广东省揭阳市中级人民法院经审理认为：蔡少山虽然是林华公司员工，但从其通过“借支”的方式收到公司的款项后，存放于其个人账户，在经公司审批同意才能提取现金使用的事实表明，双方之间已事实上形成了有关出纳资金的保管合同关系。本案涉讼款项是蔡少山在保管期间未能尽到妥善保管责任而灭失，林华公司要求蔡少山返还该保管款项而引起的纠纷，本案的案由定为保管合同纠纷更为恰当。蔡少山作为本案涉讼款项的保管人存在重大的过错，依据《中华人民共和国合同法》第三百七十四条之规定，林华公司要求蔡少山归还被其保管款项49万元及利息，理由成立，予以支持。

广东省揭阳市中级人民法院判决：

驳回上诉，维持原判。

【法官后语】

本案争议焦点是案件的性质。笔者倾向认为应定性为保管合同纠纷。

本案不属不当得利纠纷。构成不当得利具有两个显著特征：一是没有合法的依据，二是获得利益。本案中，蔡少山通过“借支”方式将公司款项存放于其个人账户，蔡少山占有公司的资金这一行为具有合法的依据，且没有证据证明蔡少山有获利。故，蔡少山的行为依法不构成不当得利。

本案不属借款合同纠纷。借款合同法律关系具有两个显著特征：(1) 借贷款项的结果是转移款项的所有权；(2) 借贷的目的是满足生产、经营和生活的需要。蔡少山取得公司出纳资金不符合借款合同目的特征，且仅取得公司涉案款项的占有权以及有限的使用权。故明显不构成借款合同纠纷。

本案不属财产损害赔偿纠纷。财产损害民事法律关系所涉的财产所有权权能包括占有、使用、收益和处分的权利。本案涉案款项被蔡少山“借支”后，林华公司已不再拥有完整的所有权，故不属财产损害赔偿纠纷。

本案亦不属委托代理合同纠纷。虽然当事人在有关的表述上有林华公司委托蔡少山发工资的说法，但实际是双方在形成劳动关系后，蔡少山发工资的行为是其作为公司员工，在公司管理监督下代表公司发工资的行为，并没有形成平等主体之间的委托代理合同关系。故不属委托代理合同纠纷。

本案应属保管合同纠纷。虽然从本案的表象看，蔡少山与林华公司双方之间没有订立保管合同，也没有明显的相关保管的约定，但双方事实上形成了平等主体的保管合同法律关系。本案涉讼款项是蔡少山在保管期间未能尽到妥善保管责任而灭失，蔡少山依法应当承担赔偿责任。

编写人：广东省揭阳市中级人民法院　郑宋玲

十五、保险合同

68

车险合同中无责免赔条款的效力

——陈钦生诉富德财产保险股份有限公司广东分公司责任保险合同案

【案件基本信息】

1. 裁判书字号

广东省汕头市濠江区人民法院（2017）粤0512民初227号民事判决书

2. 案由：责任保险合同纠纷

3. 当事人

原告：陈钦生

被告：富德财产保险股份有限公司广东分公司

【基本案情】

车牌号为粤VDR3××的小型普通客车，登记所有人为陈钦生，为陈钦生于2011年8月3日以122000元购入。2015年8月5日，陈钦生为该车向富德公司投保机动车辆保险，险种包括机动车损失险（保险金额/责任限额93330元）、基本险不计免赔率特约等。富德公司经审核后向陈钦生签发了《机动车商业保险单（正本)》，保险期间自2015年8月5日0时起至2016年8月4日24时止。该保险单载明新车购置价为93330元。2016年1月9日10时52分左右，赖辉驾驶赣K571××牵引赣KJ1××挂车从深圳往福建方向行驶，途经沈海高速2564km+950m处时追尾碰撞粤DEM9××小车后前移，碰撞前面粤VDR3××小车、粤DB36××小车和闽C486××牵引闽C44××挂车。造成粤DEM9××小车驾驶人郑伟丰、乘坐人谢燕敏当场死亡和包括陈钦生的粤VDR3××小车在内的五辆汽车不同程度损坏的交通事故。汕头市公安局交通警察支队高速公路大队于2016年1月13日作出汕公交认字〔2016〕第000011号道路交通事故认定书，认定赖辉负事故全部责任，陈钦生在事故中无过错，免负事故责任。

另查明，富德公司提供的《富德财产保险股份有限公司机动车商业保险条款》中，第二章车辆损失险保险责任中赔偿处理栏下第十一条内容为："保险车辆发生道路交通事故，保险人根据驾驶人在交通事故中所负事故责任比例相应承担赔偿责任。被保险人或保险车辆驾驶人根据有关法律法规规定选择自行协商或由公安机关交通管理部门处理事故未确定责任比例的，按照下列规定确定事故责任比例：保险车辆方负全部事故责任的，事故责任比例不超过100%；保险车辆方负主要事故责任的，事故责任比例不超过70%；保险车辆方负同等事故责任的，事故责任比例不超过50%；保险车辆方负次要事故责任的，事故责任比例不超过30%"。陈钦生亦提供了记载在《机动车商业保险单（正本)》背面的《富德财产保险股份有限公司机动车商业保险条款》，该条款内容与富德公司所提供的条款内容一致。

本案在审理过程中，根据陈钦生的申请，法院委托汕头市鼎升估价有限公司对粤VDR3××号小型普通客车的车损进行价格评估。2017年7月8日，该估价公司作出《关于小型轿车车损价格评估结论书》，主要内容为：粤VDR3××号小型普通客车因发生交通事故后，造成车辆整体损毁，根据重置成本法，其损失价值按事故发生前整车的市场价格（即该车的重置成本×成新率）－残值来计算，即重置成本价格×（1－已使用年数÷国家规定的使用期限）×100%－残值＝106500×（1－52÷180）×100%－1000＝74615元。陈钦生为上述评估垫付评估费3045元。

【案件焦点】

保险合同所约定的被保险人不负事故责任，保险公司不承担赔偿责任条款的效力问题。

【法院裁判要旨】

广东省汕头市濠江区人民法院经审理认为：本案系责任保险合同纠纷。陈钦生与富德公司之间的保险合同关系受法律保护。陈钦生投保机动车损失险及不计免赔率特约，所投保的车辆发生保险事故后，富德公司应在保险金额限额内进行赔偿。

汕头市鼎升估价有限公司按照重置成本法评估车辆的损失为74615元的评估结论，予以确认。现陈钦生要求富德公司按照评估确定的车辆损失赔偿其74615元，不超过双方约定的保险金额限额，予以支持。关于富德公司依据《富德财产保险股份有限公司机动车商业保险条款》中第二章车辆损失险保险责任中赔偿处理栏下第十一条车辆损失按事故责任赔付条款主张其免于承担保险赔付责任的抗辩意见。首先，富德公司所依据的条款属于保险法规定的"免除保险人责任的条款"，富德公司作为提供格式条款的一方，依法对此类条款负有提请注意及明确说明之义务，使投保人明了该条款的真实含义和法律后果。但该条款是位于第二章车辆损失险保险责任中赔偿处理栏下，处于合同非明显位置，且富德公司未明示告知陈钦生详细阅读该栏内容，故应认定富德公司就事故责任比例赔付条款未对陈钦生尽到提请注意及明确说明之义务。其次，如若按照事故责任比例赔付，将导致保险车辆的驾驶员责任越重，得到保险公司的赔付越多；驾驶员责任越轻，得到保险公司的赔付越少；当投保车辆的驾驶员合理地避免交通事故责任发生时，反而得不到保险公司的赔付。这一条款的设定无疑与鼓励驾驶员遵守交通法规的社会正面导向相悖，也不符合投保以分散社会风险之缔约目的，同时有违保险立法尊重社会公德与诚实信用之原则。因此，法院确认该车辆损失按事故责任赔付的条款无效，富德公司依据该条款主张其免负赔付责任的抗辩意见，法院不予采纳。富德公司赔付后，认为事故其他方存在过错的，可以依法在赔偿金额范围内向其他方进行追偿。关于陈钦生诉求的评估费3045元，该项费用属于为查明和确定保险标的损失程度所支付的必要的、合理的费用，富德公司应予赔偿。

广东省汕头市濠江区人民法院依照《中华人民共和国合同法》第六十条第一款，《中华人民共和国保险法》第十四条、第十七条、第六十条第一款、第六十四条的规定，判决如下：

被告富德财产保险股份有限公司广东分公司应在判决发生法律效力之日起十日内支付原告陈钦生保险赔偿款74615元。

【法官后语】

保险人对责任免除条款有说明义务。本案中，保险合同中所载明的无责免赔条款是对保险责任免除的约定，富德保险公司作为提供格式条款的一方，依法对此类条款负有提请注意及明确说明之义务，使投保人明了该条款的真实含义和法律后果。但本案双方争议所涉及的无责免赔条款是位于《富德财产保险股份有限公司机动车商业保险条款》第二章车辆损失险保险责任中赔偿处理栏下，处于合同非明显位置，且富德公司未明示告知陈钦生详细阅读该栏内容，故应认定富德公司就事故责任比例赔付条款未对陈钦生尽到提请注意及明确说明之义务，该条款对陈钦生不能产生法律效力。

最大诚信原则是现代保险法的基本原则之一，其指保险合同当事人订立合同及在合同有效期内，应依法向对方提供足以影响对方作出订约与履约决定的全部实质性重要事实，同时绝对信守合同订立的约定与承诺。而按照事故责任比例赔付的保险条款，在现实生活中将会导致下列后果：保险车辆的驾驶员责任越重，得到保险公司的赔付越多；驾驶员责任越轻，得到保险公司的赔付越少；当投保车辆的驾驶员合理地避免交通事故责任发生时，反而得不到保险公司的赔付。这一无责免赔条款的设定，无疑与鼓励机动车驾驶人遵守交通法规的社会正面导向相悖，也不符合投保以分散社会风险之缔约目的，有违保险立法应尊重社会公德与诚实信用之原则。

编写人：广东省汕头市濠江区人民法院　谢俊光

69

奖励方案能否作为保险代理合同的组成部分

——陈思思诉中国人民人寿保险股份有限公司淄博中心支公司保险代理合同案

【案件基本信息】

1. 裁判书字号

山东省淄博市中级人民法院（2017）鲁03民终3689号民事判决书

2. 案由：保险代理合同纠纷

3. 当事人

原告（被上诉人）：陈思思

被告（上诉人）：中国人民人寿保险股份有限公司淄博中心支公司（以下简称中国人寿淄博支公司）

【基本案情】

陈思思系中国人寿淄博支公司直属一部员工。2014 年 1 月 1 日，直属一部制定一份短险奖励方案，主要内容为：团意险按 15%、学平险按 20%、小额贷按 22%、卡单按 20% 予以奖励。该方案有直属一部经理解素娟的签字，但无中国人寿淄博支公司的盖章，陈思思根据完成业务量向中国人寿淄博支公司主张奖励金及相应利息。

【案件焦点】

陈思思所在的保险公司部门制定的奖励方案能否作为其与保险公司代理合同的组成部分，并据此主张相应奖励金及利息。

【法院裁判要旨】

山东省淄博市张店区人民法院经审理认为：原告陈思思原属被告直属一部综合理财部门员工，原告提供的证据能够证明原告已经按照约定完成了相应业务，被告应当按照其颁布的《2014 年直属一部代理渠道短险专项方案》支付原告业务奖励，故对原告要求被告支付其奖励金额 10631.37 元的诉讼请求，予以支持。对原告要求被告支付利息，应以银行同期贷款利率计算为宜，故被告应当支付原告利息 1207 元（以 10631.37 元为基数，自 2015 年 1 月 1 日起，按银行同期贷款利率计算至 2017 年 1 月 31 日）。被告主张涉案的专项方案并未实施，但根据庭审查明的情况，涉案专项方案已经公示且已经实施，故被告的该项辩解不能成立。

山东省淄博市张店区人民法院依照《中华人民共和国合同法》第一百零七条、第一百零九条之规定，判决如下：

一、被告中国人民人寿保险股份有限公司淄博中心支公司于本判决生效之日起十日内支付原告陈思思奖励金 10631.37 元；

二、被告中国人民人寿保险股份有限公司淄博中心支公司于本判决生效之日起十日内支付原告陈思思利息1207元（以10631.37元为基数，自2015年1月1日起，按银行同期贷款利率计算至2017年1月31日止）；

三、驳回原告陈思思的其他诉讼请求。

中国人寿淄博支公司不服一审判决上诉称：李思思提交的《2014年直属一部代理渠道短险专项方案》系中国人寿淄博支公司下属部门制定，该方案无领导签字、无单位盖章，中国人寿淄博支公司不应对李思思完成的业绩进行奖励。

山东省淄博市中级人民法院经审理认为：二审庭审查明，被上诉人陈思思在上诉人中国人寿淄博支公司处工作期间，双方系保险代理合同关系，并因代理中的权益纠纷提起本诉，故一审判决认定本案案由为劳务合同纠纷不当，纠正为保险代理合同纠纷。关于被上诉人能否依据《2014年直属一部代理渠道短险专项方案》向上诉人主张相应奖励问题。被上诉人主张奖励所依据的方案仅有部门负责人解素娟的签字确认，方案形式及内容均无上诉人认可的记载，其效力应仅限于该部门。被上诉人与上诉人系保险代理合同关系，被上诉人未提交证据证明该方案系双方保险代理合同关系的内容，故被上诉人以该方案向上诉人主张奖励无事实及法律依据，依法不予支持。一审判决依据涉案方案认定上诉人支付被上诉人奖励及相应利息，属认定事实错误，适用法律不当，依法予以纠正。上诉人的上诉主张成立，依法予以支持。上诉人中国人寿淄博支公司的上诉请求成立，予以支持。山东省淄博市中级人民法院依照《中华人民共和国民事诉讼法》第六十四条、第一百七十条第一款第（二）项之规定，判决如下：

一、撤销山东省淄博市张店区人民法院（2017）鲁0303民初1126号民事判决；

二、驳回被上诉人陈思思的诉讼请求。

【法官后语】

“保险代理人”是保险行业最常见的用工形式，在现代保险市场上，保险代理人一般在保险公司的授权范围内以保险人的名义从事业务活动，包括招揽业务的宣传推销，接受投保，出立保单代收保费，代理查勘理赔等。这种模式与民事行为中的委托代理最相接近，故保险代理人与保险公司签订的合同一般由法律单独规制，称为保险代理合同。保险代理人与保险公司的保险代理关系不同于劳务关系。劳务关系是指按照双方的书面合同或者口头约定，由劳务提供人向劳务接收人提供劳务活动，接受人向提供人支付劳务报酬的经济关系。保险代理人有一定的入职门槛，须具有《中华人民共和国保险法》第一百二十七条规定的代理资格，而劳务关系中，劳务提供者以自己的名义提供劳务，劳务接受者需要并认可该劳务，劳务关系即成立。在报酬取得上，保险代理人取得的劳动报酬是按所收取保费的一定比例提取手续费（佣金），保险人不可私自降低。而劳务关系中，双方约定具体的支付方式及数额，按约发放。本案中，陈思思作为中国人寿淄博支公司直属一部综合理财部门的工作人员，其在公司工作期间，主要工作为进行相应保险产品的推荐，从其所属部门的奖励方案上也可以看出。因此，陈思思与中国人寿淄博支公司之间系保险代理合同关系。

实践中，员工依据单位部门制定或出台的绩效奖励方案主张权利时，一般应遵循下述规则予以司法认定：一、判断绩效或奖励方案是否经单位审核或批准，基本以领导签字、加盖单位印章等形式来加以认定；二、方案之前未经单位批准的，若单位事后有追授认可的意思表示或员工有证据证明单位应依据方案予以奖励时，单位则需按方案中的相应标准，对员工发放奖金或进行其他奖励；三、当单位对部门的绩效奖励方案不认可，也无追认的意思表示时，若员工不能举证证明单位应依据方案发放奖励的，则员工的诉讼请求不应予以支持。本案中，陈思思作为公司的保险代理人，其主张奖励金与利息的依据是直属一部制定的《2014 年直属一部代理渠道短险专项方案》，由于该方案仅有部门负责人解素娟的签字，没有中国人寿淄博支公司的印章、领导签字或其他认可方式，故可据此推定，奖励方案系由中国人寿淄博支公司直属一部自行制定，未经中国人寿淄博支公司的审核批准或业务授权，其效力仅及于该部门，不能作为陈思思与公司保险代理合同的补充部分。因此，一审认定中国人寿淄博支公司应依据其直属一部制定的方案向陈思思支付奖励金与利息不当，陈思思虽按方案完成业绩，但无权向中国人寿淄博支公司主张权利，故二审依法驳回其诉讼请求。

编写人：山东省淄博市中级人民法院　杨富元　朱倩茹

70

保险价值在实践中的确定

——王某某诉某某财产保险股份有限公司天津市分公司保险合同案

【案件基本信息】

1. 裁判书字号

天津市津南区人民法院（2017）津0112民初2481号民事判决书

2. 案由：保险合同纠纷

3. 当事人

原告：王某某

被告：某某财产保险股份有限公司天津市分公司

【基本案情】

原告于2016年9月23日向案外人天津某某工贸有限公司购买津A×××××汽车，该车辆于2015年4月23日在被告处投保商业险。车辆过户后，2016年9月28日被告出具批单，将津A×××××汽车车牌号变更为津KF××××，被保险人变更为王某某，新车购置价由326825元变更为1700000元，车损险保险限额由326825元变更为435200元。2017年2月22日，原告驾驶被保险车辆与一辆福田箱货车右后部发生碰撞，后又与路沿石发生碰撞，造成被保险车辆损坏的交通事故，原告负事故全部责任。经鉴定机构鉴定车损为595000元，被保险车辆在事故发生日的剩余价值为721569元。被告认为原告于2016年9月23日购买被保险车辆花费800000元，车损险保险金额为435200元，属于不足额投保，按照法律规定应按比例赔偿。

【案件焦点】

1. 如何确定保险价值；2. 本案是否属于不足额投保。

【法院裁判要旨】

天津市津南区人民法院经审理认为：原、被告之间订立的保险合同，系双方当事人的真实意思表示，且该合同不违反法律、法规的强制性规定，应为有效。被保险车辆在保险期内发生保险事故，被告应在承保范围内对原告的合理损失承担赔偿责任。根据《中华人民共和国保险法》第五十五条规定，投保人和保险人约定保险标的的保险价值并在合同中载明的，保险标的发生损失时，以约定的保险价值为赔偿计算标准。投保人和保险人未约定保险标的的保险价值的，保险标的发生损失时，以保险事故发生时保险标的的实际价值为赔偿计算标准。保险金额低于保险价值的，除合同另有约定外，保险人按照保险金额与保险价值的比例承担赔偿保险金的责任。被告关于不足额保险按比例赔付的抗辩意见，应予采纳。天津市津宏机动车鉴定评估有限公司作出的评估报告评估被保险车辆车损金额为595000元，被保险车辆在事故发生日的剩余价值为721569元。应依据该评估报告的结论确认的595000元为被保险车辆的车辆损失。原告另支出评估费29750元及施救费1200元，故被告应赔付原告（595000+29750+1200）×（435200÷721569）=377650元，该数额未超出保险限额，因原告同意扣除无责方交强险应赔付的100元，故被告应赔付原告377550元。

天津市津南区人民法院依照《中华人民共和国保险法》第十四条、第二十三条、第五十五条、第六十四条，《中华人民共和国民事诉讼法》第六十四条、第一百四十二条，《最高人民法院关于适用〈中华人民共和国民事诉讼法〉的解释》第一百二十一条之规定，判决：

一、被告某某财产保险股份有限公司天津市分公司于本判决生效之日起五日内给付原告王某某保险赔偿金377550元；

二、驳回原告王某某其的他诉讼请求。

【法官后语】

本案中最重要的关于保险价值的概念，分别存在着认为保险价值为新车购置价、保险金额、实际价值等看法。

实践中常见的问题是，投保时的保险价值较易确定，但确定保险事故发生时车辆的保险价值存在争议。保险公司坚持以新车购置价减去折旧确定该车辆的保险价值，然而多数情况下，车辆的评估金额或者维修费用往往超过按上述方式计算的保险价值，甚至存在着二手车以高于该价值进行的交易价格，那么实际价值应当如何确定?

按照新车购置价扣除折旧后计算被保险车辆在出险时的实际价值，在保险行业算是惯例，各家公司的条款中大多如此约定，《示范条款》中计算投保时的保险价值也使用了这个方法，然而该条款在当事人之间争议很大。一是折旧如何确定，二是折旧是否一定要扣减。折旧在保险中作为一个限制损失的概念，与会计中的折旧有明显区别。会计人员通常以财产的原始成本为基础，根据该财产的预计使用年限，定期按比例摊销原始成本。而保险中的折旧必须考虑发生损失时受损财产已经使用的年限、逐渐过时的情况、维护质量以及其他一些影响价值的因素。这样考虑下来的财产折旧期限与其实际使用寿命几乎没有关系。因此，目前条款中约定的不考虑标的的具体情况，按月计算对同种类车辆使用相同的折旧率，有明显不足。一来折旧系数未必科学；二来对其他影响车辆价值的因素完全忽略。因此，保险人和被保险人对保险事故发生时车辆的实际价值存在争议、无法达成约定时，进行评估是最为公允的方式。

编写人：天津市津南区人民法院　李婧

71

“碰撞”的界定是否属于免责条款

——江苏百发物流有限公司诉中国平安财产保险股份有限公司南通中心支公司财产保险合同案

【案件基本信息】

1. 裁判书字号

江苏省南通市经济技术开发区人民法院（2016）苏0691民初2502号民事判决书

2. 案由：财产保险合同纠纷

3. 当事人

原告：江苏百发物流有限公司（以下简称百发物流公司）

被告：中国平安财产保险股份有限公司南通中心支公司（以下简称平安财保南通支公司）

【基本案情】

原告百发物流公司系苏 F146××重型半挂牵引车与苏 F37××挂重型罐式半挂车的所有人。2015 年 11 月 28 日，原告在被告处为苏 F146××号车投保了交强险、车辆损失险、商业第三者责任险等保险，同时投保了不计免赔，车辆损失险保险金额为 262000 元，保险期间自 2015 年 12 月 4 日 0 时起至 2016 年 12 月 3 日 24 时止；同日，原告在被告处为苏 F37××挂车投保了车辆损失险、商业第三者责任险，同时投保了不计免赔，车辆损失险保险金额为 150000 元，保险期间自 2015 年 12 月 6 日 0 时起至 2016 年 12 月 5 日 24 时止。2016 年 10 月 14 日 6 时 50 分，案外人杨春全驾驶苏 F146××重型半挂牵引车后牵引苏 F37××挂重型罐式半挂车由南向北行驶至石金线 7km＋600m 路段避让其他车辆时，该车发生单方事故，造成杨春全受伤、苏 F146××重型半挂牵引车及苏 F37××挂重型罐式半挂车损坏的道路交通事故。南通市通州区公安局交通巡逻警察大队作出第 0055455 号道路交通事故认定书（简易程序），认定杨春全对该次事故承担全部责任。事故发生后，原告在南通久通汽车销售服务有限公司对事故车辆进行了修理，共支付维修费 24360 元，其中，苏 F146××重型半挂牵引车损失 24000 元，苏 F37××挂重型罐式半挂车损失 360 元。2016 年 11 月 30 日，中国平安财产保险股份有限公司江苏分公司出具《机动车辆保险拒赔通知书》给原告，对该事故作拒赔处理，拒赔理由是“非保险责任定义的碰撞”。案涉《机动车辆保险条款（2009 年版）》第二章车辆损失险第一条第（一）款规定：碰撞、倾覆属于保险责任；第四部分释义对“碰撞”进行解释：碰撞是指保险车辆或其符合装载规定的货物与外界固态物体之间发生的、产生撞击痕迹的意外撞击。

【案件焦点】

保险条款中“碰撞”的界定是否属于免责条款。

【法院裁判要旨】

江苏省南通市经济技术开发区人民法院经审理认为：原、被告订立的保险合同是双方的真实意思表示，内容不违反法律、法规的强制性规定，属合法有效。原、被告均应按照合同的约定履行各自的义务。现原告已按约支付了保险费，被告应按约承担保险责任。被告现以保险条款中对“碰撞”的解释为由，认为其不应承担保险责任，故本案的争议焦点就是保险条款中“碰撞”的界定是否属于免责条款。被告的该抗辩理由不能成立，理由如下：

首先，在保险条款中列有专门的免责条款，而在免责条款中并不存在本案事故形态免责的约定；虽然被告试图通过“碰撞”的释义将案涉事故形态排除在赔偿范围之外，但即使该释义成立，由于保险条款系格式条款，对格式条款有两种以上解释时，应作出不利于提供格式条款一方的解释。退一步讲，即使被告的抗辩成立，那么对于“碰撞”的释义就本案而言就成了免责条款，被告平安财保南通支公司作为保险人在订立合同时就免责条款应当向投保人明确说明，未明确说明的该条款无效。所谓“明确说明”，是指保险人在与投保人签订保险合同之前或者签订保险合同之时，对于保险合同所约定的免责条款，除在保险单上提示投保人注意外，还应当对有关免责条款的概念、内容及其法律后果等以书面或者口头形式向投保人或其代理人作出解释，以使投保人明了该条款的真实含义和法律后果。而本案中，虽然原告认可在投保时收到了保险条款，但被告并未举证证明其就该条款尽到了明确的提示说明义务。因此，案涉事故形态不应属于被告平安财保南通支公司所称的免责事由，所谓的免责也不应对原告发生效力。

其次，就本案而言，主、挂车虽然是连接在一起使用的，但由于主、挂车有各自的号牌，原告分别对其主、挂车进行了投保并分别缴纳了保险费，被告也将两车作为各自独立的保险标的进行承保并出具了两份含车损险的保险单。无论从物理形态上还是法律概念上，针对主车来说，挂车应为外界物体；相对于挂车而言，主车则为外界物体。在双方并无明确约定亦无合同条款明确规定主、挂车互撞免除保险责任的情形下，被告平安财保南通支公司应在保险范围内承担理赔责任。反之，如果原告主、挂车互碰导致无法理赔，则原告分别为主、挂车进行投保就失去了意义，既不符合投保人的意愿，致使保险合同目的无法实现，也有失公平。

最后，设立保险制度的目的是维护社会公共利益，保障被保险人在发生保险事故后依法及时得到救助和补偿。从事保险活动必须遵守法律、行政法规，尊重社会公德，不得损害社会公共利益。保险活动当事人行使权利、履行义务应当遵循诚实信用原则。案涉事故是由于主车驾驶人为了避让其他车辆而发生的，如果主车驾驶人没有及时避让，与其他车辆发生碰撞，有可能造成更严重的人身、财产受损的后果。在上述假设情形下，保险公司反而要按照规定赔付，如果本案中保险公司基于案涉事故系“非保险责任定义的碰撞”而拒赔，则与设立保险制度的目的相悖，有可能产生道德风险，引发不良社会效应，从长远来看，也不利于保险公司的经济利益，甚至影响保险行业的有序发展。

基于上述理由，被告以案涉事故系“非保险责任定义的碰撞”为由拒赔的抗辩理由，法院不予采信。案涉事故形态应理解为保险条款规定的“碰撞”，不仅符合该条款的本意，而且符合公平、诚实信用原则，有利于保护非提供格式条款一方的利益，更有利于平衡双方利益，保护保险行业的长远健康发展。本案中，原告投保车辆在保险期间内发生了事故，造成车辆损坏，被告应依约承担保险责任。原告车辆进行修理，两车共支付修理费用 24360 元。原告为两车在被告处投保了车辆损失险，含不计免赔，且损失在保险责任限额内，被告对原告的修理费数额不持异议，被告应赔付原告车辆损失 24360 元。

江苏省南通市经济技术开发区人民法院依照《中华人民共和国保险法》第十条、第三十条之规定，作出如下判决：

被告中国平安财产保险股份有限公司南通中心支公司于判决发生法律效力之日起十日内支付原告江苏百发物流有限公司保险金 24360 元。

【法官后语】

本案是一起典型的因主、挂车互碰引发的保险合同纠纷案件。当主、挂车连接使用发生互碰而造成两车损坏时，由于该类交通事故为主车和挂车连接使用的特殊情形，且通常为单方事故，保险公司常常以主车和挂车应视为同一个车辆，其内部的碰撞不符合保险条款对“碰撞”的界定为由拒赔。

事发时驾驶人是为了避让其他车辆而发生主、挂车相碰的单方事故，驾驶人避免了与第三方车辆发生碰撞而可能导致的更大损失，却因为没有与外界固态物体发生碰撞而成为保险公司拒赔的理由，这就进一步引发了对于保险制度设立目的的考量以及对于道德风险的探讨。

第一，从法律概念上看，主、挂车相碰时不能认定为一体。虽然主、挂车连接在一起使用，但由于主、挂车有各自的号牌，且本案中原告对主、挂车分别进行了投保并各自缴纳了保险费。保险公司将两车作为各自独立的保险标的进行承保并出具了两份含车损险的保险单。主车与挂车在相碰时互为外界物体，不能认定为一体。

第二，从合同目的上看，主、挂车相碰时不能认定为一体。车主为主、挂车单独进行了车损险的投保，目的是在保险事故发生时能够得到保险公司对车辆损失的理赔。如果将主、挂车相碰导致的损失排除在保险责任范围外，那么不仅不符合投保人投保的意愿，致使合同目的不能实现，还极大地降低了保险人的保险责任，有违公平原则。

综上所述，案涉事故形态应理解为保险条款规定的“碰撞”，不仅符合该条款的本意，而且符合公平、诚实信用原则，有利于保护非提供格式条款一方的利益，更有利于平衡双方利益，保护保险行业的长远健康发展。

编写人：江苏省南通市经济技术开发区人民法院　黄晓莉

72

车辆统筹合同是否适用保险法

——刘银明等诉石家庄市供销合作总社安全统筹公司财产损失保险合同案

【案件基本信息】

1. 裁判书字号

河北省邯郸市涉县人民法院（2018）冀0426民初210号民事判决书

2. 案由：财产损失保险合同纠纷

3. 当事人

原告（被上诉人）：刘银明、陈秀英、关春丽、刘津鑫、刘津瑞

被告（上诉人）：石家庄市供销合作总社安全统筹公司（以下简称统筹公司）

【基本案情】

刘进财（实际车主）驾驶的车辆向统筹公司投保了车上人员责任险 10 万元、车辆损失险 203840 元。五原告系死者刘进财的近亲属。2017 年 9 月 8 日 20 时 5 分许，刘进财驾驶车辆与他人发生交通事故，造成刘进财当场死亡及双方车辆损坏的交通事故。经事故认定，刘进财负主要责任。2018 年 1 月 8 日，五原告向本院提起诉讼，要求统筹公司在保险限额内赔偿。

【案件焦点】

车辆统筹合同，统筹方并非保险公司，是否适用保险法。

【法院裁判要旨】

河北省邯郸市涉县人民法院经审理认为：《中华人民共和国合同法》第一百二十四条规定“本法分则或者其他法律没有明文规定的合同，适用本法总则的规定，并可以参照本法分则或者其他法律最相类似的规定”，本案的统筹合同与《中华人民共和国保险法》中财产损失保险合同的规定最相类似，故本案案由定为财产损失保险合同并无不当；《中华人民共和国保险法》第四十八条规定：“保险事故发生时，被保险人对保险标的不具有保险利益的，不得向保险人请求赔偿保险金。”刘进财作为实际车主死亡后，五原告作为其近亲属，对该车具有保险利益，因此五原告具有本案原告诉讼主体资格，故对于被告的辩称，不予采纳。

河北省邯郸市涉县人民法院依据《中华人民共和国道路交通安全法》第七十六条，《中华人民共和国合同法》第一百二十四条，《中华人民共和国保险法》第四十八条之规定，判决如下：

一、被告石家庄市供销合作总社安全统筹公司在车上人员责任险限额内赔偿原告刘银明、陈秀英、关春丽、刘津鑫、刘津瑞 100000 元；

二、被告石家庄市供销合作总社安全统筹公司在第三者责任保险限额内赔偿原告刘银明、陈秀英、关春丽、刘津鑫、刘津瑞 76268.5 元。

【法官后语】

典型合同与非典型合同是大陆法系对合同的一种传统分类。合同法对典型合同设有专门规定，但社会生活丰富多彩，非典型合同大量存在。当合同当事人约定不完备时，非典型合同如何适用法律是实务中常常面临的棘手问题。因此，《中华人民共和国合同法》第一百二十四条规定“本法分则或者其他法律没有明文规定的合同，适用本法总则的规定，并可以参照本法分则或者其他法律最相类似的规定”，从而确立了我国非典型合同法律适用的一般原则。

具体到本案，该案车辆统筹合同属于非典型合同，从原告提交的证据来看，合同中的条款与保险法中财产保险合同的规定最相类似，故应参照我国保险法中最相类似的规定。死者刘进财系车辆实际车主，依据《中华人民共和国保险法》第四十八条“保险事故发生时，被保险人对保险标的不具有保险利益的，不得向保险人请求赔偿保险金”的规定，事故发生时对损坏车辆具有保险利益，刘进财作为实际车主死亡后，该车保险利益由作为其近亲属五原告继承，因此五原告具有本案原告诉讼主体资格。

编写人：河北省邯郸市涉县人民法院　樊永成

73

保险人追偿权的行使

——某保险公司诉刑某鑫、刑某伏追偿权案

【案件基本信息】

1. 裁判书字号

河南省安阳市中级人民法院（2017）豫05民终5108号民事判决书

2. 案由：追偿权纠纷

3. 当事人

原告：某保险公司

被告：刑某鑫、刑某伏

【基本案情】

2016 年 3 月 17 日 23 时 40 分许，在滑县人民路与道城路交叉口，被告刑某鑫无证驾驶其父亲刑某伏所有的豫 A×××××号小型轿车与案外人汤某荣驾驶的二轮电动车相撞，造成汤某荣受伤两车损坏的交通事故。经滑县公安局交通警察大队事故责任认定：刑某鑫负事故的主要责任，汤某荣负事故的次要责任。2016 年 3 月 24 日，被告刑某鑫与受害人汤某荣达成补偿协议，协议载明，刑某鑫一次性补偿汤某荣经济损失共计 74000 元，该款不包括肇事车辆在保险公司的赔偿；汤某荣所发生的医疗费、误工费、护理费、交通费、残疾赔偿金、精神抚慰金等需要向保险公司赔偿的部分，由汤某荣另行向保险公司主张。

汤某荣就本次事故向滑县人民法院提起诉讼，要求刑某鑫、刑某伏、某保险公司承担赔偿责任，被告刑某鑫、刑某伏经法院传票传唤无正当理由拒不到庭参加诉讼，法院缺席进行了审判，并作出（2016）豫 0526 民初 4188 号生效民事判决书，判决原告保险公司在交强险责任限额内赔偿汤某荣医疗费、精神抚慰金、伤残赔偿金共计 12 万元。2016 年 12 月 27 日，原告某保险公司向滑县人民法院电子转账 12 万元，已经按生效判决书实际履行相关赔偿义务。

【案件焦点】

无证驾驶发生交通事故的，保险人预先赔偿的受害人的合理损失，有权向实际侵权人追偿，实际侵权人应承担相应赔偿责任。

【法院裁判要旨】

河南省滑县人民法院经审理认为：《最高人民法院关于审理道路交通事故损害赔偿案件适用法律若干问题的解释》第十八条规定："有下列情形之一导致第三人人身损害，当事人请求保险公司在交强险责任限额范围内予以赔偿，人民法院应予支持：（一）驾驶人未取得驾驶资格或者未取得相应驾驶资格的；……保险公司在赔偿范围内向侵权人主张追偿权的，人民法院应予支持。"《机动车交通事故责任强制保险条例》第二十二条规定："有下列情形之一的，保险公司在机动车交通事故责任强制保险责任限额范围内垫付抢救费用，并有权向致害人追偿：（一）驾驶人未取得驾驶资格或者醉酒的；（二）被保险机动车被盗抢期间肇事的；（三）被保险人故意制造道路交通事故的。有前款所列情形之一，发生道路交通事故的，造成受害人的财产损失，保险公司不承担赔偿责任。”

本案中被告刑某鑫未取得驾驶资格驾驶机动车导致第三人人身损害，对于已经垫付的保险赔偿款，原告保险公司依法取得追偿权。被告刑某鑫作为侵权人应返还原告垫付的保险赔偿款 12 万元。原告主张从 2016 年 12 月 27 日起按照银行同期贷款基准利率支付利息，于法无据，不予支持。被告刑某伏并非侵权人，原告向被告刑某伏主张追偿权，于法无据，不予支持。对于被告辩解称原告某保险公司应在被告刑某鑫责任比例范围内追偿的意见，因无法律依据，不予采纳。

河南省滑县人民法院依照《最高人民法院关于审理道路交通事故损害赔偿案件适用法律若干问题的解释》第十八条之规定，判决如下：

一、被告刑某鑫于本判决生效后十日内偿还原告某保险公司在交强险责任限额内垫付的医疗费、精神抚慰金、伤残赔偿金共计 120000 元；

二、驳回原告某保险公司的其他诉讼请求。

一审宣判后，被告刑某鑫不服一审判决，向河南省安阳市中级人民法院提起上诉。二审过程中，被告人刑某鑫提出撤诉申请，二审法院裁定准予撤诉。

【法官后语】

厘清保险人、被保险人、实际侵权人之间的赔偿责任，便于更全面、快捷地保护受害人的合法权益。

法律赋予了保险公司追偿权，一般情况下我们对追偿权的认定即追偿所有的损失，并不存在按比例追偿一说，所以实际侵权人刑某鑫辩称的按照 70% 的比例承担责任于法无据。我们常说的“法无禁止即自由”是赋予公民广泛的权利，但是对于涉案当事人来说，尤其是希望通过法律、法规解决纠纷的当事人来说，应该严格遵循“法无规定不可为”，不能对法律没有明确规定的内容进行过度的解读或者对法条进行类比适用。

我国虽然借鉴英美法系和大陆法系的相关内容，但是我国属于中国特色社会主义法律体系，对法律、法规的解读和适用都有严格的规定，除非有明确的规定，否则涉案当事人不能对法条进行反向推理和类比适用。因此，对于实际侵权人刑某鑫辩称的按比例承担保险公司的追偿权，赔偿受害人的损失于法无据。虽然在本次事故中车辆所有人刑某伏和实际侵权人刑某鑫是父子关系，但是事故发生时刑某伏在外地出差，肇事车辆并不在其实际监管的状态下，而且其儿子刑某鑫属于成年人，具备完全的民事行为能力，能够为自己的行为承担责任，所以在没有确切的证据证明刑某伏存在过错的情况下，判令刑某伏对刑某鑫的侵权行为承担责任于法无据。

编写人：河南省滑县人民法院　李兰

74

车辆超载能够免除保险人赔偿责任

——祁维强诉中国人寿财产保险股份有限公司滨州市中心支公司财产保险合同案

【案件基本信息】

1. 裁判书字号

山东省滨州市中级人民法院（2017）鲁16民终第1557号民事判决书

2. 案由：财产保险合同纠纷

3. 当事人

原告：祁维强

被告：中国人寿财产保险股份有限公司滨州市中心支公司（以下简称人寿财险滨州支公司）

【基本案情】

原告祁维强的鲁MW1××/鲁MX××挂半挂车辆挂靠于无棣县恒信物流有限公司（以下简称恒信公司）从事运输，2016年3月4日，鲁MX××挂车以恒信公司名义在被告人寿财险滨州支公司投保了公路货运承运人责任保险，事故责任限额为100000元，保险期限为自2016年3月4日0时起至2017年3月3日24时止。《公路货运承运人责任保险条款》第五条记载："出现下列任一情形时，保险人不负责赔偿：……（三）运输车辆超限、超载；……"

2016年12月24日5时许，原告驾驶投保车辆装载SPCC（B）－IB轧硬卷板行至205国道滨州市沾化区大高镇立交桥附近时与王文友停放的货车相撞，造成祁维强、王文友和货车乘车人王爱齐受伤，车辆及货物损坏、公路设施损坏，经滨州市公安局沾化分局交通警察大队道路交通事故认定书认定，原告、王文友承担事故同等责任，王爱齐不承担事故责任。

事故发生后，原告委托山东新业资产评估有限公司对原告车载货物损失进行了鉴定，鉴定评估意见为：鲁MW1××/鲁MX××挂车因事故造成车载货物直接损失152697元，原告为此支出评估费2000元。

原告机动车行驶证上载明挂车核定载质量33500kg，评估报告书和轧卷板出库清单记载事发时原告车载货物38.27吨。

【案件焦点】

运输车辆超载发生交通事故能够免除保险人的赔偿责任。

【法院裁判要旨】

山东省滨州市沾化区人民法院经审理认为：原告车辆在被告处投有承运人责任险，在保险事故发生时，被告应当按照保险合同约定进行赔偿，但是保险人具有法定或约定免赔事由的除外。《中华人民共和国道路交通安全法》第四十八条规定："机动车载货物应当符合核定的载质量，严禁超载；……"由此可见，超载行为是被法律明文禁止的情形，法律具有普遍适用性，法律生效实施后，每个人都应当知晓其内容并依法实施行为，原告及其挂靠的恒信公司作为专门从事运输的个人和组织，本院认定其对严禁超载的法律规定是知晓的。《最高人民法院关于适用〈中华人民共和国保险法〉若干问题的解释（二）》第十条规定："保险人将法律、行政法规中的禁止性规定情形作为保险合同免责条款的免责事由，保险人对该条款作出提示后，投保人、被保险人或者受益人以保险人未履行明确说明义务为由主张该条不生效的，人民法院不予支持。"根据《公路货运承载运人责任保险条款》第五条规定，车辆超载被列为保险人即被告的免赔事由。投保单中下方投保人声明一栏中载明"本人所填写的投保单已附《公路货运承运人责任保险条款》，并且保险人已将保险条款内容，尤其是免除保险人责任、投保人及被保险人义务、赔偿处理的条款的内容和法律后果，向本人作了明确说明。本人对保险条款已认真阅读并充分理解。上述所填写的内容均属实，同意以此投保单作为订立保险合同的依据"，恒信公司在该处加盖了印章，可见，被告已经向原告车辆一方就保险人免责条款进行了提示，原告一方已经对该部分内容知晓并充分理解。原告系实际车主，恒信公司是名义车主，两者系投保车辆的运输利益共同体，恒信公司知晓的内容认定原告同样知晓。因此，原告车辆的超载行为构成被告的免赔事由，被告的抗辩意见成立，予以采纳。原告要求被告赔偿货物损失没有法律依据，不予支持。

山东省滨州市沾化区人民法院依照《中华人民共和国合同法》第八条、《最高人民法院关于适用〈中华人民共和国保险法〉若干问题的解释（二）》第十条之规定，判决：

驳回原告祁维强的诉讼请求。

【法官后语】

在保险合同中，免责条款是牵扯双方切身利益的重大事项。超载行为是被法律明文禁止的情形，原告及其挂靠公司作为专门从事运输的个人和组织，其对严禁超载的法律规定更应当是心知肚明的。本案中，《公路货运承运人责任保险条款》第五条将车辆超载列为保险人的免赔事由，投保单中下方投保人声明一栏中也载明“本人所填写的投保单已附《公路货运承运人责任保险条款》，并且保险人已将保险条款内容，尤其是免除保险人责任、投保人及被保险人义务、赔偿处理的条款的内容和法律后果，向本人作了明确说明。本人对保险条款已认真阅读并充分理解。上述所填写的内容均属实，同意以此投保单作为订立保险合同的依据”，恒信公司在该处加盖了印章。可见，被告已经向原告车辆一方就保险人免责条款进行了提示，原告一方已经对该部分内容知晓并充分理解。原告系实际车主，恒信公司是名义车主，两者系投保车辆的运输利益共同体，恒信公司知晓的内容认定原告同样知晓。因此，原告车辆的超载行为构成被告的免赔事由，被告的抗辩意见成立，予以采纳。

编写人：山东省滨州市沾化区人民法院　孙民超

75

雇主能否行使其为雇员投保的人身保险金请求权

——广州搏高机电安装工程有限公司诉中国人寿保险股份有限公司广州市分公司保险合同案

【案件基本信息】

1. 裁判书字号

广东省广州市中级人民法院（2017）粤01民终12561号民事判决书

2. 案由：保险合同纠纷

3 当事人

原告（被上诉人）：广州搏高机电安装工程有限公司（以下简称搏高公司）

被告（上诉人）：中国人寿保险股份有限公司广州市分公司（以下简称中保人寿广州公司）

【基本案情】

搏高公司向中保人寿广州公司投保意外伤害保险、意外费用补偿团体医疗保险、意外住院定额给付团体医疗保险。保险合同有效期内，搏高公司向中保人寿广州公司申请变更被保险人，增加韩淑军等人。中保人寿广州公司予以同意，并办理批单变更手续。

2015年1月3日8时5分许，易建明驾驶搏高公司所有的粤A3H××号轻型普通货车搭载韩淑军等人时，因未按操作规范安全驾驶，碰撞到由韦万胜驾驶的粤AE36××号重型专项作业车尾部，造成韩淑军等人受伤的交通事故。2015年1月16日，交警部门作出《道路交通事故认定书》，认定易建明负主要责任，韦万胜负次要责任，韩淑军等人无责任。因上述事故，韩淑军向人民法院起诉搏高公司、易建明等相关责任人要求赔偿，由于易建明是履行职务行为，因此搏高公司应当承担相应赔偿责任，故该案中人民法院判决搏高公司赔偿韩淑军医疗费、残疾赔偿金、误工费等损失共计 73063.37 元，扣减已垫付的医疗费 31342.84 元、生活费 1120 元、护工费 2800 元，搏高公司还应向韩淑军赔偿 37800.53 元，该判决已生效。

2016 年 4 月 1 日，中保人寿广州公司向韩淑军赔付住院定额 4050 元。2016 年 4 月 18 日，中保人寿广州公司向韩淑军赔付意外伤害残疾保险金 2000 元。2016 年 4 月 25 日，上述案件全部执行完毕。2016 年 7 月 7 日，中保人寿广州公司向韩淑军赔付医疗费 8346.42 元、住院定额 1200 元。

【案件焦点】

搏高公司是否有权行使保险金请求权。

【法院裁判要旨】

广州市越秀区人民法院经审理认为：韩淑军与中保人寿广州公司的保险合同关系成立。搏高公司向韩淑军支付、垫付了交通事故中的残疾赔偿金、误工费等各项损失共计 37800.53 元，其已取得权利来源依据，中保人寿广州公司应当承担赔偿责任。

广东省广州市越秀区人民法院依照《中华人民共和国合同法》第七十三条，《最高人民法院关于民事诉讼证据的若干规定》第二条之规定，作出如下判决：

自判决生效之日起三日内，中国人寿保险股份有限公司广州市分公司向广州博高机电安装工程有限公司支付 40232.84 元。

中保人寿广州公司不服，提起上诉。

广东省广州市中级人民法院经审理认为：根据法律的规定，人身保险合同中保险金的利益请求权归属于受益人或被保险人。本案中，被保险人为韩淑军，涉案保险金请求权应当归属于韩淑军。搏高公司作为涉案保险合同的投保人，本身并不享有保险金利益的请求权。根据《最高人民法院关于适用〈中华人民共和国保险法〉若干问题的解释（三）》（以下简称《保险法司法解释（三）》）第十三条的规定，搏高公司作为第三人，要获得保险金请求权的前提必须是取得韩淑军权利的让渡。根据查明的事实，虽然搏高公司已经为韩淑军垫付了巨额医疗费用，但韩淑军本人并无意将涉案保险利益转让给搏高公司。在程序上，韩淑军仍然享有向中保人寿广州公司主张医疗费赔偿的权利。搏高公司作为投保人，其为雇员投保涉案保险，既是为其雇员提供相关权利保障，也是为转嫁其自身应当承担的风险责任。搏高公司主张涉案保险金应当用于返还搏高公司垫付的医疗费，方符合搏高公司为其雇员购买保险的初衷和目的。搏高公司的该项主张虽符合道义，也益于鼓励相关主体积极救治伤者的行为，但因现行法律尚未有投保人可代位行使保险金利益请求权的相关规定，故搏高公司代位韩淑军向中保人寿广州公司主张保险金的上诉主张缺乏法律依据。搏高公司可在韩淑军取得涉案保险赔偿金后，要求韩淑军返还垫付的医疗费用。

广东省广州市中级人民法院依照《中华人民共和国保险法》第二十三条第一款、《中华人民共和国民事诉讼法》第一百七十条第一款第（二）项的规定，作出如下判决：

一、撤销原审判决；

二、驳回搏高公司的全部诉讼请求。

【法官后语】

雇主为雇员投保商业人身保险的情况，在实践中已经开始出现。保险事故发生后，韩淑军有权向中保人寿广州公司行使保险金请求权不存在争议。但本案中，搏高公司主张依据《中华人民共和国合同法》（以下简称《合同法》）第七十三条关于债权人代位权的规定主张权利，但是其向韩淑军赔偿的医疗费是基于人民法院生效判决，并非对韩淑军享有的债权，不符合债权人代位权的行使条件。在韩淑军怠于向保险人行使权利的情况下，搏高公司是否能够代位行使保险金请求权的问题，则取决于两个问题，其一为雇主为雇员投保的人身险保险金请求权是否可以转让；其二为如雇员怠于行使保险金请求权，雇主是否有权代位行使。

一、雇主为雇员投保的人身险保险金请求权是否可以转让

根据《保险法司法解释（三）》第十三条的规定，保险事故发生后，保险金请求权可以转让。又根据《最高人民法院关于适用〈中华人民共和国合同法〉若干问题的解释（一）》第十二条的规定，人寿保险保险金请求权不能转让。

尽管《保险法司法解释（三）》规定了保险事故发生后，人身险保险金请求权可以转让，但是也为该种转让设定了限制，即根据合同性质、当事人约定或者法律规定不得转让的除外。允许雇主为雇员投保人身险的保险金请求权转让不会牺牲劳动者的利益。毕竟允许转让保险金的前提是保险事故已经发生，保险金请求权已经

由不确定的期待权转化为确定的请求权，具有财产属性。即使转让给雇主也是可以获得对价，不会对于雇员的权益造成损害。而且，允许雇员在保险事故发生后转让保险金请求权给雇主，也有利于在紧急情况下取得保险金用于医疗，避免保险人核定保险责任期间过长或是理赔不及时所造成的不便。

本案中，搏高公司向中保人寿广州公司主张行使保险金请求权既没有事实依据，也没有法律依据。现有证据无法证实搏高公司已经从韩淑军处转让取得保险金请求权，换言之，韩淑军仍有行使保险金请求权的可能，故搏高公司行使保险金请求权的基础不存在，其并非主张权利的适格主体，中保人寿广州公司有权拒绝向搏高公司支付保险金。

二、如雇员怠于行使保险金请求权，雇主是否有权代位行使

搏高公司在本案中有一重要观点，即其为雇员购买人身保险是为了转移可能承担的赔偿责任风险，使得雇员在工作中的人身安全得到保障。在其已经先行“垫付”给韩淑军的医疗费用的前提下，韩淑军在取得保险金后应当将“垫付”费用返还。现在韩淑军怠于索赔，保险人现在又拒绝向搏高公司赔付，则出现了保险人获益的情况。

搏高公司的意见不无道理，但搏高公司在本案中为员工投保的是人身保险，并非雇主责任险。两种保险存在明显的不同，人身保险的保险标的是被保险人的生命、身体与健康，但是雇主责任险的标的是雇主须对雇员承担的赔偿责任，属于财产险的一种。因此，虽然搏高公司投保的主观目的是转移自身风险，但是在客观上其投保的是人身险，该种保险的受益人是雇员，应当视为其提供给员工的福利保障。具体到本案中，韩淑军虽然已经从搏高公司处获得了赔偿，但是仍然有权向中保人寿广州公司索赔。

但搏高公司对韩淑军的赔偿是否只是先行垫付？韩淑军因工作期间乘坐搏高公司所有的机动车发生事故而受伤，此时出现侵权责任与雇主责任的竞合，即韩淑军可以选择以机动车交通事故责任为由追究搏高公司以及第三方的侵权责任，也可以选择以雇主责任为由追究搏高公司的雇主责任。最终在另案中，韩淑军以机动车交通事故责任为由向搏高公司主张权利，搏高公司须承担侵权责任。由此可知，搏高公司自称向韩淑军“垫付”医疗费用并不准确，其确实负有侵权责任。

我们在此不妨做个假设，本案中搏高公司为员工投保了商业人身险，但是如果

搏高公司为员工投保了政策性的社会工伤保险，那么韩淑军在因工受伤后，可以按照《工伤保险条例》的相关规定享受工伤保险待遇。根据该条例第十二条第一款的规定，韩淑军通过工伤保险获得赔偿后，不得再向搏高公司主张权利。

此时出现了矛盾之处，即如果雇主为雇员购买了工伤保险，则雇员可以从工伤基金中得到赔偿，减轻了雇主的责任。但是雇主如果为雇员购买的是商业人身险，雇员从保险人处得到赔偿后，却仍有权追究雇主的责任，雇主责任并未减轻，这确实与雇主为雇员投保商业人身险的初衷和目的不符。

三、为平衡双方利益，可参照社会保险法中关于工伤保险的规定

《中华人民共和国社会保险法》（以下简称《社会保险法》）中关于工伤保险的相关规定明确了企业为劳动者投保了工伤保险的，员工因工遭受人身损害应向工伤保险基金索赔，且索赔后不得再向用人单位主张权利。《社会保险法》具有明显的公益性质，作出上述规定的原因既有保障员工权益，也有分散用人单位的风险，与本案中雇主为雇员投保商业人身保险有异曲同工之处。一个完善的法律体系，应当是权利人无论通过何种途径均应得到同样的法律保护，不应有人可以通过制度套利，这也是法律的魅力所在。因此，雇主无论是为雇员投保商业保险，还是社会保险，所达到的法律效果应当相同。对于雇主为雇员投保商业人身险的，雇员应当先行向保险人索赔，如保险金额不能覆盖部分，再向雇主主张赔偿。

根据《社会保险法》第四十二条的规定，工伤保险基金在向受害人赔付后，可以向致害人追偿。既然在社会保险法中都规定了代位求偿制度，那么可以考虑在部分人身保险险种中设立损失填补原则。人身保险经过充分发展，已经出现了多种不同的子类型，基本分为投资型和保障型，其中如本案所涉的保障型人身保险中又可以大致分为费用补偿型与定额给付型两种。其中费用补偿型保险具有明显的补偿性质，即投保人的目的在于补偿因被保险人受到人身伤害所造成的损失，其中医疗费用部分更是可以剔除社保赔付金额，如果再允许被保险人或受益人双重受偿，明显与费用补偿型的保险目的不符。而定额给付型保险本身就具有明显的抚慰性质，因此可以允许被保险人或受益人通过保险受益。

搏高公司仅对医疗费用赔偿部分主张权利，并未对于人身损害赔偿部分提出诉请。因此，本文认为搏高公司可在韩淑军取得涉案保险赔偿金后，与韩淑军协商返还已赔付的医疗费用，因该费用确实有“垫付”的属性，方与搏高公司为员工集体

投保的目的相符，鼓励雇主积极为雇员投保商业人身险。否则，雇员从保险人处获得赔偿后，仍然以雇主责任为由主张赔偿，也不符合公平原则，会伤害雇主为雇员投保人身险的积极性。综上，本文认为，鉴于费用补偿型的人身保险已经大量出现，在人身保险领域中设立损失填补原则的条件已经成熟，而且具有现实必要性。既然搏高公司已经为韩淑军投保了商业人身险，那么韩淑军在得到保险金之后，应当将搏高公司"垫付"的医疗费用部分返还，与《社会保险法》中的工伤保险赔付同理。当然，对于人身损害部分的具有抚慰性质的保险金，韩淑军仍有权利获益。

因现行保险法体系尚未有明确规定，为避免此类纠纷，雇主在为雇员投保人身保险时可与雇员事先约定，雇员因工遭受人身伤害后，应先行依人身保险合同向保险人索赔，雇主仅对保险金额不能覆盖的部分承担补充责任。唯此，方才"殊途同归"，雇主无论是为雇员投保商业保险还是社会保险，均能达到相同的法律效果。

编写人：广东省广州市中级人民法院　赵琦铭　辛野

十六、其他合同

76

受托方为非金融机构，委托理财合同保底条款是否有效

——王延林诉广西正明投资有限公司、朱传韬委托理财合同案

【案件基本信息】

1. 裁判书字号

广西壮族自治区柳州市柳北区人民法院（2016）桂0205民初12号民事判决书

2. 案由：委托理财合同纠纷

3. 当事人

原告：王延林

被告：广西正明投资有限公司（以下简称正明公司）、朱传韬

【基本案情】

朱传韬系正明公司的股东。2015年5月12日，王延林作为甲方（投资人）、正明公司作为乙方（操作人）、朱传韬作为丙方（担保人）签订了《委托投资协议书》，该份《委托投资协议书》主要约定：甲方以自己的名义投资50000元，委托乙方寻找项目进行投资，获取收益；甲方有权查询投资操作情况，但不得干涉投资操作，不得泄露操作情况，不得随意抽撤投资资金，不允许自行进行操作，否则，由此造成的损失由甲方负责；本协议投资期为两年，自协议签订之日起计算。委托期限届满后，甲方未以书面形式撤销委托的，本协议委托事项自动延续；以协议签订之日起每三个月为结算日计算收益，乙方一次性将投资收益支付给甲方；协议投

资期满时，甲方有权收回本金及投资收益；甲乙双方任何一方的行为造成损失的，由责任方负责一切损失；乙方未依照本协议约定支付甲方本金及收益金的，从逾期第一个月起，按投资额的百分之八每月缴付违约金，如逾期三个月未缴付，除累计违约金外，甲方有权终止本协议，并要求乙方赔偿损失。此外，该协议书第二条“权利和义务”第 2 点约定“乙方对甲方投资资金全权管理、调配，精心运作并承担操作风险，对甲方投资资金有保本的责任，即在协议到期日，若甲方投资资金低于投资本金时，差额部分及年收益由乙方补齐，乙方确保甲方投资资金的年收益大于百分之二十四”；等等。朱传韬在担保人处签字。协议签订后，王延林将 50000 元投资款交付给了正明公司，正明公司出具了《收据》。但协议签订后，正明公司不让王延林查询投资操作情况，也未按约定支付给王延林收益金。

王延林催讨无果诉至法院，要求解除《委托投资协议书》，要求正明公司、朱传韬返还本金 50000 元、支付收益金及违约金（收益金按 1000 元/月从 2015 年 5 月 13 日起计算，违约金按 4000 元/月从 2015 年 8 月 13 日起计算，均要求计算至清偿完毕债务之日止）。

【案件焦点】

当受托方为非金融机构时，对受托方与委托方在委托理财合同中约定的保底条款的效力应如何认定。

【法院裁判要旨】

广西壮族自治区柳州市柳北区人民法院经审理认为：王延林与正明公司、朱传韬签订的《委托投资协议书》系三方当事人的真实意思表示，为有效合同。但该《委托投资协议书》第二条第 2 点约定的“乙方对甲方投资资金全权管理、调配，精心运作并承担操作风险，对甲方投资资金有保本的责任，即在协议到期日，若甲方投资资金低于投资本金时，差额部分及年收益由乙方补齐，乙方确保甲方投资资金的年收益大于百分之二十四”系保底条款。在高风险的金融市场中，投资风险无法避免，绝对的只盈不亏的情形不可能存在，也不可能存在恒高的收益率，保底条款非但不能从根本上改变资本市场中风险与利益共存的基本客观规律，难以真正发挥激励和制约功效，相反却有失公平，助长非理性或者非法行为的产生，加大市场泡沫并引发金融风险，不利于金融市场的良性发展。本案的保底条款虽然是本案当事人之间以意思自治的合法形式对受托行为所设定的一种激励和制约机制，但却致使双方民事权利义务不对等，违背民法公平原则，基于民商法基本原理、法律禁止性规定和市场基本规律，认定该保底条款无效。

根据《中华人民共和合同法》第五十六条的规定，合同部分无效，不影响其他部分效力，其他部分仍然有效。正明公司未按约定履行其合同义务，未报告委托事务的处理情况，也不允许王延林查询投资操作情况，致使王延林无法实现合同目的，故王延林起诉解除《委托投资协议书》有事实及法律依据，该院予以支持。合同解除后，正明公司理应将50000元投资款向王延林返还。

对于王延林诉请的收益金，因合同中约定的“乙方确保甲方投资资金的年收益大于百分之二十四”的该保底条款无效，且王延林也无证据证实正明公司已将款项进行了投资，无证据证实产生了收益金，故对于王延林诉请的收益金不予支持。

对于王延林诉请的违约金。因朱传韬提出违约金过高，王延林也无证据证实实际损失情况，考虑到合同的履行情况、受托方的违约程度、中小企业的生存现状和全国经济的下行趋势，根据公平原则和诚实信用原则予以衡量后，认为王延林的损失为资金被占用期间的利息损失，故按照中国人民银行同期流动资金贷款利率计算违约金。

另，朱传韬作为保证人，自愿在《委托投资协议书》上的担保人处签字，虽然该份协议书并未明确约定朱传韬的担保人义务的具体内容，结合朱传韬系正明公司的股东，且王延林也按约交付了投资款履行了合同义务的法律事实，根据公平、诚实信用原则，依据合同约定的权利义务内容及我国法律规定，认为对被告朱传韬的担保人义务应作出对原告有利的解释。对朱传韬的担保人义务应作出如下理解：朱传韬对正明公司的涉案合同义务对原告进行连带责任保证，当债务人正明公司不履行债务时，朱传韬应承担连带责任保证。故对于原告要求朱传韬承担本案民事责任的诉请，予以支持。朱传韬在承担保证责任后，有权向正明公司追偿。

广西壮族自治区柳州市柳北区人民法院依照《中华人民共和国民法通则》第四条，《中华人民共和国合同法》第五十六条、第六十条、第九十四条、第九十七条、第一百零七条，《中华人民共和国担保法》第十九条、第二十一条、第三十一条，《最高人民法院关于民事诉讼证据的若干规定》第二条，《中华人民共和国民事诉讼法》第一百四十四条之规定，作出如下判决：

一、解除王延林与正明公司、朱传韬于2015年5月12日签订的《委托投资协议书》；

二、正明公司返还王延林投资款50000元并支付违约金（违约金计算方法：以50000元为基数，从2015年5月13日起按中国人民银行同期流动资金贷款利率计付至被告清偿完毕债务之日止）；

三、朱传韬对正明公司的上述债务承担连带清偿责任；朱传韬承担保证责任后，有权向正明公司追偿；

四、驳回王延林的其他诉讼请求。

【法官后语】

金融市场本身具有较高投资风险，即使受托方是非金融机构，委托人不承担投资风险的保底条款的约定，违背了基本的经济规律和资本市场规则，扰乱了社会经济秩序，不利于金融市场的良性发展，也违背了委托关系中责任承担规则，使双方民事权利义务不对等，违背民法公平原则，故基于民商法基本原理、市场基本客观规律，应认定为无效。

在此提醒投资者，要提高理性投资的意识。民间委托理财合同纠纷起因多是以高额回报为宣传，较易出现资金链断裂，导致投资者预期收益落空，投资者甚至不清楚融资的具体情况，最终引发纠纷成讼。在购买理财产品时，应查询该机构的营业执照上经营范围栏中是否载明有证券投资咨询、公开委托理财等已被许可经营的范围，查询清楚该机构是否具有相应的经营业务资质，最好前往正规的投资机构如银行、证券机构购买，而不应轻信公司股东或银行员工个人推荐的私人理财产品。

编写人：广西壮族自治区柳州市柳北区人民法院　黎鹂

77

最高额抵押权的抵押范围

——兴业银行股份有限公司霞浦支行诉霞浦县新惠多贸易有限公司等金融借款合同案

【案件基本信息】

1. 裁判书字号

福建省宁德市霞浦县人民法院（2017）闽0921民初2000号民事判决书

2. 案由：金融借款合同纠纷

3. 当事人

原告：兴业银行股份有限公司霞浦支行（以下简称兴业霞浦支行）

被告：霞浦县新惠多贸易有限公司（以下简称新惠多公司）、余建信、沈美妹、梅松

【基本案情】

2013年11月20日，兴业霞浦支行与新惠多公司签订了编号为授132013050233的《基本额度授信合同》，约定自2013年11月20日起至2014年11月14日止，兴业霞浦支行给予新惠多公司授信最高本金额度人民币5000000元整。同时，兴业霞浦支行与余建信、梅松签订了编号为授抵132013050233-1的《最高额抵押合同》，约定以余建信、梅松所有的位于霞浦县松城街道中乘社区育才新村×号（权证号为：霞房权证松城字第20131816号）的房地产设定抵押担保，并于2013年11月25日依法抵押登记；担保的主合同为编号授132013050233的《基本额度授信合同》（总合同）及其项下所有分合同，抵押最高本金限额为人民币4600000元整，担保范围为兴业霞浦支行依据主合同发放各项借款、融资或任何形式的信贷而形成的全部债权，包括但不限于主债权、利息（含罚息、复利）、违约金、损害赔偿金和债权人实现债权的费用。余建信、沈美妹、梅松自愿为新惠多公司与兴业霞浦支行发

生的债务提供连带责任保证，新惠多公司自 2013 年 11 月 20 日至 2014 年 11 月 14 日在兴业霞浦支行处的融资均在担保范围内，但最高本金额度不得超过 5000000 元；保证范围为主合同项下的主债务及由此产生的利息、罚息、违约金、赔偿金和实现债权的费用。2014 年 10 月 13 日新惠多公司与兴业霞浦支行签订编号为授 132013050233《基本额度授信合同》项下的分合同即合同编号为短 132014050172 的《流动资金借款合同》，该合同约定借款本金为人民币 4600000 元，借款期限为 11 个月。借款利率为固定利率年利率 9%，借款逾期罚息利率为借款利率上浮 50%，借款到期日一次性偿还全部借款本金，借款每月的 20 日为结息日，借款人应在结息日次日向贷款人支付当期借款利息，在借款到期日结清其余本息；提起诉讼或仲裁要求借款人清偿借款本息时，债权人实现债权的费用由借款人承担；兴业霞浦支行依约于 2014 年 10 月 13 日向新惠多公司发放借款 460 万元。现新惠多公司逾期未能偿还借款本息，截至 2017 年 5 月 20 日尚结欠借款本金 4069192 元，利息 985673.17 元，本息合计 5054865.17 元。经兴业霞浦支行多次催收未果。另，兴业霞浦支行为实现债权支付了律师费 22000 元。

【案件焦点】

最高额抵押权的抵押范围。

【法院裁判要旨】

福建省宁德市霞浦县人民法院经审理认为：兴业霞浦支行依约放款，新惠多公司未按约还款，构成违约，应承担违约责任，兴业霞浦支行请求新惠多公司偿还结欠贷款本息 5054865.17 元（截至 2017 年 5 月 20 日）及之后至贷款还清日止以本金 4069192 元为基数按年利率 13.5% 继续计算的利息的主张，符合法律规定，应予以支持。兴业霞浦支行为实现债权支付了律师费 22000 元，金额合理，亦属于双方合同约定的费用，新惠多公司应依约承担。余建信、沈美妹、梅松自愿为新惠多公司上述债务、费用提供担保，对上述债务承担连带偿还责任。余建信、梅松自愿以其共有财产为上述债务提供抵押担保，并经依法抵押登记，兴业霞浦支行依法享有抵押权。

福建省宁德市霞浦县人民法院依照《中华人民共和国合同法》第八条、第一百零七条、第一百九十六条、第二百零七条，《中华人民共和国担保法》第十八条、第三十一条、第四十六条、第五十七条，《中华人民共和国民事诉讼法》第一百四十四条之规定，判决如下：

一、霞浦县新惠多贸易有限公司应于本判决生效之日起三十日内偿还兴业银行股份有限公司霞浦支行借款本金4069192元，利息985673.17元，本息合计5054865.17元，及以借款本金4069192元为基数按年利率13.5%的标准支付自2017年5月21日起至借款本息还清日止的逾期利息（利息包括罚息、复利）；

二、霞浦县新惠多贸易有限公司应于本判决生效之日起三十日内返还兴业银行股份有限公司霞浦支行为实现债权支付的律师代理费22000元；

三、余建信、沈美妹、梅松对上述第一项、第二项还款义务承担连带偿还责任；若余建信、沈美妹、梅松承担了上述还款责任，则有权向霞浦县新惠多贸易有限公司追偿；

四、若霞浦县新惠多贸易有限公司未按期限履行上述第一项、第二项还款义务，则兴业银行股份有限公司霞浦支行对余建信、梅松共有的抵押物即坐落于霞浦县松城街道中乘社区育才新村×号的房地产以折价、变卖或拍卖所得的价款享有优先受偿权。若余建信、梅松承担了上述还款责任，则有权向霞浦县新惠多贸易有限公司追偿。

【法官后语】

最高额抵押权是一种特殊的抵押权，其在具有抵押权一般共性的同时，又具有其独特的法律特征：一方面，在抵押权的从属性上具有特殊性。尽管最高额抵押权与普通抵押权都具有从属性，但最高额抵押权的从属性与普通抵押权的从属性亦存在三个方面的不同：其一，存在上的从属性的特殊表现：最高额抵押权成立在先，而债权可能成立在后；而普通抵押权则债权成立在前，抵押权成立在后。其二，处分上的从属性的特殊表现：普通抵押权应当随主债权的转移而转移，而最高额抵押权却并不随某一具体债权的转让而转让，只能随基础法律关系一同转让。其三，消灭上的从属性的特殊表现：在抵押存续期间内，最高额抵押权不因某一具体债权的消灭而消灭，在最高额抵押权确定时，全部债权都归于消灭，则最高额抵押权自不能存在。

一方面，在抵押权的特定性上具有特殊性。通说认为，抵押权的特定性包括抵押标的物的特定和抵押权所担保债权的特定两个方面，而后者是抵押权特定性的主要表现。无论最高额抵押权所担保的债权如何变动，都要受到最高额的限制。在最高额限度内的，以实际债权额为优先受偿债权额；超出最高额的，超出部分的实际债权额则不受最高额抵押权的担保。可见，最高额抵押权以最高额为限对债权提供价值担保，这就是最高额抵押权的特定性的特殊之处。

编写人：福建省宁德市霞浦县人民法院　马朝锟

78

VIP 购房卡引发的消费纠纷

——刘艳茹诉河南东瑞实业有限公司消费合同案

【案件基本信息】

1. 裁判书字号

河南省郑州市中级人民法院（2016）豫 01 民终字 7434 号民事判决书

2. 案由：消费合同纠纷

3. 当事人

原告（被上诉人）：刘艳茹

被告（上诉人）：河南东瑞实业有限公司

【基本案情】

河南东瑞实业有限公司美林河畔商品房项目先后取得了郑州市房地产管理局颁发的（2008）郑房管预字第 2295 号、（2009）郑房管预字第 2413 号、（2013）郑房管预字第 3109 号商品房预售许可证。2007 年 6 月 8 日，刘艳茹以 20000 元价格从河南东瑞实业有限公司购得 VIP 卡两张。该卡记载主要事项显示：美林河畔商品房住宅项目投资商为河南兴达集团，开发商为河南东瑞实业，持卡人凭此卡购买美林河畔住宅，每卡限购一套住宅，在签订商品房买卖合同时，可享受 10000 元抵 20000 元房款的优惠政策。该项目在中州大道与航海路黄金交点东南角设有案场接待，在红专路与政七街交汇处财源大厦 1 楼大堂设有市区接待。本卡最终解释权归河南东瑞实业有限公司所有。河南东瑞实业有限公司向刘艳茹出具了加盖财务专用章的收据一份，该收据收款事由项载明“美林河畔VIP”。后因刘艳茹未能如愿购房，双方产生纠纷，多次交涉未果。刘艳茹诉至法院，要求河南东瑞实业有限公司退还VIP卡费20000元，并按年息6%的利率支付占用资金八年的利息9600元。

【案件焦点】

1. VIP购房卡的法律性质如何界定；2. 格式合同内容约定不明应如何处理。

【法院裁判要旨】

河南省郑州市管城回族区人民法院经审理认为：发售VIP卡是不少房地产开发商在未取得《商品房预售许可证》等有关证件前，为筹措资金或者为锁定目标客户市场以确定房产价格获取暴利，向社会推出的一种“诚信预约”性质的商品房销售模式。认购人只要按照开发商要求交纳一定数额的“诚意金”后即可获得VIP购房卡，从而获得优先购房权和房价优惠。房地产开发商发放VIP购房卡的行为，在法律性质上等同于“内部认购”，因此也应受到法律的规制。依照《中华人民共和国合同法》之规定，当事人应当遵循公平原则确定各方的权利义务，行使权利、履行义务应当遵循诚实信用原则，合同当事人的法律地位平等，一方不得将自己的意志强加给另一方。本案刘艳茹通过购买VIP卡，与河南东瑞实业有限公司形成购买河南东瑞实业有限公司房屋的初步意向。该卡以格式合同的形式确定了双方的基本权利义务关系，即刘艳茹凭卡购房可以享受10000元抵20000元的价格优惠。但该合同对持卡人若未能购房可能产生的法律后果未作约定，使得合同双方在理解上发生争议的，形成不同解释（河南东瑞实业有限公司理解为不买房就不退款，刘艳茹理解为不买房可退款）。此时基于格式合同双方地位的不对等以及契约正义原则，应当作出不利于提供格式条款一方的解释，即不买房可退款。同时河南东瑞实业有限公司自2007年6月收到刘艳茹款项至今，占用时间10年有余，应当承担相应的利息。因此，刘艳茹要求河南东瑞实业有限公司退款并按6%的利率支付八年利息的诉讼请求，理由正当，予以支持。河南东瑞实业有限公司关于合同已履行完毕、其并无违约行为、刘艳茹诉请已超过诉讼时效、应驳回其诉请之辩称不能成立不予采纳。

河南省郑州市管城回族区人民法院依照《中华人民共和国合同法》第三条、第五条、第六条、第三十九条、第四十条、第四十一条、第四十二条第（三）项之规定，作出判决：

河南东瑞实业有限公司于判决生效后十日内退还原告刘艳茹 VIP 购房卡费 20000 元，并支付利息 9600 元。

河南东瑞实业有限公司不服一审判决，提出上诉。河南省郑州市中级人民法院同意一审法院裁判意见，判决：

驳回上诉，维持原判。

【法官后语】

发放 VIP 购房卡是房地产开发商促销商品房的重要手段，认购人按照开发商要求交纳一定数额的“诚意金”后即可获得 VIP 购房卡，从而可获得优先购房权和房价优惠。对于购卡所支付的对价——诚意金，法律并无明确的性质界定，司法实践中也存在不同认识。

本案双方未最终达成房屋买卖合同，但究竟系由何方原因造成无法查明，法院采纳了单倍返还购买 VIP 卡款项的意见。

现实生活中，通过发售 VIP 卡锁定消费群体，已经成为商家一种重要的营销手段。商家发放卡存在很多套路，容易引发消费纠纷。商家用充值优惠诱导消费者充值，让消费者不停地买产品，刺激消费，并在退卡时以各种名义扣款，形成对消费者的绑架，变相强制消费，侵犯消费者的消费选择权和自主消费权。且卡上的使用说明较为简洁，双方权利义务确定不明确，容易侵犯消费者的知情权。消费者对 VIP 卡法律性质及法律风险应有清醒的认识。

首先，商家发售 VIP 卡时承诺优惠条件，消费者购买该卡，双方形成服务合同关系，VIP 卡就是双方合同关系的凭证。消费者付钱购卡后，合同即告成立，双方应当按照合同约定全面履行各自权利和义务。

其次，VIP 卡是商家单方制作，性质系格式合同，卡片记载内容相对简单，无法涵盖双方合同关系的全部内容。商家与消费者地位并不对等，基于契约正义原则，对于合同约定不明内容，应当作出不利于提供格式条款一方的解释。此外商家售卡时的店堂告示、书面承诺、卡上的使用说明等都是合同的组成部分。消费者应当妥善保管相关材料，以备消费维权所需。

编写人：河南省郑州市管城回族区人民法院　李晖

图书在版编目（CIP）数据

中国法院2019年度案例. 合同纠纷/ 国家法官学院案例开发研究中心编.—北京：中国法制出版社，2019. 3

ISBN 978 -7 -5216 -0095 -7

Ⅰ. ①中… Ⅱ. ①国… Ⅲ. ①合同纠纷 - 案例 - 汇编 - 中国 Ⅳ. ①D920. 5

中国版本图书馆CIP数据核字（2019）第053757

策划编辑：李小草（lixiaocao2008@ sina. cn）
责任编辑：马金风
封面设计：温培英、李宁

中国法院2019年度案例·合同纠纷

ZHONGGUO FAYUAN 2019 NIANDU ANLI · HETONG JIUFEN

编者/国家法官学院案例开发研究中心
经销/新华书店
印刷/三河市紫恒印装有限公司
开本/730毫米×1030毫米 16开
印张/19 字数/250千
版次/2019年3月第1版
2019年3月第1次印刷

中国法制出版社出版
书号 ISBN 978 -7 -5216 -0095 -7
定价：58. 00元

北京西单横二条2号
邮政编码 100031
传真：010 -66031119
网址：http：//www. zgfzs. com
编辑部电话：010 -66070046
市场营销部电话：010 -66033393
邮购部电话：010 -66033288

（如有印装质量问题，请与本社印务部联系调换。电话：010 -66032926）